基于分布式宏应变传感技术的铁路桥梁监测与评估方法

Monitoring and Evaluation Method for Railway Bridges Based on Distributed Macro Strain Sensing Technology

吴必涛 ◎ 著

中南大学出版社
www.csupress.com.cn
·长 沙·

图书在版编目(CIP)数据

基于分布式宏应变传感技术的铁路桥梁监测与评估方法/吴必涛著. --长沙：中南大学出版社，2024.9.

ISBN 978-7-5487-6031-3

Ⅰ. U448.13

中国国家版本馆 CIP 数据核字第 2024K5U108 号

基于分布式宏应变传感技术的铁路桥梁监测与评估方法

JIYU FENBUSHI HONGYINGBIAN CHUANGAN JISHU DE TIELU QIAOLIANG JIANCE YU PINGGU FANGFA

吴必涛 著

□**出 版 人** 林绵优
□**责任编辑** 刘颖维
□**责任印制** 唐 曦
□**出版发行** 中南大学出版社
社址：长沙市麓山南路 邮编：410083
发行科电话：0731-88876770 传真：0731-88710482
□**印 装** 长沙创峰印务有限公司

□**开 本** 710 mm×1000 mm 1/16 □**印张** 12 □**字数** 241 千字
□**版 次** 2024 年 9 月第 1 版 □**印次** 2024 年 9 月第 1 次印刷
□**书 号** ISBN 978-7-5487-6031-3
□**定 价** 78.00 元

前言
Foreword

桥梁是高速铁路的重要基础设施之一，具备跨越复杂地形和节省占地面积等特点。在高铁建设里程不断增加的背景下，不同结构形式的桥梁在线路中应用得更加频繁，其中不同标准跨径简支梁桥最为常见。随着高铁线路从大规模建设逐渐转变到运营维护阶段，桥梁健康和列车运行参数监测是十分有必要的工作。笔者在东南大学攻读博士期间从事长标距光纤传感器的研发与桥梁监测评估研究，掌握了光纤传感器开发的基本原理，完成了数个基于分布式长标距监测的公路桥梁监测系统，积累了丰富的桥梁分布式监测与评估的研究经验。华东交通大学是一所以交通为特色、以轨道为核心、多学科协调发展的教学研究型大学，是中国国家铁路集团有限公司与江西省人民政府、国家铁路局与江西省人民政府“双共建”高校，主要专业都服务于铁路行业。笔者自 2016 年到华东交通大学工作后开始接触铁路桥梁的相关研究，便开始研究如何将分布式长标距应变传感技术从公路桥梁引入铁路桥梁的监测评估中。经过近十年的持续研究，本研究团队在国家自然科学基金、江西省自然科学基金等基金的资助下开展了基于分布式长标距应变传感技术的铁路桥梁监测评估系列研究，本书正是上述研究主要成果积累而成。本书主要分为 10 章，主要内容包括铁路桥梁长标距传感器的研发、车桥耦合振动下桥梁长标距应变计算模型的建立、铁路桥梁宏应变信号处理、基于分布式宏应变的铁路桥梁评估与预警及基于分布式宏应变监测的铁路桥梁上行列车参数识别。

①在铁路桥梁长标距传感器的研发方面：进行了基于 BFRP 复合材料封装与增敏的长标距 FBG 传感器自然环境温度试验，并进行了传感器中心反射波长与温度的差值拟合线性分析，研究了温度对长标距 FBG 传感器的中心波长的影响。对不同锚固段长度对长标距应变传感器应变系数的影响进行了分析，然后通过疲劳试验对比验证了长标距应变传感器在 200 万次列车荷载下的监测精度。长标距应变传感器应变系数和锚固段长度呈明显的线性关系，应变系数随着锚固段长度线性增大，不同标距长度的传感器变化规律相同，应变系数随着传感段长度的增加而减小。光纤传感器疲劳试验后传感器的应变系数和线性度基本上没有变化，说明传感器在承受 200 万次列车荷载后仍然具有良好的监测精度。

②在车桥耦合振动下桥梁长标距应变计算模型方面：研究了列车–轨道–桥梁耦合振动下桥梁宏应变求解方法。在 ANSYS 环境下利用 APDL 编制程序，用位移接触法建立求解列车–轨道–桥梁耦合振动的有限元模型，研究车轨桥耦合方法。根据列车、轨道、桥梁三个组成部分的动力学原理，通过在车轮–钢轨之间建立接触对的方法，在列车与轨道–桥梁之间建立联系，采用傅里叶逆变换法得到轨道不平顺样本并导入轨道节点中，最后进行了轨道与轨道板耦合的验证和桥梁宏应变求解方法的验证，证明了本书建立求解模型的可靠性，为后面研究内容奠定了研究基础。

③在铁路桥梁宏应变信号处理方面：研究了列车–轨道–桥梁耦合振动下的宏应变信号处理方法。提出了在 EMD 算法基础上的改进算法，在 MATLAB 软件仿真平台中，分别采用小波分解、EMD 法、改进 EMD 法进行宏应变信号动静态分离处理，以信噪比(SNR)、均方根误差(RMSE)、皮尔逊相关系数(R)为指标进行对比，发现分离出的拟静态信号质量以小

波分解最优，其次为改进 EMD 法和 EMD 法；处理时间和稳定性则是改进 EMD 法最有优势，小波分解过度依赖人工选择。进一步比选研究了长标距 FBG 传感器获取的列车-轨道-桥梁耦合振动下宏应变时程信号动静态分离方法。针对仿真信号，分别采取小波分解、EMD 法和改进 EMD 法进行信号处理，比较各方法优劣，选出最快捷准确的信号处理方法并用于桥梁健康监测系统实测信号处理。

④在基于分布式宏应变的铁路桥梁评估与预警方面：研究了列车-轨道-桥梁耦合振动下基于宏应变的桥梁刚度评估与预警方法。首先介绍了本研究团队安装的某跨高速铁路简支梁桥健康监测系统；随后对列车车厢质量和车速两个特征参数进行统计并构建随机列车荷载模型；接着研究了基于宏应变影响线的桥梁纵向抗弯刚度评估方法，建立桥梁与随机列车荷载相匹配的健康置信区间，通过各传感器宏应变影响线面积增量进行刚度退化定位和定量分析，结合数值模拟算例，对此方法的可行性进行验证，效果明显，结合桥梁健康监测数据识别出传感器标距覆盖位置箱梁截面尺寸出现突变，导致截面纵向抗弯刚度突变。

⑤在基于分布式宏应变监测的铁路桥梁上行列车参数识别方面：研究了基于分布式宏应变监测的列车运行参数识别方法。从宏应变时程曲线中包含着列车运行参数信息的角度出发，结合宏应变影响线面积，构建并训练识别列车运行参数的 BP 神经网络，分别对车厢质量和轮轨力曲线参数进行识别。研究结果表明：识别车厢质量时，所有的样本相对误差在 2%以下，合格率为 100%；识别轮轨力曲线时，对于单个识别样本，每个时间点的轮轨力数值误差在 4%以下，对整个测试集而言，网络的相对误差为 3.843%，合格率为 96%。

本书主要由吴必涛提出编写思路，确立编写大纲，研究生曾远来、林祖才、欧阳耀、梁杰、付思程、龚奕、夏清泉协助编写而成，研究生吴志鹏、张志成负责修改，在此感谢他们的辛苦付出。本书的研究内容还得到了笔者东南大学导师吴刚教授的大力指导，及卢华嘉教授的大力帮助，在此表示感谢。

本书的出版得到了国家自然科学基金(52368042)，江西省主要学科学术和技术带头人培养计划(20225BCJ23025)与江西省优秀青年基金(20242BAB231008)的资助，在此表示感谢。

由于作者水平的局限，书中不当之处欢迎读者批评指正。作者联系方式(E-mail)：wubitao@ ecjtu. edu. cn。

作者

2024 年于华东交通大学

目录

Contents

第 1 章 绪 论

1.1 研究背景与意义

1.1.1 研究背景

高速铁路作为一种安全可靠、快捷舒适、运载量大、低碳环保的运输方式，已经成为世界交通行业的发展趋势[1]。我国高速铁路建设起步较晚，但经过多年的发展，特别是从 2004 年国务院审议通过我国《中长期铁路网规划》开始，我国高速铁路建设进入了快速发展时期，目前已经成为全球最发达的高铁网络之一。中国高铁的发展历经了快速扩张、技术创新和质量提升等阶段，如今已经形成了以京沪高铁、京广高铁、京哈高铁等为代表的一系列高速铁路线网。中国高铁的建设不仅提升了交通运输效率，缩短了城市间的时空距离，还促进了地区经济的发展和人员流动，成为国家发展战略的重要支撑。未来，中国高铁将继续加速发展，不断完善网络布局，为人民群众和经济社会发展提供更加便捷、快速、可靠的交通运输工具。截至 2021 年年底，全国铁路营业里程突破了 15 万 km，其中高铁营业里程超过 4 万 km[2]。为满足线路建设的高标准和列车行驶的平稳度要求，同时达到节约土地、保持线路周边地区一体性等目的[3]，我国高速铁路在建设时大量采用了“以桥代路”的形式(如图 1-1 所示)，导致桥梁所占比例较大。以我国部分高铁运营线路为例，如表 1-1 所示，其桥梁占整个线路的比率基本超过 50%，其中京沪高铁的桥梁占比更是高达 80.5%[4]。高铁线路中的桥梁主要采用标准跨径为 24 m、32 m、40 m 的简支箱梁桥，其中以跨度为 32 m 的双线预应力混凝土简支箱梁桥为主型梁[5]。

(a)　　(b)

图 1-1　高铁“以桥代路”形式(图片来源网络)

表 1-1　我国建成通车运营的主要高铁及桥梁占比

高铁名称	线路总长/km	桥梁总长/km	桥梁占比/%
广珠城际铁路	142.3	134.1	94.2
京津城际铁路	115.2	100.2	87.7
沪杭客运专线	158.0	137.5	87.0
宝西客运专线	138.0	120.0	87.0
杭州—宁波客运专线	150.0	123.0	82.0
盘锦—营口客运专线	90.0	73.0	81.1
京沪高铁	1318.0	1060.9	80.5
北京—石家庄客运专线	281.0	218.0	77.6
哈尔滨—大连客运专线	903.9	663.3	73.4
沪宁城际铁路	296.0	215.4	72.8
沪昆高铁	2252	1207	53.4

高铁桥梁在线路运营时频繁承受往复列车动荷载的作用，再加上化学腐蚀、桥梁结构材料老化、恶劣的外部环境等不利因素，导致其部分构件的表面和内部出现不同程度的病害[6]。当桥梁在承受列车动荷载时，结构本身存在的浇筑缺陷和瑕疵会萌生裂隙并逐渐扩展。往复荷载次数超过材料的承受能力后，构件承载能力大幅下降，桥梁会产生不可逆的疲劳破坏。对预应力混凝土梁而言，材料强度不足、内部出现疏松空洞、预应力管道压浆不饱满等问题也会导致桥梁承载力

下降[7]。在外部恶劣环境的侵蚀中，保护层混凝土脱落，内部钢筋锈蚀，继而扩大锈胀开裂面积，长期发展下去直接会降低截面抗弯刚度，钢筋有效直径减小甚至失效。如果预应力钢束锈蚀，导致桥梁下挠，严重影响列车行驶，后果会更为严重。随着国家“八纵八横”铁路建设进程越来越快，大批量新修桥梁存在的运营管理、管养措施不足和既有的老旧桥梁出现不同程度的病害两方面问题应引起我们高度重视，在社会发展带来的交通运输业指标提高与桥梁结构实际承载能力难以避免下降的现实情况冲突下，对桥梁潜在的损伤进行预警和实时掌握桥梁结构实际受载能力极为迫切且很有必要[8]。

表 1-2　国外高铁里程及各线路桥梁占比

国家	高铁运营里程/km	各线路桥梁占比/%
法国	1576	1. 3~32. 2
德国	1265	2. 7~12. 2
意大利	533	12. 5~19. 5
西班牙	3143	3. 2
日本	2049	33. 3~61. 5

高速铁路桥梁在运营期间处于全封闭状态，因此，我国对于高铁桥梁的维护主要采用白天行车、夜间养护的传统人工检测模式[9]，其不仅对高铁列车行驶时桥梁出现的损伤无法进行及时全面的判断，而且效率低、耗时长。传统的传感器(如位移计、应变计、加速度计等)由于容易受到电磁干扰、抗腐蚀性差，长期使用，其测量精度难以保证，且传统的传感器主要是点式测量，无法对桥梁结构进行有效覆盖，因此，难以适合于高铁桥梁的长期监测。而光纤光栅传感器因其基于光信号测量，可不受电磁干扰，但传统的光纤光栅传感器也是采用点式测量，仍然无法对桥梁形成有效覆盖，故需要对光纤光栅传感器进行二次开发。在此情况下，Li 和 Wu[10]通过增长光纤光栅的测量长度，开发了一种基于 BFRP 材料封装的长标距 FBG 应变传感器。该传感器具有优越的动态监测性能，同时安装简便、信号可远距离传输，并且通过对多个同等标距的传感器的串联布置，可实现对桥梁的基本覆盖，非常适合于桥梁的健康监测，且在实际的公路桥梁工程中有诸多的运用与研究。因此，研究利用长标距 FBG 传感技术组建适合于高铁桥梁的健康监测系统，以此对高铁桥梁的刚度监测与损伤识别具有很高的可行性。

1.1.2　研究意义

在桥梁使用年限短、铁路线荷载大、恶劣外部环境等不利因素的影响下，桥梁的实际承载能力出现不同程度下降，直接影响了运营的安全性。越来越多的大跨度、复杂结构形式的桥梁都专门设计了健康监测系统，系统具备实时获取结构响应、评估桥梁承载力、对可能出现的损伤提前预警的功能，可根据监测数据提出对应养护管理措施，保障桥梁的正常服役年限和运营安全。出于监测系统成本和桥梁重要性等考虑，目前铁路桥的健康监测系统主要对象都是大跨度桥梁和少量关键节点的桥梁，而线路中最具一般性、数量最多的标准跨径桥梁主要是通过定期人工检测为主，依据桥梁检测规范现场进行相关试验和采集数据，后续依据数据、图片对桥梁进行技术状况评估。该方法检测周期长，成本高，作业环境特殊，检测结果具有经验性、主观性，结果不能即检即出，无法对列车动荷载作用下桥梁运行状况作出评价，具有一定局限性。

随着计算机技术、传感器技术等各类技术的迅速发展，桥梁的在线监测技术也随之得到突破，越来越多的桥梁在大趋势环境下安装了健康监测系统，能够更加方便准确地进行桥梁的监控与评估工作。桥梁健康监测系统通过融合计算机技术等各种技术，得到桥梁的结构安全状态、损伤识别、预警阈值等重要信息，然后通过数据分析结合桥梁结构获得桥梁预测模型，实现对监测数据的未来值进行预测，从而达到桥梁健康状况评定标准，全盘把控桥梁的运营安全状况，为桥梁养护管理实时提供直观的数据支撑及建议，保障桥梁运营安全。

为此本书主要基于分布式宏应变监测技术，研究了列车-轨道-桥梁耦合振动下桥梁宏应变求解方法，反演分析桥梁局部刚度退化对列车运行安全的影响；为提高列车荷载下长标距 FBG 传感器的监测精度，研究了列车-轨道-桥梁耦合振动下的宏应变信号处理方法，在上述研究基础上进一步研究了列车-轨道-桥梁耦合振动下基于宏应变的桥梁刚度评估与预警方法及列车运行参数识别方法，为铁路桥梁管养维护提供参考。

本书拟采用分布式长标距 FBG 传感器解决传统点式传感器针对于桥梁结构过于局部、难以捕捉桥梁结构的整体信息和易受电磁干扰等问题。同时采用高速列车荷载作用下桥梁宏应变影响包络线直接监测桥梁刚度以及识别损伤，解决传统监测方法中传感器受测试环境限制给桥梁安全评估带来的难题。桥梁结构为高铁路线上的重要组成结构物，如何保证其在运营期间保持良好的健康状态，对保障高铁运输安全畅通具有重要的意义。尤其是在高速铁路桥梁至今已服役 10 年的背景下，面对大量高速铁路桥梁，快速、有效地进行桥梁的安全监测评估具有重要的工程意义。

通过本课题的研究，首先，丰富了高速铁路桥梁上部结构纵向刚度监测和损伤识别的评定方法。然后，通过研究快速提取桥梁分布式宏应变影响包络线的方法，提出了高速列车荷载作用下基于分布式宏应变影响包络线的高铁桥梁刚度监测与损伤识别的方法，提高了桥梁上部结构运营状况检定的效率。最后，实际工程的运用结果证明，该方法可促进高铁交通基础设施的智能化和管养水平。综上，本书的研究具有理论和实际应用的双重价值。

1.2 国内外研究现状

1.2.1 铁路桥梁结构健康状况监测研究现状

桥梁结构健康状况监测一直是国内外学术界和工程界研究的热点，在实际工程中也有众多应用。近些年，随着高铁线路中桥梁总量增大，针对高速铁路桥梁健康监测的研究内容也逐渐成为热点。

战家旺等[11]以桥梁单元刚度变化程度作为损伤指标，对列车-桥相互作用下的桥梁损伤识别方法进行研究，方法中以列车动力响应作为桥梁损伤评估输入数据，能够识别单处、多处位置的损伤。张晶晶等[12]提出一种基于多尺度 shurutux 渗透模型的桥梁裂缝检测办法，能够获取铁路桥梁裂缝面积、长度、最大宽度等信息。陈晓伟[13]对铁路桥梁的风险因素进行了研究，构建了既有铁路桥梁事故树模型，并利用基于贝叶斯理论的既有铁路桥梁可靠度综合评估体系，对其进行了敏感性分析，并对监控过程中出现的新数据进行了持续的融合，实时反映铁路桥的状态。李义娟[14]通过分析信号时域特征，并结合桥检规，选取最大横向振幅为状态指标特征参数，将归一化后的特征参数做统计分布，通过分布规律区间制定了预警参数的安全限值。刘晓光[15]以大跨度铁路桥的健康监测数据为基础，分别采用 ARMA 模型、神经网络及 1/3 倍频程谱方法对桥梁整体可能出现的损伤进行实时预警，研发了基于 BIM 的故障预测与健康管理系统。盛文达[16]通过分析桥梁易损点确定传感器布置方案，建立联合 CNN-LSTM 的桥梁结构损伤识别模型，并提出了分级预警指标和预警闭合流程。史康等[17]以大跨度铁路桥为工程背景，开发安装了一套基于云计算的 DASP-MTS 在线健康监测系统，解决了远程监控的难题，为同类型的高速铁路桥梁健康监测提供参考。

西南交通大学付春雨等[18, 19]基于铁路桥梁结构损伤状态与列车荷载的相关性，采用支持向量机分类算法，对列车行驶时桥梁的损伤位置识别进行了研究。北京交通大学夏禾等[20]提出了一种基于列车感应响应和灵敏度分析的损伤识别方法，并以三跨连续梁桥的数值算例为例，证明了使用单个测量点的列车感应响应可以有效地识别铁路桥梁的局部损伤。中南大学卢朝辉、余志武等[21]在总结国内外桥梁状况评估分级和评定标准的基础上，提出基于可靠度理论的既有铁路桥梁状态评估标准，给铁路桥梁安全评估提供了重要指导方法。北京交通大学辛学忠等[22]利用桥梁结构长期健康监测系统获取的大量数据，结合大跨度铁路桥梁的结构受力特点，提出了一套基于静力识别的统计对比诊断桥梁结构整体性能的评估方法。西南交通大学蒲黔辉等[23]研究了基于动力参数的高速铁路桥梁多层次损伤识别与性能评定方法，文中总结了铁路桥梁中常用的动力参数(频率、振型、曲率等)损伤识别方法，将这些参数进行分层，并进行多层次损伤识别方法研究。石家庄铁道大学赵维刚等[24]提出常用跨度铁路桥梁运行状态分布式监测与预警技术，文中指出：对铁路桥梁的车桥运行安全监测而言，应考虑所有可能荷载形式(客、货、轴重)作用下的桥梁结构响应极值的统计特性，可在长期监测中根据一定时间周期内的监测数据进行极值分布概率估计。中南大学史康等[25]对大跨度高速铁路桥梁健康监测系统进行了研发，以南广铁路西江特大桥为工程背景，开发了一套基于云计算的 DASP-MTS 在线健康监测系统，并利用 3G 无线网络将实时数据上传至云端服务器，系统中使用了风速仪、拾振器、应变计和摄像头等。

在国外，同样有不少工程学者对铁路桥梁的健康监测进行了研究。加拿大 Azim 等[26]提出了一种铁路桁架桥的非参数损伤检测方法，该方法利用基线和损伤桥梁条件下的应变时程响应计算变分矩阵系数。当桥梁结构发生变化时，通过观察变分矩阵的系数来检测和定位桥梁的损伤，并利用铁路桁架桥的有限元模型对该方法进行数值验证。意大利 Carnevale 等[27]利用列车过桥时的动力响应来检测铁路桥梁结构损伤，通过对整个列车-轨道-桥梁系统的数值模拟，探讨了该方法的可行性。日本 Beskhyroun 等[28]提出了一种基于小波的结构损伤检测和健康监测技术，利用小波变换对典型振动信号的特征进行损伤识别，并以铁路钢桁架桥为例进行了试验和数值验证，结果表明，该方法能有效地识别桥梁损伤的位置。意大利 Minardo 等[29]研究了基于布里渊散射的分布式光纤传感器在列车荷载识别和动态载荷测量中的应用，并在意大利的 San Severo-Peschici 铁路桥线上进行现场测试。英国 Karoumi 等[30]在桥面安装应变传感器，通过对应变时程频谱分析，对列车车轴数和轴重进行了精确的评估。韩国 Kaloop 等[31]利用由无线短时加速度系统和附加在梁上的应变监测传感器组成无损监测系统对高铁桥梁进行监测，并对桥梁的振动、扭转、疲劳和频率内容进行分析，结果表明加速度和应变测量的互相关模型可以有效地预测桥梁的性能。

Moreu 等[32]使用无线智能传感器(WSS)测量列车荷载下的桥梁结构响应，通过轨道上布设无线应变计测量列车荷载，桥梁上布设无线加速度计和应变计测量桥梁响应，实桥数据结合修正后有限元模型，实现对未安装传感器位置响应的预测，为铁路桥梁检修管养提供了新的思路。Azim 等[33]通过对列车荷载作用下桥梁应变响应数据统计分析，分别在健康和受损条件下获取应变时程响应计算变异系数，以桁架桥的变异矩阵系数来检测桥梁中的损伤位置和程度，该方法在不同列车速度、轴重下均能对损伤做到有效识别。Rosafalco 等[34]结合 MOR 和 FCNs 来分析被监测结构的原始振动信号，首先根据不同损伤工况收集结构响应数据集并用于训练网络，通过模型降阶的方式减少计算量，获取大量的模型数据，经过训练的分类器可以识别有关损伤的位置。Ren 等[35]在运营列车上布设传感器同时实现钢轨轮廓和桥梁状况评估，提出了一种利用列车转向架垂直加速度计算轨道外轮廓的逆 Newmark-β 法，并在此基础上进一步研究，从影响线的角度很好地识别出桥梁损伤程度。Anastasopoulos[36]探讨了应变模态在损伤识别中的应用，开发了两种精确的动态亚微应变测量方法，基于 FBG 传感器测量结构动态应变，并用于模态分析获取被测结构的应变模态，对预应力混凝土梁进行了渐进损伤试验的模态分析，研究结果表明，即使在较低的损伤水平下，设计损伤裂缝对梁的应变模态振型和中和轴位置也有明显的局部影响，但温度对应变模态和中和轴位置影响不大。Alexakis 等[37]对改造加固后的三跨拱桥进行监测，布设了包括分布式 FBG 传感器网络、超声波裂缝检测器和高灵敏度加速度计，分别获取桥跨分布动态应变、裂缝率和关键位置动态响应。比较相隔 16 个月的监测数据，结果表明该监测系统能有效检测结构局部损伤以及结构整体动态行为随时间的变化。Parisi 等[38]直接采用原始应变信号进行铁路钢桁架桥损伤定位和损伤程度评估，借助有限元模拟生成大量损伤工况下的应变时程数据，经过 CNN 分类器训练后能够识别出桥梁损伤，该方法没有对信号特征和物理特征进行预处理和选择。

1.2.2 信号降噪处理研究现状

电力系统、机械振动、生物信号等众多领域都存在难以获取纯净信号的困扰，研究人员从改进降噪方法参数，优化函数，到融合多种信号处理方法，分步骤进行信号处理。针对不同类型信号，不同类型降噪方法，已经取得了丰富的研究成果。

王普等[39]针对轴承信号提取特征时受噪声干扰的问题，提出了分层自适应阈值函数，可以根据各小波分解层信号特点调节参数、选择阈值函数，提高降噪效果。杨正益等[40]针对现场实测的旋转机械振动信号中一般存在强脉冲干扰和白噪声，而小波阈值滤波和形态滤波对白噪声和脉冲干扰的滤除效果不能兼顾的问题，提出了一种基于形态滤波和改进的小波阈值滤波相结合的综合滤波方法。对仿真信号和实测信号进行验证，结果表明该方法能够提取出信号中的转子振动信号。孟乾泰等[41]为从煤粉静电信号中提取有用信号，采用小波阈值去噪的方法进行信号处理，先后对比选出最佳类型小波基和最合适分解层数，实验结果表明能够精确分离噪声提取有用信号。朱豪坤等[42]针对磁通门数字信号处理过程中去噪困难的问题提出了一种磁通门信号在线快速处理的数字信号处理系统，系统中采用分解层数为两层的 haar 小波进行降噪，提升了传感器的测量精度。

吴艳等[43]针对小波阈值降噪的软、硬阈值函数处理信号时的缺点，提出一种含参数的阈值函数和逐层变化的阈值相结合的优化措施，该算法特点是能够在不同分解层改变阈值，具有自适应特征，减少固定阈值处理信号的偏差。

Lu 等[44]使用经验模态分解法(EMD)从桥梁动态长标距应变信号中提取出静态长标距信号，该信号可用于监测桥梁的应力状态，并以万龙山大桥为例证实了该方法的有效性。Boudraa 等[45]提出了一种基于经验模态分解的信号滤波方法，将信号分解为 IMF 分量和 RES 分量后，提出以 CMSE 为标准寻找分界 IMF，筛选部分 IMF 分量重构信号(低频部分)，但该研究仅限于被高斯白噪声污染的信号。Komaty 等[46]提出了一种结合经验模态分解和相似性度量的新滤波方法，提取各个分量和原始信号的概率密度函数，通过比较分量与原始信号的相似度来选择用于重构信号的 IMF 分量，此方法在消除高斯白噪声和彩色噪声方面有优势。贾永峰等[47]运用经验模态分解法从实桥跑车得到的宏应变信号中提取静态信号，还对比了不同车速对此方法的影响。范文健等[48]提出了一种基于 EMD 分解和 IIR 低通数字滤波的联合降噪方法，在以往直接去除高频 IMF 分量的基础上，对高频 IMF 分量进行滤波，最后进行信号重构，解决了传统 EMD 分解中高频 IMF 分量存在有用信号和噪声信号混叠的现象导致降噪效果不理想的问题。马宏伟等[49]利用经验模态分解在处理非线性、非平稳信号时的优势，对煤矿机械运行时的振动进行降噪处理，提出以 IMF 分量和原始信号的相关系数作为指标，确定用于重构信号的 IMF 分量，降噪结果验证了该方法的有效性。张玉兰[50]研究了 FBG 传感器信号去噪方法，提出了改进 EMD 和基于压缩感知的降噪方法，改进 EMD 方法只去除了高斯白噪声，基于压缩感知的方法可以同时去除高斯白噪声和粉红噪声。陈适之[51]在处理动态长标距应变信号时，采用 EMD 方法，对各 IMF 分量进行频谱分析，与桥梁基频作比较，比基频高的视为动态响应与噪声，反之保留为有效 IMF 分量，用于重构信号。吴必涛[52]在处理长标距 FBG 传感器信号时，提出了两种长标距准静态应变提取准则，分别是以桥梁一阶竖弯频率为阈值和以频谱分析中第一阶频率为阈值，两种方法均能够获得不错的效果。

郭晴等[53]通过 MATLAB 仿真分析验证了奇异值分解对含噪自混合干涉信号的降噪效果的有效性，改善了信号的光滑性。雷达等[54]提出了一种基于奇异值分解和经验模态分解的信号降噪方法，先用 EMD 法将信号分离出趋势分量，对剩余信号采用 SVD 法降噪，最后进行信号重构，对模拟信号和实际航空发动机健康信号进行了降噪试验，证明该方法能够有效去除信号噪声并保留信号细节。

1.2.3 桥梁移动荷载识别技术研究现状

桥梁移动荷载参数识别作为监测桥梁运行状况的关键，结合桥梁状况提出管养措施。国内外有大量学者研究了桥梁移动荷载识别方法。

Yang 等[55]提出一种基于影响线理论和分布式传感技术的桥梁移动荷载识别方法，将单辆车过桥的桥梁结构响应作为标准，对比待识别车辆过桥的结构响应，识别车辆的速度、质量参数，相对误差分别为 10%、15%。Dan 等[56]通过在桥头布置称重系统、沿桥布置摄像头，实现了全桥横向、纵向荷载识别，整合监测系统数据，提供整座桥梁交通荷载实时空间分布信息。Pinkaew 等[57]研究了从桥梁弯矩识别移动车辆的车桥接触力曲线，直接测量了过桥时车桥接触力和桥梁跨中和三等分处的弯矩，基于获得的弯矩进行轴重识别，并进行了比较。韩万水等[58]提出了基于有限元模型修正的单车通过多梁式桥梁的移动荷载识别方法。王宁波等[59, 60]根据桥梁动应变曲线峰值点识别车辆行驶速度、轴数、轴距，并用影响线拟合动应变响应来识别车辆各轴轴重。钱长照等[61]利用影响线建立移动荷载与弯矩之间的关系，提出了一种利用弯矩影响线进行移动荷载识别的方法。邹谭[62]基于剪切应变影响线提出了识别单一车辆荷载的新方法，根据剪切应变影响线的特征不仅能识别车辆轴重和总重，还能识别车速和轴距。Fitzgerald 等[63]基于正则化技巧，准确地计算出了车辆轴载。Chen 等[64]开发了一种预处理最小二乘分解法，可以减少未知噪声引起的识别误差，并在简支梁上验证了该算法的有效性和适用性。

近年来，一些学者将机器学习用于移动荷载的识别。对于根据桥梁的挠度、应变等响应识别桥梁动载，已有很多学者进行研究并取得了一些成果。Wang 等[65]采用模拟退火算法对多节列车荷载进行识别，对连续桁架桥上多节列车荷载进行了动荷载识别。Li 等[66]利用 ABAQUS 软件生成模拟数据拟合伪克里格插值模型，将插值模型与 BP 神经网络结合，结果表明该模型能够以较少样本获得较好的荷载识别结果。Yang 等[67]基于深度卷积网络直接建立了振动响应和激励荷载之间的反演模型，此外还对该模型的抗噪能力作出评估。李忠献等[68]基于 BP 神经网络提出了一种分阶段识别桥上移动荷载的新方法，分步识别了车辆的位置、速度和荷载，结果表明所提出的方法能够实时地识别桥上移动车辆荷载，且具有识别精度高、收敛速度快的优点。杨慧等[69]利用 BP 神经网络以及桥梁动应变响应对车辆的位置、速度和大小进行了识别，通过模型试验验证了 BP 神经网络用于桥上车辆荷载识别的可行性。陶兴旺等[70]采用斜拉桥实际运营状态下的监测响应(索力和应变)组成网络的输入向量，对通过斜拉桥的重车荷载识别进行了探讨。赵煜等[71]通过数值模拟获取样本集，将桥梁结构位移、速度和加速度响应作为网络输入，荷载大小作为输出训练神经网络，并在实桥上验证了此方法的可行性，得出结论：加速度作为输入的网络精度最高，也可多参数组合输入提高网络精度。

1.2.4 长标距传感技术的运用与研究现状

随着长标距 FBG 传感技术的发展，其在土木工程结构监测领域运用越来越广泛，尤其在大型桥梁结构监测领域。Wu 等[72]以新沂河大桥为背景，通过数值模拟和现场试验相结合，研究了移动车辆荷载下基于分布式长标距 FBG 传感技术的连续梁桥损伤识别方法，结果表明通过提取长标距静态应变时程面积的方法能很好地识别连续梁桥的损伤，且不受车速、车重及车轴数的影响。Lu 等[73]研究了从桥梁的动态应变信号中提取静态长标距应变信号的方法，静态应变信号可直接用于监测桥梁的应力状况。对获取的万龙山大桥动态应变信号进行分离的分析结果表明，使用经验模态分解法可有效地提取静态应变信号。Lu Zhang 等[74]通过建立基于宏应变影响线理论的简支梁桥静态应变、桥梁刚度及车轴重之间的数值关系，研究了移动车辆荷载下的基于长标距 FBG 传感技术的简支梁桥的损伤与车轴重同步识别方法。Górriz 等[75]比较了点式应变计与长标距 FBG 传感器在铁路桥梁上的荷载测试，结果表明在监测非均匀材料时使用长标距 FBG 传感器是可取的，且能取得与常规应变传感器等同的精准应变测量结果。

长标距 FBG 传感器除了在桥梁领域有广泛应用，在隧道结构监测、民用建筑结构、轨道交通结构等领域也有诸多运用。例如：福州大学沈圣[76]利用长标距光纤光栅传感器监测盾构隧道中性轴深度增量，提出了在结构弹性范围内利用分布式宏应变反算隧道结构挠度变形的方法，该方法可以对隧道变形进行多点实时监测且具有较高的精度。郭余根[77]以无锡地铁河埒口站基坑监测为例，研究了长标距 FBG 光纤传感器在地铁基坑施工应变及变形监测中的应用，并结合现场施工情况对监测数据进行分析，结果表明分布式布设光纤传感器可较准确地监测地下连续墙在开挖过程中的水平变形，并能对周边建筑物的变形状态及安全状态进行有效监控。河海大学唐永圣[78, 79]研究了嵌入式长标距智能纤维筋的开发和应用，将外贴式长标距传感器扩展到嵌入式，同时用于结构加固监测。Fouad 等[80]研究了一种使用具有自补偿功能的分布式嵌入式长规格包装碳纤维线传感器监测受弯中钢筋锈蚀的新技术，提出了运用连续应变比、分布应变比和截面纤维模型三种不同的方法来评价钢筋混凝土结构腐蚀水平的方法。

1.2.5 基于机器学习的移动荷载识别研究现状

近年来随着计算机性能的提升，人工智能蓬勃发展，机器学习在各个领域的应用备受瞩目，并取得了显著成果。常用的机器学习算法包括决策树、随机森林、人工神经网络、支持向量机等。决策树算法出现于 20 世纪 90 年代[81]，随后 Yoav[82]简化了树模型的生成规则，提出了 ADTree(alternating decision tree)算法。到了 21 世纪初，Breiman[83]将决策树模型与 Bagging 算法相结合，提出了随机森林模型，随机森林模型能够准确且快速地完成识别任务。赵小雄[84]将桥梁结构无损伤和有损伤条件下的加速度响应作为森林模型的输出向量，建立加权随机森林模型，成功识别出桥梁不同损伤状况下的加速度响应。郑胜洁等[85]建立随机森林预测模型，输入特征参数成功预测出结构位移。Soleimani[86]提出了利用随机森林模型来评估建模参数对估计地震需求的重要程度。Liu 等[87]提出了随机森林(RF)特征选择和遗传算法优化支持向量机(GA-SVM)模型的纵向传输检测方法，显著提高了桥梁波纹管注浆质量的检测效率。

神经网络具有很强的学习和识别能力，非常适用于桥梁等结构的移动荷载识别[88]。神经网络主要分为三类：①BP 神经网络；②深度神经网络；③其他神经网络。BP 神经网络于 1986 年被提出，采用误差反向传播的训练算法，通过不断重复信号向前传播、误差反向传播这个过程，实现输出标签值与期望值的误差在可接受范围内。邓露[89]系统地整理了车-桥耦合研究现状和未来发展，其中包括桥梁移动荷载识别领域，指出神经网络是未来移动荷载识别领域重要的发展方向。通过神经网络进行移动荷载识别首先需要建立基于神经网络的移动荷载识别模型，输入荷载值和桥梁响应数据对神经网络进行训练，然后采集实桥的动力影响并输入训练好的神经网络中，神经网络根据实桥响应数据自行识别出移动荷载。赵煜等[90]以 4 跨连续 T 梁桥为工程背景验证了神经网络用于移动荷载识别的可行性，试验表明输入参数影响识别精度。李忠献等[91]提出了分阶段识别技术，数值模拟生成样本集，通过 BP 神经网络分步识别了移动荷载的位置、速度和大小。陶兴旺等[92]应用神经网络对通过斜拉桥的重车进行荷载识别。

支持向量机法是一种新兴机器学习模型，由 Cortes 等[93]在 1995 年提出，因其小样本学习的优势受到国内外学者的广泛关注。邢文静[94]构造混凝土简支梁桥的动力反应特征，通过支持向量机进行损伤定位和损伤程度识别，识别效果良好。冼旭东[95]利用粒子群算法对支持向量机的模型参数进行寻优，通过优化模型进行桥梁损伤位置识别和损伤程度的判定且效果较好。Liu 等[96]采用环境激励下的结构响应来训练 SVM，利用训练好的 SVM 模型进行损伤预警和定位。

1.3　既有研究存在的问题

综合相关国内外研究文献，铁路桥梁健康监测评估方面获得了丰富的研究成果，铁路桥梁健康监测传感器数据处理方法在列车-轨道-桥梁耦合振动下尚需要进一步研究，综上可以总结出铁路桥梁监测评估中尚存在以下难题：

(1)由于传感器本身的局限性，基于结构应变响应数据的桥梁损伤方法往往难以对桥梁整体结构进行监测，对局部的损伤很难进行精确捕捉。

(2)现有桥梁健康状况评估方法大多需要在桥梁初始状态使用或以当前状态为初始值，进而研究桥梁整体刚度退化，不能准确应用于大量既有铁路梁桥。

(3)铁路桥的健康监测系统传感器数据易受到列车-轨道-桥梁耦合振动的影响，直接使用传感器原始信号进行健康状况评估和损伤预警会淹没结构响应的细节特征，导致评估结果偏离实际。

(4)传感器现有的振动信号处理方法中，小波分解法需要人为选择小波函数、分解层数等参数，主观性较强，而 EMD 法、低(高)通滤波器无法应对细节信号分布频率范围广的问题，容易丢失细节特征。此外，较少专门针对列车荷载下桥梁宏应变分离的方法对比研究。

(5)基于自振频率的损伤识别方法易受温度影响。Liu 等[97]研究成果表明，结构的自振频率受到温度的影响非常大。高铁桥梁若采用频率进行损伤评定，则计算参数较多，如梁体的竖向和横向限值、桥墩的横向振动等，而且需要考虑温度对自振频率的影响。

(6)基于模态参数(位移模态、模态应变能、模态柔度、模态曲率等)的损伤评定方法已被证明理论上对局部损伤敏感，但应用到实际工程结构中发现其对局部损伤并不敏感[98]。对有损伤的既有桥梁，依据动力参数的评定方法会被局部损伤影响干扰。

(7)基于测试应变的损伤识别方法虽然对损伤非常敏感[99]，但是传统“点”式应变传感器若没有粘贴在结构的损伤部位，则局部损伤不能被有效地捕捉到，对于准确地评估桥梁结构的健康状况产生影响，导致损伤评定结果偏离实际结果。

(8)用于评定铁路桥梁运营状况的参数由于受到测试环境的限制往往不能直接获取，需要进行简化计算或者转换。

针对上述问题，本书主要基于分布式宏应变监测技术，研究了列车-轨道-桥梁耦合振动下桥梁宏应变求解方法，反演分析桥梁局部刚度退化对列车运行安全的影响；为提高列车荷载下长标距传感器的监测精度，研究了列车-轨道-桥梁耦合振动下的宏应变信号处理方法。在上述研究基础上研究了列车-轨道-桥梁耦合振动下基于宏应变的桥梁刚度评估与预警方法及列车运行参数识别方法，为铁路桥梁管养维护提供参考。

1.4　本专著主要内容

为应对大量铁路简支梁桥的健康监测需求，本书研究团队设计并安装了基于分布式长标距 FBG 传感器的铁路简支梁桥健康监测系统。本书将采用长标距 FBG 传感器对高铁桥梁进行健康监测，同时提取高速列车荷载作用下桥梁分布式宏应变影响包络线对桥梁上部结构进行刚度监测与快速损伤识别，以实现对高铁桥梁的安全快速评估。针对铁路桥健康监测系统，本书研究了列车-轨道-桥梁耦合振动下桥梁动态宏应变求解方法；对比研究了列车荷载下桥梁宏应变信号动静态分离方法；提出了列车荷载下基于分布式宏应变的桥梁健康状况评估方法；基于宏应变影响线和机器学习方法，训练识别列车运行参数的网络模型，并设计了简支梁缩尺模型实验对其可靠性进行了验证。研究内容包括以下八个方面：

(1)分布式长标距光纤光栅传感器易受到外来激励与环境温度的影响，通过环境温度试验，研究环境温度(T)、分布式长标距光纤光栅传感器中心波长(λ_b)之间的关系，并提出传感器温度补偿方法，以降低分布式长标距光纤光栅传感器在对高速铁路桥梁的健康监测时温度对其的影响。

(2)实验研究列车荷载作用下 BFRP 纤维封装 FBG 传感器的抗疲劳性和耐久性能，将 BFRP 纤维封装 FBG 传感器外贴在轨枕上进行疲劳拉压试验，试验测试并对比整个疲劳试验过程中的应变时程；试验结束后将传感器取下来进行标定实验，验证传感器的测试精度和可重复性，最后采用电子显微镜观察了传感器的锚固段光纤是否发生滑移和光纤是否出现疲劳裂纹。

(3)进行理论分析，分析桥梁跨径(L)、传感器标距长度(L_s)和传感器数量(N)之间的对应关系，通过该关系选取合适的传感器标距及数量。其次分析了桥梁弯曲刚度与宏应变之间的关系，进而通过宏应变的变化识别桥梁结构的损伤。进行数值模拟，研究高速列车荷载作用下的桥梁损伤位置、损伤数量对宏应变时程曲线及其时程面积的影响；研究列车速度对宏应变时程曲线及其时程面积的影响；提出损伤定量分析指标。

(4)研究了列车-轨道-桥梁耦合振动下桥梁宏应变求解方法。在 ANSYS 环境下利用 APDL 编制程序，用位移接触法建立求解列车-轨道-桥梁耦合振动的有限元模型，研究车轨桥耦合方法。根据列车、轨道、桥梁三个组成部分的动力学原理，通过在车轮-钢轨之间建立接触对的方法，在列车与轨道-桥梁之间建立联系，采用逆傅里叶变换法得到轨道不平顺样本并导入轨道节点中，最后进行了轨道与轨道板耦合的验证和桥梁宏应变求解方法的验证，证明了本书建立求解模型的可靠性，为后面内容奠定了研究基础。

(5)研究了列车-轨道-桥梁耦合振动下的宏应变信号处理方法。提出了在 EMD 算法基础上的改进算法，在 MATLAB 软件仿真平台中，分别采用小波分解、EMD 法、改进 EMD 法进行宏应变信号动静态分离处理，以信噪比(SNR)、均方根误差(RMSE)、皮尔逊相关系数(R)为指标进行对比，发现分离出的拟静态信号质量小波分解最优，其次为改进 EMD 法和 EMD 法，处理时间和稳定性则是改进 EMD 法最有优势，小波分解过度依赖人工选择。

(6)研究了列车-轨道-桥梁耦合振动下基于宏应变的桥梁刚度评估与预警方法。首先介绍了某跨高速铁路简支梁桥健康监测系统；随后对列车车厢质量和车速两个特征参数进行统计并构建随机列车荷载模型；接着研究了基于宏应变影响线的桥梁纵向抗弯刚度评估方法，建立桥梁与随机列车荷载相匹配的健康置信区间，通过各传感器宏应变影响线面积增量进行刚度退化定位和定量分析，结合数值模拟算例对此方法的可行性进行验证，效果明显。结合桥梁健康监测数据识别出在主梁7号和11号传感器标距覆盖范围内纵向抗弯刚度降低了9.64%和9.05%，归因于桥梁横截面尺寸发生了变化。

(7)研究了基于分布式宏应变监测与机器学习的列车运行参数识别方法。从宏应变时程曲线中包含着列车运行参数信息的角度出发，结合宏应变影响线面积，构建并训练识别列车运行参数的神经网络(BP)、随机森林(RF)和支持向量机(SVM)三种机器学习方法。分别对列车轴距与速度、列车轴重和桥梁跨中最大挠度等参数进行识别，研究结果表明：三种机器学习方法均有较好的识别准确率，且三种机器学习模型相较于速度识别与挠度识别均为轴重识别相对输出误差最小，误差最高大为1.5%。对于列车速度识别、轴重识别、挠度识别这三种识别任务，BP神经网络相较于RF和SVM都有着最高的准确率与最低的识别均方误差。我们可以认为，对于车速、轴重、桥梁跨中最大挠度等识别任务，相较于RF和SVM，BP神经网络精度最高。

(8)实验验证了上文提出的基于分布式宏应变监测与机器学习的列车运行参数识别方法。在缩尺简支钢梁上设计了不同轴重与车速共12种工况的列车跑车实验，并利用上述参数识别方法对列车运行参数进行识别，证明该方法在实际工程中有一定的可行性。

第2章

温度对BFRP纤维封装的长标距FBG传感器的影响研究

2.1 引言

长标距FBG应变传感器作为新型的光纤光栅传感器，在高耸结构[100]、基坑监测[101]、桥梁隧道[102]等领域有较多的运用。然而在长标距FBG应变传感器长期监测过程中，时间跨度大，环境温度变化幅度明显，对传感器的测量结果有较大影响，因此，研究温度对长标距FBG应变传感器的影响具有重要的实际工程测量意义。在光纤光栅传感器温度影响问题上，不少学者对其进行了大量的研究。贾振安、乔学光等[103]通过试验的方法研究了裸光纤光栅的温度灵敏度系数，发现光纤光栅的温度灵敏度系数并非常数，而是随测量温度的增大而缓慢增大；李阔、周振安[104]利用光纤光栅传感器温度应变交叉敏感特性，设计了一款灵敏度系数可调的高灵敏度光纤光栅温度传感器；丁旭东、张钰民等[105]研究了全金属化封装结构的FBG温度传感器的超低温传感特性，试验结果表明，该封装形式的FBG传感器的线性度较好，提高了传感器的温度灵敏度；张自嘉、施文康等[106]利用受温度影响的光纤的本征方程和相位匹配条件，从理论上研究了长周期光纤光栅的温度响应特性，给出了长周期光纤光栅的温度灵敏度的解析表达式；朱鸿鹄、周谷宇等[107]通过引入温度光栅修正系数，完善了基于参考光纤光栅的常规温度补偿方法，研究了光纤光栅受到温度和应变共同影响问题；文献[108]提出了一种基于径向基函数神经网络(RBFNN)的稳定温度标定方法，可求得温度与光纤布拉格光栅(FBG)中心波长之间的复杂关系，并具有较高的精度和稳定性。

近年来为适应结构健康监测的新要求，在光纤光栅传感器基础上二次开发出了长标距FBG应变传感器，其同样在监测过程中易受温度的影响，然而对于长标距FBG传感器的温度敏感特性研究较少。因此，本书通过试验的方法研究了基于BFRP材料封装和增敏的长标距FBG传感器的温度敏感特性，并与普通光纤光栅传感器的温度特性进行对比，最后提出了长标距应变传感器温度补偿方法，该计算方法为同类光纤光栅传感器的工程监测温度补偿提供参考借鉴。

2.2 光纤光栅温度传感原理

光纤光栅(FBG)是将通信用光纤的一部分利用掺锗光纤非线性吸收效应的紫外全息曝光法在光纤光芯上形成的空间相位光栅，即布拉格光栅[109](Bragg grating)。这种空间相位光栅可以控制和改变光波的传输[110]，从而使纤芯的折射率呈现周期性的变化，其本质相当于刻制在光纤内部可精确控制的反射镜或过滤镜。当一束光经过光纤光栅，其波长等于布拉格光栅中心波长时，则将会反射回来形成反射光束，而不等于布拉格光栅中心波长的光由于相位不匹配而不受影响继续向前传递，如图 2-1 所示。

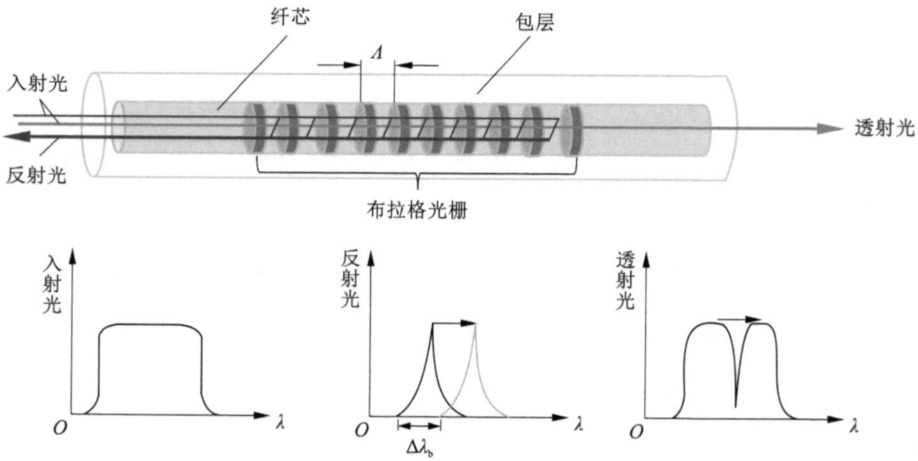

图 2-1 光纤光栅构造及传感示意图

由文献[111]可知，结合光纤耦合模理论，布拉格光栅反射光的波长 λ_b 与光栅周期 Λ 及纤芯有效折射率 n_{eff} 之间满足如下关系，即布拉格光栅方程为：

$$\lambda_b = 2n_{eff}\Lambda \tag{2-1}$$

在实际情况中，除了应力应变外，温度同样是引起光纤布拉格光栅周期 Λ 及纤芯有效折射率 n_{eff} 改变而使光纤布拉格光栅中心反射波长发生漂移的重要因素，其原因主要体现在三个方面：光纤材料的热光效应、热膨胀效应及光纤内部热应力引起的弹光效应[112]。

假设光纤光栅处在恒定的应力场中，当其周围环境温度变化时，且温度沿着光纤光栅均匀分布，忽略光纤光栅不同位置之间的温差效应，建立光纤光栅的温度传感模型。

式(2-1)两边同时对温度取导数，得到温度 T 对光纤布拉格光栅中心波长的影响方程[113]。

$$\frac{d\lambda_b}{dT}=2\Lambda\frac{dn_{eff}}{dT}+2n_{eff}\frac{d\Lambda}{dT} \tag{2-2}$$

式(2-2)两边同时除以式(2-1)，可得：

$$\frac{1}{\lambda_b}\frac{d\lambda_b}{dT}=\frac{1}{n_{eff}}\frac{dn_{eff}}{dT}+\frac{1}{\Lambda}\frac{d\Lambda}{dT} \tag{2-3}$$

其中：

$$\zeta=\frac{1}{n_{eff}}\frac{dn_{eff}}{dT}\quad \alpha=\frac{1}{\Lambda}\cdot\frac{d\Lambda}{dT} \tag{2-4}$$

式中：ζ 为由热光效应引起光栅折射率随温度的变化率，即光栅的热光系数；α 为由热膨胀效应引起的光栅周期随温度的变化率，即光纤的热膨胀系数。

将式(2-4)代入式(2-3)中，则得到温度对不同光纤布拉格光栅中心波长影响的表达式[114]。

$$K_{B.T}=\frac{d\lambda_b}{dT}=\lambda_b\left(\frac{1}{n_{eff}}\frac{dn_{eff}}{dT}+\frac{1}{\Lambda}\frac{d\Lambda}{dT}\right)=\lambda_b(\zeta+\alpha)=\lambda_b K_T \tag{2-5}$$

式中：K_T 为光纤光栅的灵敏度系数,$K_T=\zeta+\alpha$。从中可知，仅受温度作用时，光纤光栅中心波长的漂移变化与温度变化呈线性相关。对于掺锗普通石英光纤，$\zeta=6.4\times10^{-6}/℃$、$\alpha=0.55\times10^{-6}/℃$，则普通光纤光栅的温度灵敏度系数[115]为 $K_T=6.95\times10^{-6}/℃$，式(2-5)可表示为：

$$K_{B.T}=6.95\times10^{-6}\lambda_b \tag{2-6}$$

2.3　长标距 FBG 传感器的环境温度试验及结果分析

2.3.1　长标距 FBG 传感器的环境温度试验

为研究温度变化引起长标距 FBG 传感器的中心波长漂移问题，进行长标距 FBG 传感器的环境温度试验，试验选取的传感器为 BFRP 纤维材料封装的长标距 FBG 传感器。BFRP 纤维是一种新型无机环保绿色高性能纤维材料，不仅强度高，而且还具有电绝缘、耐腐蚀、耐高温等多种优异性能，故非常适合于传感器的封装。其传感器构造及实物如图 2-2 所示。

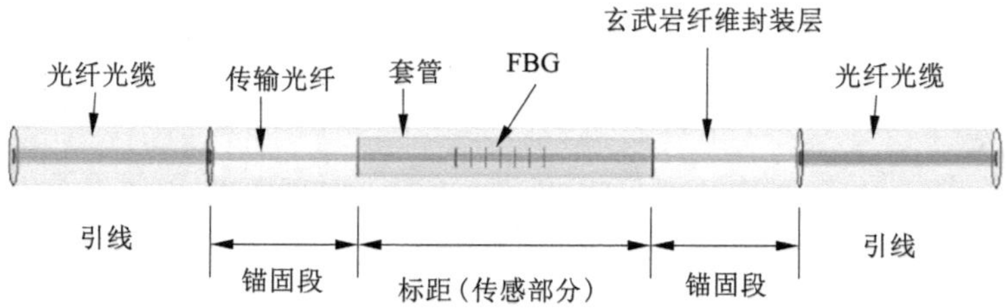

(a) 长标距FBG传感器构造示意图

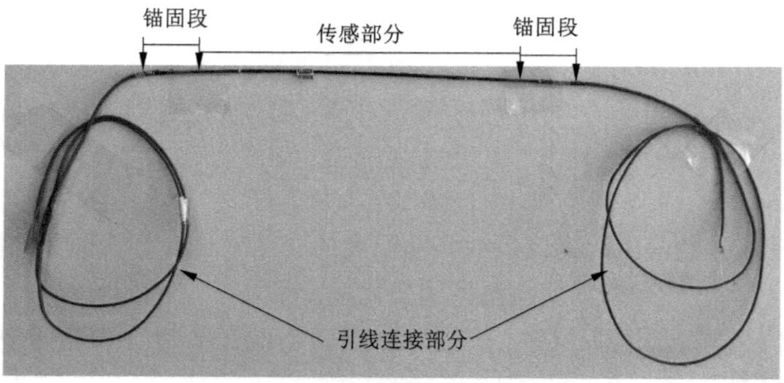

(b) 长标距FBG传感器实物图

图 2-2　BFRP 纤维封装的长标距 FBG 传感器构造及实物图

在长标距 FBG 传感器构造中，裸光纤表面分层涂有不同种类的环氧树脂，通过此方法可调整 FBG 的温度敏感性；标距段（传感部分）里的光纤光栅外有一层嵌入式套管，套管的作用是保证光纤光栅处于自由状态，以使传感部分的光纤每一点受力完全相同，且套管具有良好的耐高温、耐久性能，使传感器具备长期监测的特性；锚固段的光纤则直接与套管、玄武岩纤维（BFRP）黏结为一体，且在封装锚固前，需对光纤光栅进行一定的预应力张拉，保证传感器拉压应变的测量。

BFRP 纤维材料封装的长标距 FBG 传感器与传统的传感器相比，具有一系列的优点：①体积小、质量轻、结构简单；②耐腐蚀，化学性能稳定；③抗电磁干扰，高灵敏；④传输损耗小，传送容量大。除此之外，该传感器可根据工程实际需要选择合适的测量标距，常用的测量标距范围有 30~200 cm，并将多个长标距 FBG 传感器进行串联，形成分布式长标距光纤传感网络，非常适合大型结构的长期健康监测，对于土木工程粗放式施工和恶劣的服役环境，同样可保证其正常使用。

本次试验选取了 10 个不同光纤光栅中心波长的长标距 FBG 传感器，依次为 1520 nm、1524 nm、1528 nm、1532 nm、1536 nm、1540 nm、1544 nm、1548 nm、1552 nm、1556 nm。传感测量标距同为 150 cm。试验首先使用光纤切割机和光纤熔接机将选择的 10 个不同中心波长的传感器按照波长从小到大的顺序依次进行连接，并在串联好的传感器一端连接上 SC 光纤连接线，将传感器连接至采集仪器。为使传感器所监测到的温度范围更广，本次试验分为室内试验和户外试验两部分，并选择温差较大的晴天进行多天连续监测。试验温度的采集则用 WST 数字温度计，其量程为-50~200 ℃，精度为 0.1 ℃，可满足监测需要，且温度计的温度感应端放置于传感器处，目的是使温度计采集的温度为传感器周围的温度值。光信号采集仪器用 MOIsi-155 光纤解调仪，该仪器兼具静态和动态全光谱分析功能，可进行长期可靠的高精度测量。经光纤解调仪将传感器传递的光信号解调滤波后，传输到计算机进行分析，试验记录照片如图 2-3 所示。

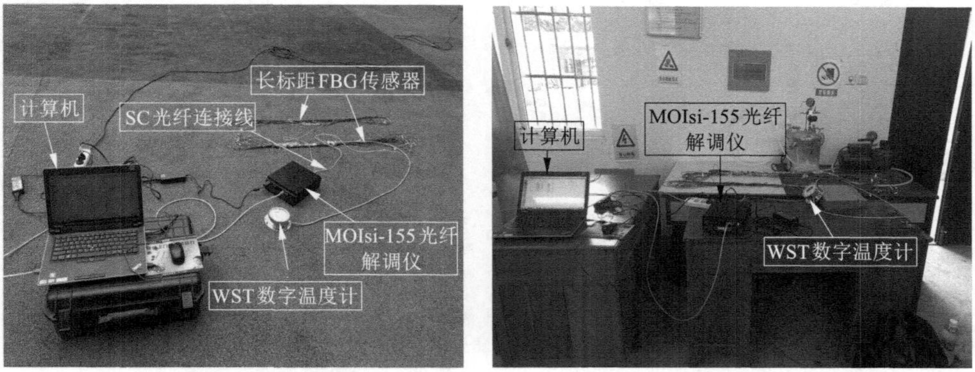

(a) 户外　　(b) 室内

图 2-3　环境温度测试试验

2.3.2　试验结果分析

对采集的长标距 FBG 传感器波长信号按照温度的变化大小进行依次排序，数字温度计采集的温度范围值为 16~31 ℃，即温度差值为 15 ℃，以第一个温度值及其对应的长标距 FBG 传感器波长作为初始值，后续值依次减初始值。对采集的波长信号数据作温度差值线性拟合分析，其结果如图 2-4 所示，X 轴为监测到环境温度幅值，Y 轴为中心波长随温度变化的幅值。

从图 2-4(a)~(j)分析可知，选取的 10 个不同中心反射波长的长标距 FBG 传感器的波长差值与温度差值的线性拟合优度 R^2 分别为 0.99、0.98、0.98、0.98、0.99、0.97、0.98、0.99、0.98、0.98。其均值大于 0.95，即传感器反射波长差值与温度变化有较强的线性相关，线性拟合的斜率为长标距 FBG 传感器随温度变化的影响值 $K_{B,T}$，分别为 13.82 pm/℃、14.44 pm/℃、12.57 pm/℃、14.93 pm/℃、14.44 pm/℃、12.08 pm/℃、14.3 pm/℃、15.61 pm/℃、13.74 pm/℃、15.88 pm/℃，通过式(2-6)计算同等中心反射波长的普通光纤光

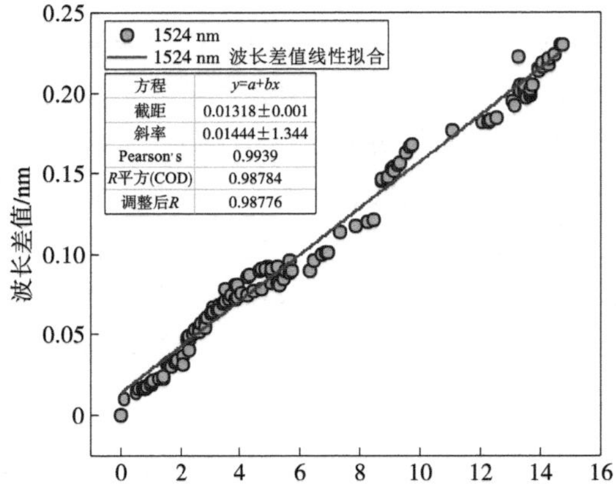

(a) 中心反射波长1520 nm

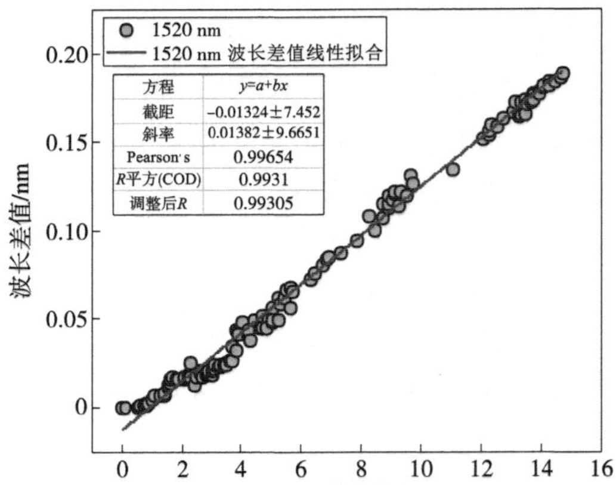

(b) 中心反射波长1524 nm

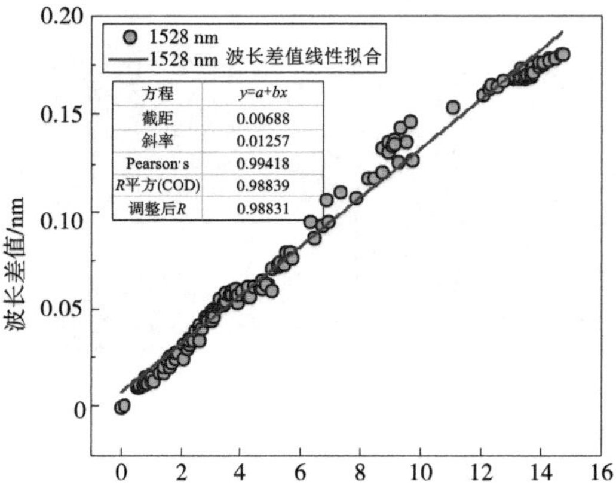

(c) 中心反射波长1528 nm

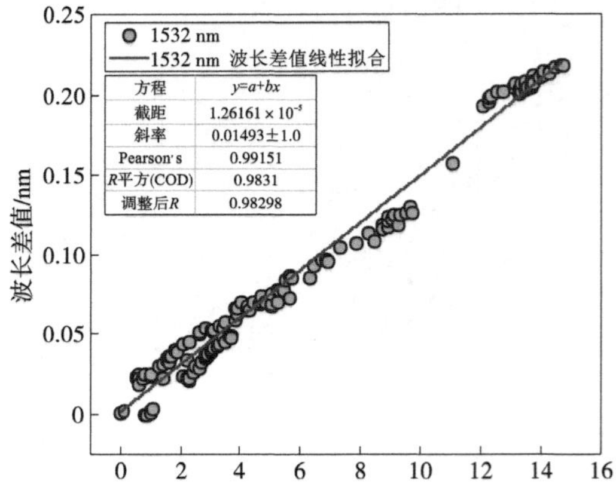

(d) 中心反射波长1532 nm

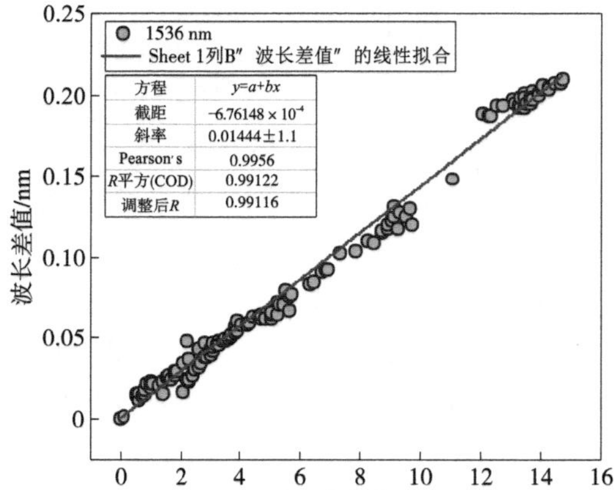

(e) 中心反射波长1536 nm

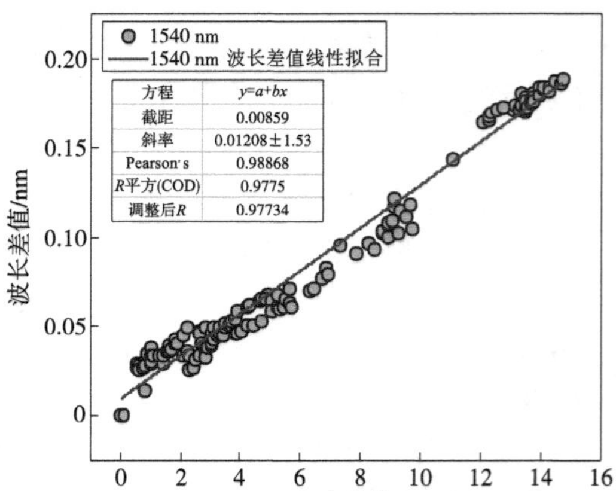

(f) 中心反射波长1540 nm

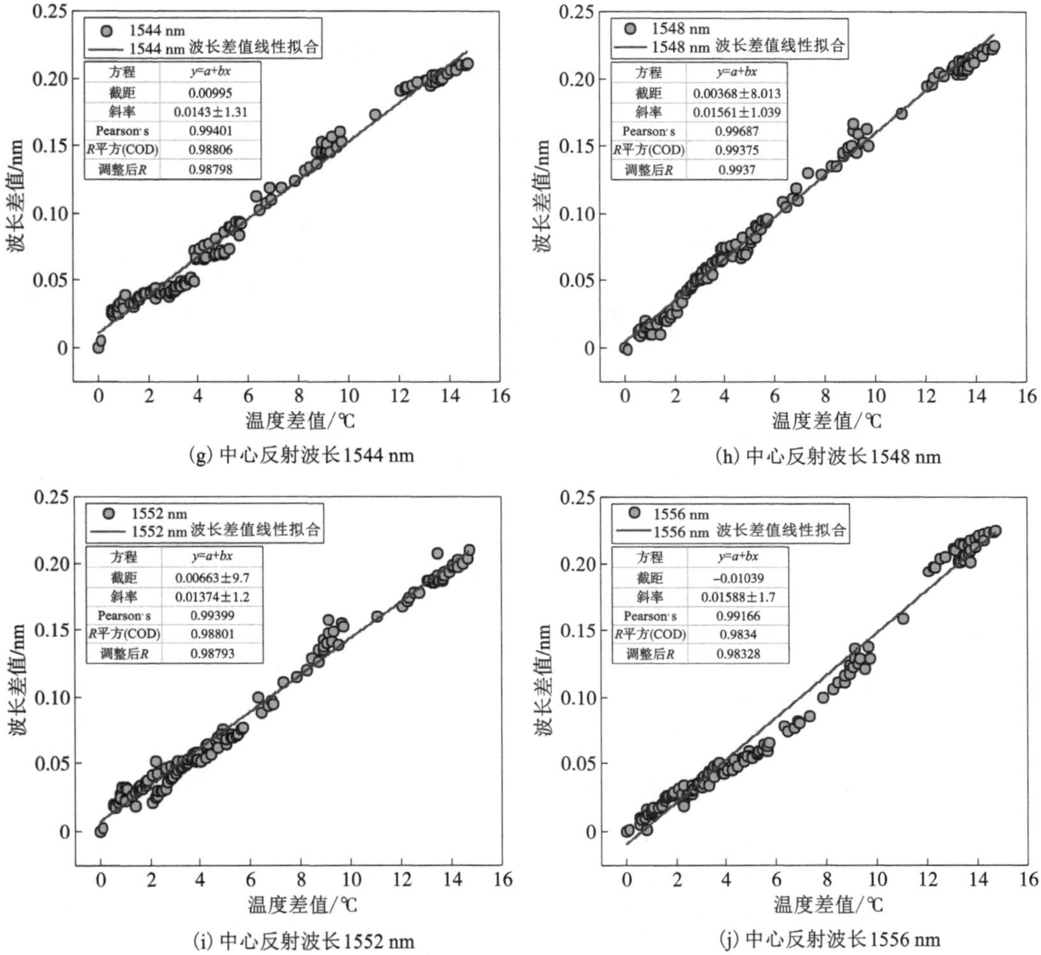

图 2-4　长标距 FBG 传感器波长变化与温度差值线性拟合

栅传感器随温度变化的影响值 $K_{B.T}$，并与 BFRP 材料封装的长标距 FBG 传感器的温度影响值对比分析，结果如图 2-5 所示。

从图 2-5(a)和(b)分析可知，长标距 FBG 传感器环境温度实测结果线性拟合得出的温度影响值 R^2 普遍比通过式(2-5)和式(2-6)计算得出的普通 FBG 传感器温度影响值大，计算得出的普通 FBG 传感器温度影响值大约为 10 pm/℃，而实测长标距 FBG 传感器温度影响值拟合得出的结果为 12~16 pm/℃，比普通 FBG 传感器高出 20%~50%，故具有同等中心反射波长的长标距 FBG 传感器温度灵敏度比普通 FBG 传感器的温度灵敏度大，对温度更为敏感，这是长标距 FBG 传感器标距增大的效果。因此在实际工程运用中，尤其是长期的结构健康监测，传感器在经历较大的温差时进行温度补偿及灵敏度标定是非常有必要的。

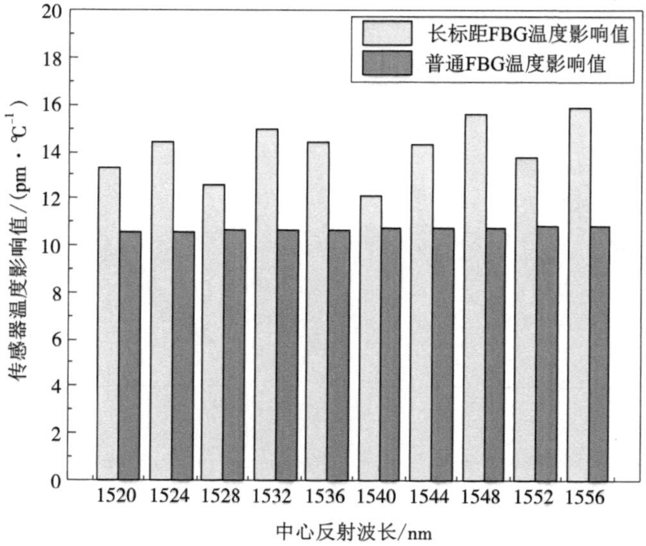

(a)

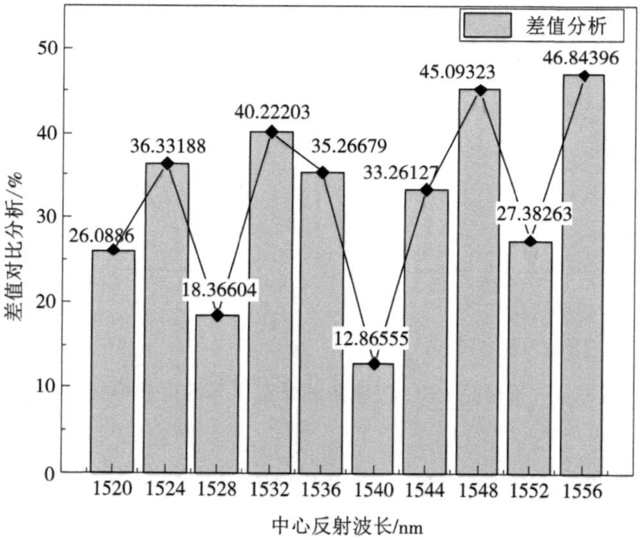

(b)

图 2-5　长标距 FBG 传感器与普通 FBG 传感器对比

2.4　长标距 FBG 传感器温度补偿方法

由试验分析可知，BFRP 材料封装的长标距 FBG 传感器对温度十分灵敏，若对结构进行应变测量，则会出现温度与应变的交叉敏感问题，影响测量的精度。

因此，在使用 BFRP 材料封装的长标距 FBG 传感器进行应变测量时，考虑传感器的温度补偿非常有必要。

目前为止，国内外学者提出了许多光纤光栅应变类传感器温度补偿方法，如聚合物封装法、不受力光栅温度补偿法、啁啾法、负温材料法和应变-温度双参量法、双光栅叠加法等。这些方法有其各自的优缺点，聚合物封装法和负温材料法可消除光栅温敏的热膨胀部分，却不能消除光敏部分；啁啾法造价昂贵且可靠度低；双光栅叠加法的要求条件高；应变-温度双参量法计算误差过大。综上所述，使用 BFRP 材料封装的长标距 FBG 传感器对结构进行长期监测时，采用不受力光栅温度补偿法是相对简单而且经济可靠的方法[116]，方法步骤如下：

(1) 在同一温度场景中同时布置两个 BFRP 材料封装的长标距 FBG 传感器，其中一个测量结构应变，同时受温度与应变影响，另一个布置在结构材料一致且不受力的构件上，只测量结构温度的变化。

(2) 两个 BFRP 材料封装的长标距 FBG 传感器必须同时开始测量及停止测量，保证测量时间上的一致性。

(3) 不考虑温度-应变耦合效应，分别根据波长的拟合结果，在同时受温度与应变影响的 BFRP 材料封装的长标距 FBG 传感器波长变化中消除温度引起的波长漂移，即得到应变引起的波长漂移，而且，单个传感器可同时对多个传感器进行温度补偿。

2.5　本章小结

本章节进行了基于 BFRP 复合材料封装与增敏的长标距 FBG 传感器自然环境温度试验，并进行了传感器中心反射波长与温度的差值拟合线性分析，研究了温度对长标距 FBG 传感器的中心波长的影响，得到以下三点结论：

(1) 环境温度试验证明长标距 FBG 传感器中心反射波长与温度呈较好的线性拟合关系，且长标距 FBG 传感器温度灵敏度比具有同等中心反射波长的普通光纤光栅传感器温度灵敏度高出 20%~50%，这是由于传感器测量标距变大，使传感部分受温度的接触面变大，及封装材料的共同作用结果。

(2) 基于 BFRP 复合材料封装与增敏的长标距 FBG 应变传感器对温度同样十分敏感，因此，在结构长期监测中，温度对测量结果的影响不容忽视，应当进行温度补偿。

(3) 不受力光栅温度补偿法相对简单，经济可靠，可适用于 BFRP 材料封装的长标距 FBG 应变传感器温度补偿。

第 3 章
BFRP 纤维封装的长标距 FBG 传感器的抗疲劳性研究

3.1 引言

BFRP 纤维封装的长标距 FBG 传感器在桥梁健康监测中具有良好的应用前景，是未来桥梁长期智能监测的重要研究方向。然而在桥梁的长期健康监测中，传感器会承受长期的移动车辆引起的疲劳荷载，尤其是铁路桥梁，列车荷载的车速和幅值均明显大于公路桥。FBG 传感器在循环拉伸荷载作用下纤维强度会因应力腐蚀效应而降低，导致亚临界裂纹扩展，从而影响检测信号的完整性[117-119]，因此 BFRP 纤维封装的长标距 FBG 传感器在列车荷载下的抗疲劳性能还需进一步研究。

影响 FBG 传感器的疲劳性能的主要因素包括：①锚固段是否出现滑移；②FBG 传感器是否因疲劳荷载出现裂纹。增加锚固段长度能保证其锚固性能，但同时传感器总长度也会增加，导致传感器串联部分过长，给传感器的安装施工带来不便，同时也会影响传感器的灵敏度。为此本书首先分析并验证了锚固段长度和传感器灵敏度之间的关系。同时为了验证传感器具备监测铁路桥梁长期健康的能力，研究了列车荷载作用下 BFRP 纤维封装 FBG 传感器的抗疲劳性和耐久性能，并对比了整个疲劳试验过程中的应变时程；试验结束后对传感器进行标定实验，验证传感器的测试精度和可重复性，最后采用电子显微镜观察了传感器的锚固段光纤是否发生滑移和光纤是否出现疲劳裂纹。研究结果表明：锚固段和裸光纤之间的空隙被环氧树脂充分填充，没有出现滑移现象；光纤未出现疲劳微裂纹；传感器在 200 万次循环荷载后灵敏度系数和线性度没有明显变化。

3.2　灵敏度分析及标定实验

3.2.1　灵敏度分析

如图 3-1 所示，假设量规两端与被测结构黏结良好，不存在相对位移。δ_1 和 δ_0 分别为封装元件和光纤光栅元件的位移；ε_1、ε_0 为对应应变；E_1、E_0 为对应弹性模量。

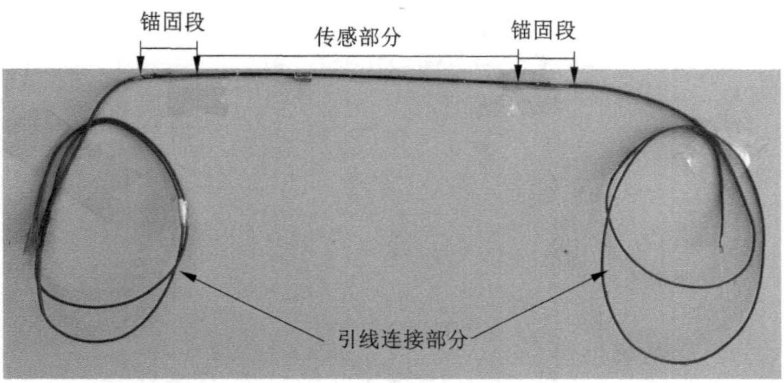

(a) 物理图

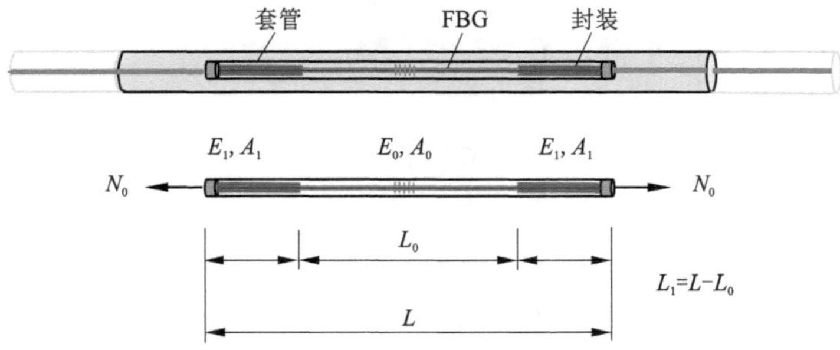

(b) 原理图

图 3-1　FBG 传感器的灵敏度

量规两端总位移为：

$$\delta=\delta_1+\delta_0=\varepsilon_1 L_1+\varepsilon_0 L_0 \tag{3-1}$$

套筒中的每个点都受到相同的力，因此：

$$\varepsilon_1 : \varepsilon_0 = \frac{N_0}{E_1A_1} : \frac{N_0}{E_0A_0} = \frac{1}{E_1A_1} : \frac{1}{E_0A_0} \tag{3-2}$$

因此，长标距 FBG 传感器封装元件的应变 ε_1 为：

$$\varepsilon_1 = \frac{\delta}{L_0 + \frac{E_0A_0}{E_1A_1}(L-L_0)} \tag{3-3}$$

平均应变 $\bar{\varepsilon}$ 为：

$$\bar{\varepsilon} = \frac{\delta}{L} = \frac{L_0 + \frac{E_0A_0}{E_1A_1}(L-L_0)}{L}\varepsilon_0 = \left[\left(1-\frac{E_0A_0}{E_1A_1}\right)\frac{L_0}{L} + \frac{E_0A_0}{E_1A_1}\right] \cdot \varepsilon_0 \tag{3-4}$$

其简化形式为：

$$\begin{gathered}\bar{\varepsilon} = (\alpha_L + \alpha_E - \alpha_L\alpha_E) \cdot \varepsilon_0 \\ \alpha_E = \frac{E_0A_0}{E_1A_1},\ \alpha_L = \frac{L_0}{L}\end{gathered} \tag{3-5}$$

因此，ε_0 可以表示为：

$$\begin{gathered}\varepsilon_0 = \eta \cdot \bar{\varepsilon} \\ \eta = \frac{1}{\alpha_L + \alpha_E - \alpha_L\alpha_E}\end{gathered} \tag{3-6}$$

其中：η 为放大系数。长标距 FBG 传感器的参数为：

$L_0 = 0.3$ m，$L_1 = 0.05$ m，$L = 0.4$ m；$A_0 = \pi \times (1252/4) \times 2\ \mu m^2$，$A_1 = \pi \times (2502/4)^2\ \mu m^2$；$E_0 = 4.09$ GPa，$E_1 = 2.05$ GPa。

由此计算可知：

$\alpha_E = 0.499$，$\alpha_L = 0.75$，放大系数 $\eta = 1.14$。

3.2.2 标定实验

在标定架上进行了 BFRP 纤维封装长标距 FBG 应变传感器的标定实验。实验分为拉伸和释放两个阶段。实验中最大拉伸量为 3000 个微应变，每 200 个微应变变形后测试中心波长。为验证传感器测试的可重复性，标定实验重复三次取其平均值。测试对象为 FBG1 和 FBG2 传感器，分别用于测试传感器受压和抗拉疲劳性能，具体实验结果如图 3-2 所示。

观察图 3-2(b)可知，FBG1 和 FBG2 传感器的应变系数分别为 1.10 pm/με 和 1.08 pm/με。相同封装的长标距 FBG 应变传感器具有相近的应变系数，且具有良好的测量稳定性和测量线性度的优点。对于裸 FBG 传感器，其中心波长变化值和应变的比值约为 1.0 pm/με，因此可认为应变系数和放大系数 η 具有相同的物理意义。对比实验测得的应变系数和理论计算得到的放大系数 η，其误差小于 5%，证明上述理论正确。

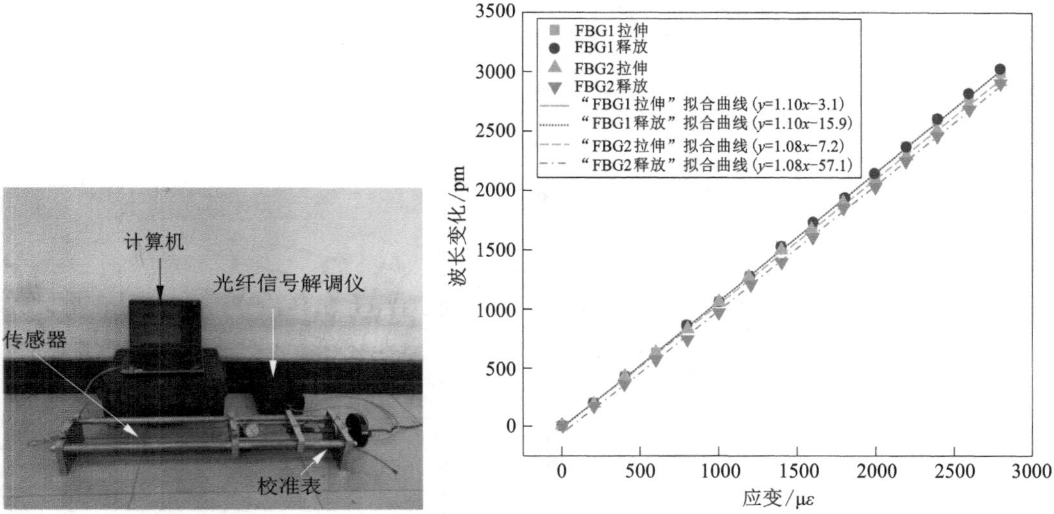

(a) 校准表　　(b) 实验结果

图 3-2　标定实验

3.2.3　固定连接长度 L_1 和规长 L_0 对应变系数的影响

根据 3.2.1 节分析可知传感器的锚固段长度和标距段长度对传感器的应变系数均有影响，为了研究传感器标距段和锚固段长度之间的变化规律，对不同标距长度和锚固长度的传感器灵敏度系数进行了分析，具体分析了锚固长度 L_1 = 5~10 cm 和传感长度 L_0 为 30~100 cm 的应变系数，结果如图 3-3 所示。

图 3-3(a) 为应变系数和锚固长度之间的变化关系，从图可知应变系数和锚固长度呈明显的线性关系，应变系数随着锚固长度线性增加，不同标距长度的传感器变化规律相同。图 3-3(b) 为传感器灵敏度系数随标距长度的变化规律，分析图 3-3(b) 可知应变系数随着传感长度增加而减小，可以根据上述公式计算任意标距长度和锚固长度的传感器灵敏度系数。

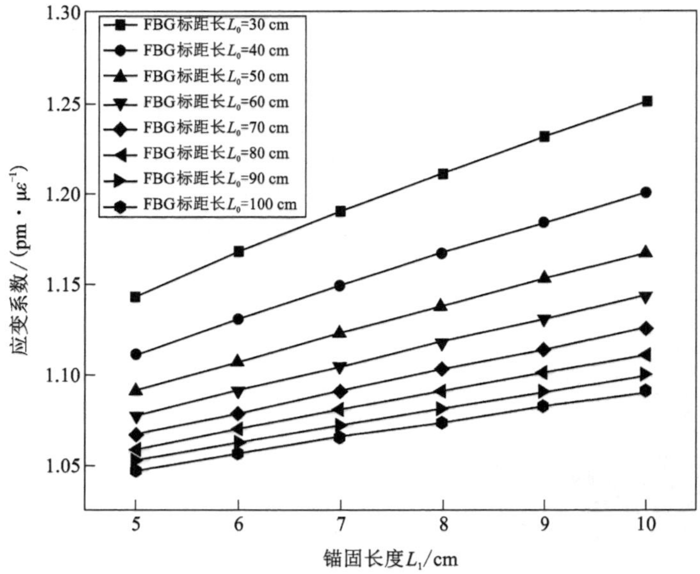

(a) L_1与应变系数的关系

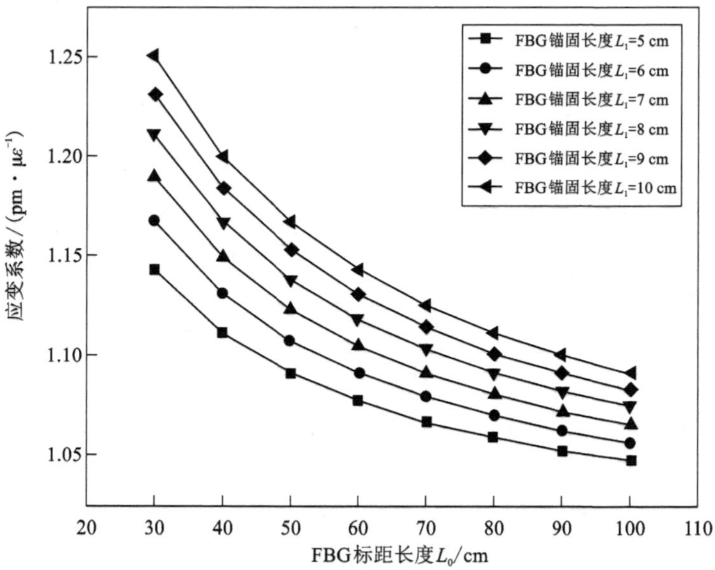

(b) L_0与应变系数的关系

图 3-3 L_1、L_0 与应变系数的关系

3.3　疲劳试验

3.3.1　疲劳试验设计

本次疲劳试验为了真实体现出传感器监测铁路工程结构的耐久性能，将长标距 FBG 应变传感器粘贴在新型Ⅱ型轨枕一侧，其中 FBG1 和 FBG2 分别位于轨枕中和轴两侧，用于测试传感器受压和抗拉疲劳性能，作为对照另一侧布置电阻式应变传感器。FBG 传感器的锚固长度均为 5 cm，锚固长度越长锚固性能越好，传感器不容易滑移，则具有更好的抗疲劳性能。因疲劳试验加载时间较长，需在相同材质混凝土块上布置长标距 FBG 应变传感器(FBG3)作为温度补偿，具体试验布置和轨枕参数分别如图 3-4 和表 3-1 所示。根据中国铁路设计相关的规定，轨枕疲劳试验的最大荷载 $F_{max}=135$ kN，疲劳荷载循环特征值 $\rho=F_{max}/F_{min}=0.2$。因此本书采用的疲劳荷载 $F(t)=54\sin(12\pi t)+81$，其疲劳荷载最大值、最小值、频率分别为 135 kN、27 kN、6 Hz，循环次数为 200 万次，具体如图 3-5 所示。试验地点为华东交通大学结构工程实验室，试验机器为三向疲劳试验机(GPL-500)，光纤采集仪为 MOI-S155 动态采集仪。

表 3-1　新型Ⅱ型轨枕的主要参数

参数	值	单位
轨枕长度	2500	mm
混凝土强度	C60	MPa
预应力钢筋	8ϕ7 或 10ϕ6. 25	mm
预应力	348	kN
设计承载弯矩	-12. 41	kN · m
静载抗裂弯矩	-16. 21	kN · m
疲劳试验最大载荷	-135	kN

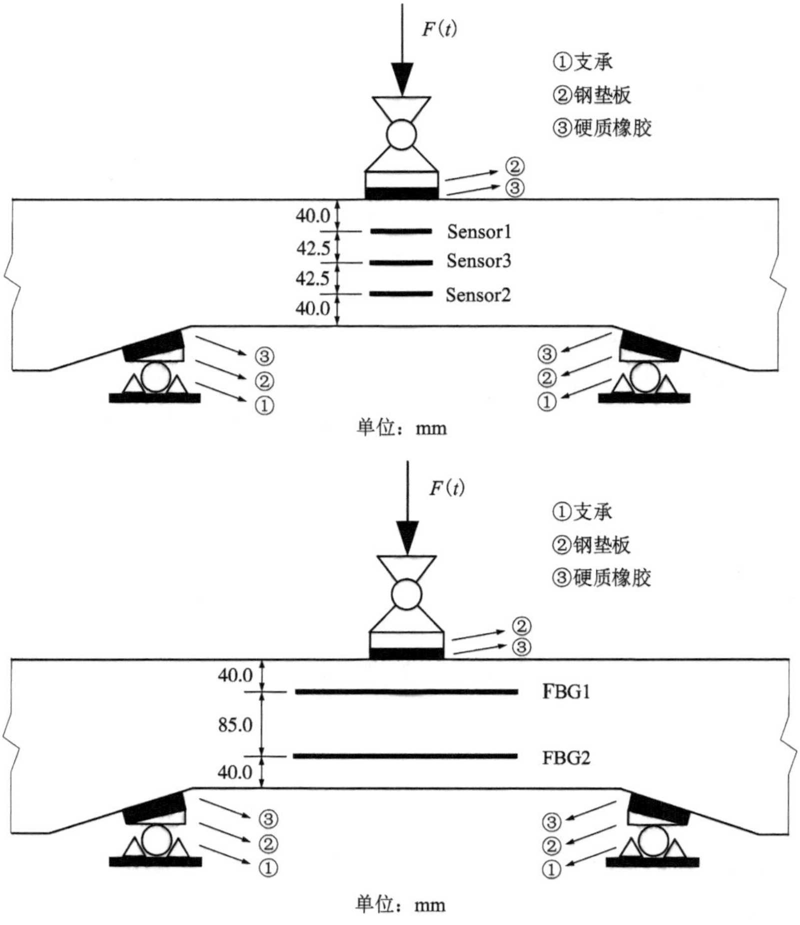

图 3-4　疲劳试验布置示意图

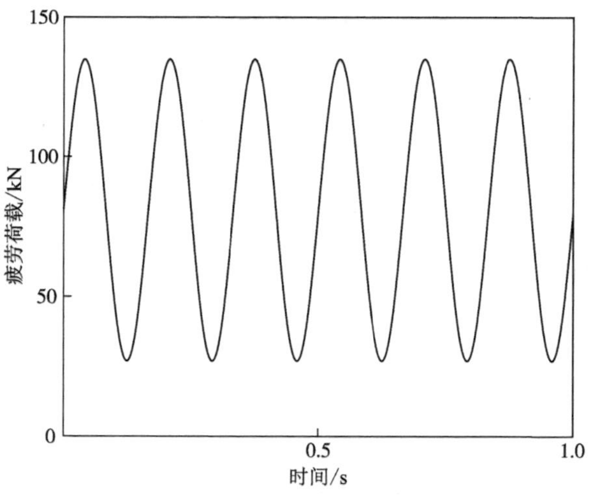

图 3-5　列车循环荷载

试验中传感器的安装过程如图 3-6 所示，具体如下：①定位传感器的安装位置并对相应位置混凝土用砂纸打磨和酒精清洗；②通过环氧树脂将长标距 FBG 应变传感器布置在混凝土表面，用于测试传感器受压和受抗拉疲劳性能；③通过环氧树脂在轨枕另一侧相应位置混凝土布置 3 个电阻式应变传感器，用于和 FBG 传感器进行对照；④试验开始首先加载 4 kN 进行预压，消除支座空隙对疲劳试验的影响，然后对轨枕施加循环荷载，通过光纤采集仪器监测整个疲劳试验过程中的应变时程。

(a) 混凝土打磨　(b) 酒精清洗　(c) 安装传感器

(d) 安装应变片　(e) 加载疲劳试验　(f) 数据采集

图 3-6　疲劳试验过程

3.3.2　疲劳试验结果与讨论

疲劳试验共持续五天，图 3-7 为 FBG3 温度补偿传感器在试验期间由于温度变化产生的应变。通过观察可知，温度变化引起混凝土产生应变约 120 με，在长期监测过程中室内温度升高了 10 ℃，温度变化引起的应变是不可忽略的。

通过 FBG3 传感器对 FBG1 和 FBG2 传感器进行温度补偿，得到疲劳试验中的 FBG1 和 FBG2 的长标距应变时程曲线。为了便于和电阻式应变传感器 Sensor1 和 Sensor2 数据进行对比，提取 Sensor1 和 Sensor2 在疲劳荷载下的应变最大值和最小值，具体如图 3-8 所示。

在疲劳荷载作用下，FBG1 和 FBG2 传感器监测到的长标距应变范围分别为 0~410 με 和 -300~0 με；随着疲劳荷载循环次数的增加，FBG1 和 FBG2 传感器

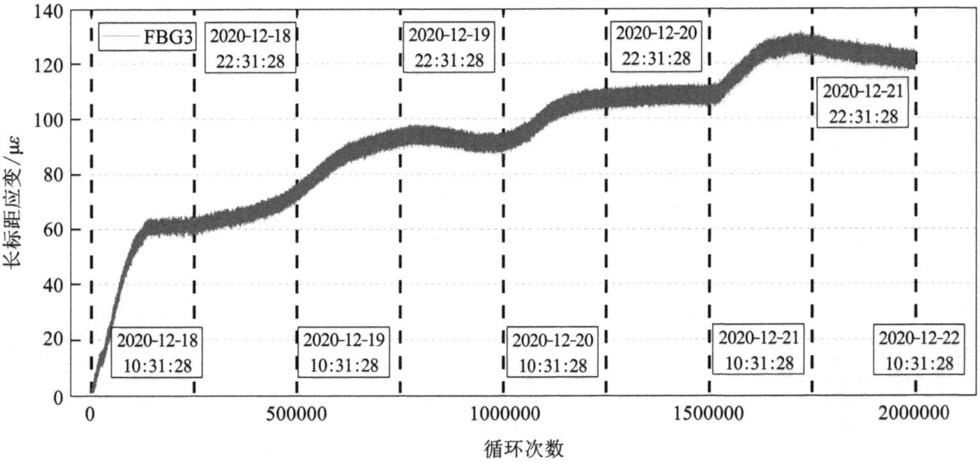

图 3-7　FBG3 的应变时程曲线

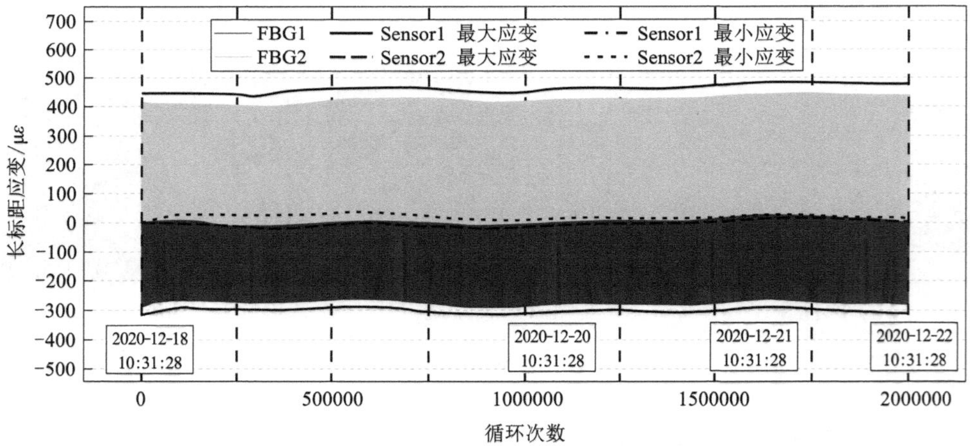

图 3-8　电阻式应变片与 FBG 传感器应变时程曲线对比

监测到的长标距应变范围无明显变化。和 FBG 传感器相比，Sensor1 和 Sensor2 监测到的应变数据具有相同趋势，证明长标距 FBG 传感器在 200 万次列车荷载后仍具有良好的监测性能。但应变最大值和最小值略大于 FBG 传感器监测到的长标距应变，这是因为长标距 FBG 传感器的监测范围更大，监测到的长标距应变为监测范围内的平均应变。

3.4　列车循环加载后的标定实验及微界面观测

3.4.1　列车循环加载后的标定实验

为了验证传感器在 200 万次列车荷载疲劳试验后的可靠性，对疲劳试验后的传感器进行标定实验。实验方法与 3.2 节的相同，将实验结果与 3.2 节疲劳测试前的试验数据进行对比，结果如图 3-9 所示。

通过对比长标距应变传感器疲劳试验前后的标定数据可知，疲劳试验前和疲劳试验后标定应变值基本重合，其中拟合得到 FBG1 疲劳试验前张拉和释放的灵敏度系数分别为 1.11 pm/με 和 1.10 pm/με，疲劳试验后依次为 1.11 pm/με 和 1.10 pm/με；FBG2 疲劳试验前后的张拉灵敏度系数均为 1.08 pm/με。拟合得到的疲劳试验前后传感器的灵敏度系数基本上没有变化且均有较高的线性度，证实了长标距应变传感器在经历 200 万次列车荷载疲劳试验后仍具有较好的稳定性。

3.4.2　列车循环加载后 FBG 传感器微界面观察

从 BFRP 纤维封装的传感器的工作原理可知，传感器锚固段的锚固性能决定了传感器的使用寿命，而锚固段由细小软管套住裸光纤，光纤和软管之间的空隙必须被环氧树脂充分填充才能保证软管对裸光纤的锚固能力。上一节从宏观的角度验证了传感器在 200 万次列车荷载疲劳试验后的可重复性能，本节从微观角度检查疲劳试验后传感器的内部结构是否有疲劳裂纹和空隙。疲劳试验后将传感器切断，观察传感器的断面，所切断面分别在传感器的两个锚固段和传感段，具体切割面位置如图 3-10。图 3-11(a)～(e)依次为固定连接截面的整体横截面图、固定连接截面内光纤的局部放大图、规范截面的整体横截面图、规范截面套管的局部放大图和光纤局部放大图。

对图 3-11(a)～(e)依次分析：

由图 3-11(a)可知，传感器的锚固段有三种不同组成材料：裸光纤、软套管和外层 BFRP 纤维套管保护层，其中环氧树脂完全浸润了 BFRP 纤维套管，裸光纤和软管之间的空隙也被充分填充，充满环氧树脂的软管保证了对裸光纤的锚固能力，同时疲劳试验后锚固段的结构仍然完整，未出现空隙和裂纹；

由图 3-11(b)可知，锚固段光纤截面出现了切割过程中导致的破裂，但并未出现贯穿截面的疲劳裂缝，裸光纤和软管之间没出现滑移现象，说明锚固段具有良好的锚固性能。

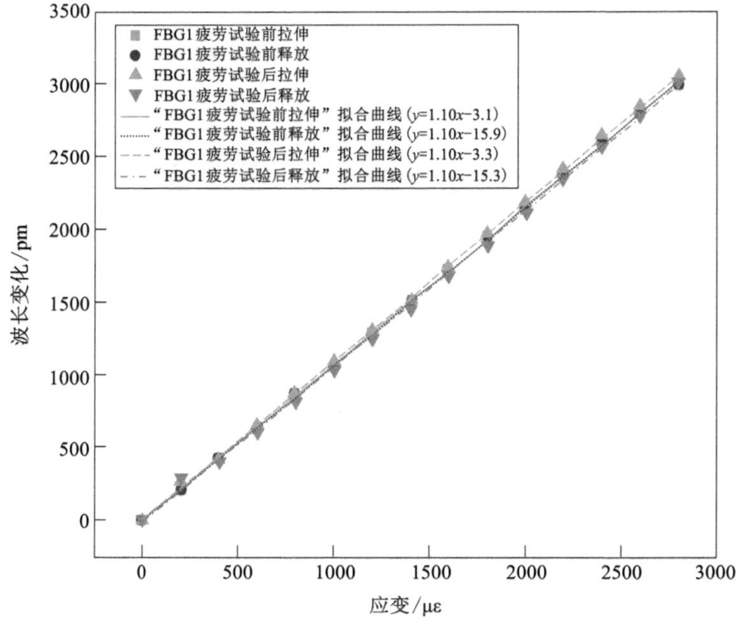

(a) FBG1对比

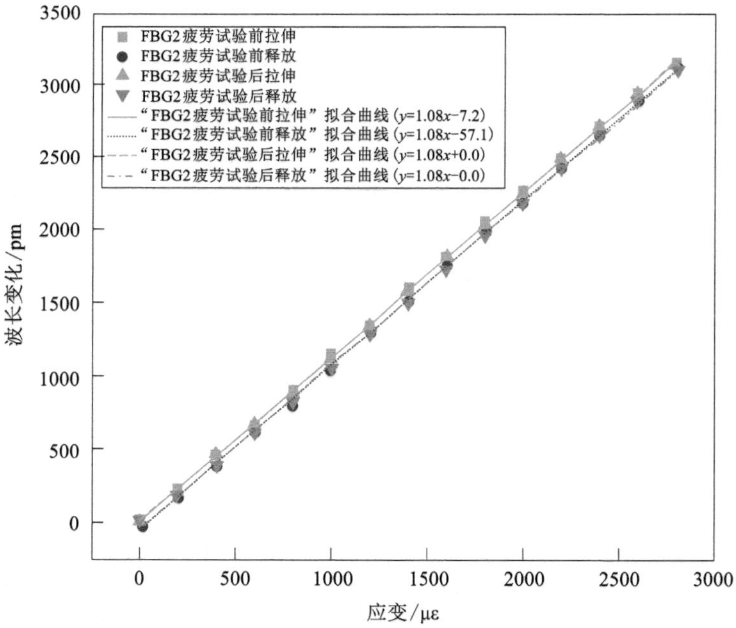

(b) FBG2对比

图 3-9　疲劳试验前后与标定实验对比

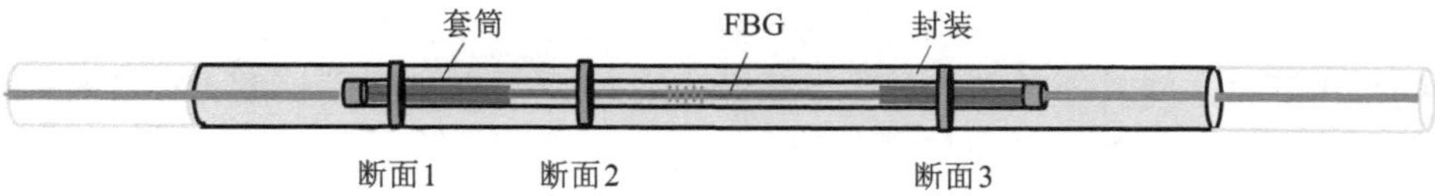

图 3-10　观察传感器切割面位置

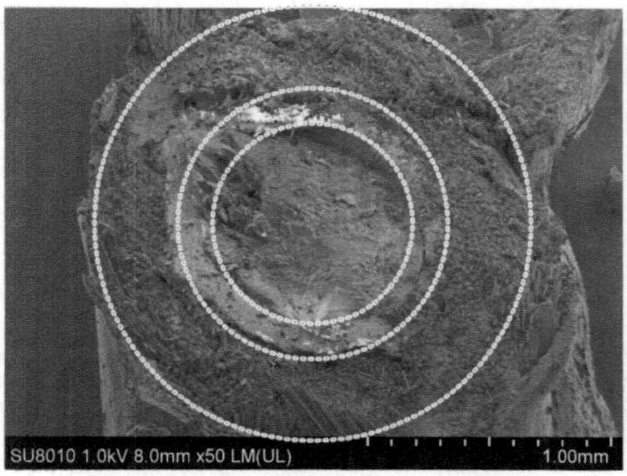

(a) 固定连接截面的整体横截面图

(b) 固定连接截面内光纤的局部放大图

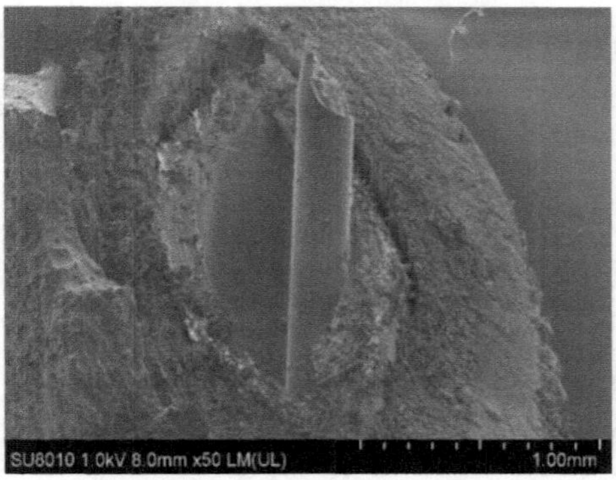

(c) 规范截面的整体横截面图

(d) 规范截面套管的局部放大图

(e) 光纤局部放大图

图 3-11　FGB 传感器电镜图

由图 3-11(c)可知，传感器传感段软管能良好地保护 FBG 光栅，同时保证光栅的自由活动，使其不受其他外力的影响。总体说明当锚固段长度大于 5 cm 时，长标距传感器具有胜任监测铁路桥梁的能力。

由图 3-11(d)~(e)可知，将裸光纤拔出后，传感器的保护套最外层为浸润环氧树脂的 BFRP 编织的套管，内层为软管；被环氧树脂充分浸润的 BFRP 套管具有较强的刚度，从而保证了传感器的灵敏性；传感段内部的裸光纤表面光滑，未出现疲劳裂纹。

3.5 本章小结

本章首先对不同锚固段长度对长标距应变传感器应变系数的影响进行了分析，然后通过疲劳试验对比验证了长标距应变传感器在 200 万次列车荷载下的监测精度。疲劳试验后，测试了传感器的线性度，并通过电子显微镜传感器的微观界面进行了观测，主要结论如下：

(1)应变系数和锚固段长度呈明显的线性关系，应变系数随着锚固段长度线性增加，不同标距长度的传感器变化规律相同，应变系数随着传感段长度增加而减小。

(2)光纤传感器能稳定地监测整个疲劳试验过程，监测过程中环境温度变化引起的应变不容忽视，温度变化 1 ℃，应变增加 10 $\mu\varepsilon$ 左右。长标距光纤传感器对温度敏感，需要进行温度补偿。

(3)光纤传感器疲劳试验后，传感器的应变系数和线性度基本上没有变化，说明传感器在承受 200 万次列车荷载后仍然具有良好的监测精度。

(4)对疲劳试验后的传感器锚固段和传感段进行电子显微镜观察，锚固段套管和光纤之间的空隙被环氧树脂充满并固化，锚固段光纤和锚固段套管之间没有出现滑移现象；光纤表面和截面未出现疲劳微裂纹。总体说明当锚固段长度大于 5 cm 时，长标距传感器具有胜任监测铁路桥梁的能力。

第 4 章

列车-轨道-桥梁耦合振动下桥梁动态宏应变求解及验证

4.1　列车-轨道-桥梁耦合振动系统的动力学建模

4.1.1　列车-轨道-桥梁耦合振动系统的建模思路

列车-轨道-桥梁耦合振动系统可分为三个组成部分：列车、轨道和桥梁。列车荷载通过在车轮与钢轨表面建立的接触对传递到钢轨，钢轨节点与桥梁轨道板上部的扣件弹簧节点耦合，由上至下传递荷载至支座。

通过列车-轨道-桥梁耦合振动模型的动力反应数据实现对铁路简支梁桥健康状况评估及后续的列车运行参数监测研究，准确的理论分析模型是基础。本章在 ANSYS 环境下利用 APDL 编制程序，用位移接触法建立求解列车-轨道-桥梁耦合振动下桥梁动态宏应变的有限元模型。建模步骤如下：

(1)根据运动学方程分别建立列车、轨道、桥梁三个组成部分模型，其中，列车模型为 10 自由度模型，车轮、转向架和车体由一系、二系悬挂连接，轨道、桥梁均采用 BEAM188 梁单元模拟，可直接建立规范的钢轨截面和桥梁组合截面，不需要计算截面特性。

(2)列车与轨道之间通过建立接触对的方式实现两个系统之间荷载和位移传递，轨道与桥梁通过建立节点自由度耦合方程来保证荷载和位移的传递，通过位移接触法来模拟列车的运行过程。值得一提的是，位移接触法可以实现列车荷载到达任意位置而不是局限于模型节点。

(3)考虑到轨道随机不平顺，依据赫兹理论将不平顺时域样本与轮轨接触刚度相乘得到的不平顺激振力施加于车轮。

4.1.2 车辆运动方程

列车可以分解为车体、转向架和轮对三种基本部件和部件之间连接的悬挂系统。列车各个部件的振动和相互作用十分复杂，要准确模拟出各部件的运动过程非常困难。考虑到本书的研究内容，可以适当简化一些影响较小的因素[120]。结合已有的研究，本书的整车附有二系弹簧质量车体模型，采用如下简化及基本假定[121]。

(1)车体、转向架和轮对均假定为刚体，不考虑其弹性变形和纵向相对位移。

(2)列车各节车厢相互独立，各节车厢纵向间距保持一致，不考虑车厢之间相互作用。

(3)车体、转向架、轮对均默认简化为质心对称关系，车体和转向架计入转动惯量。

(4)一系、二系悬挂系统均为线性弹簧，阻尼设置为黏滞阻尼。

(5)考虑轮轨竖向动力效应和纵向动力效应。

列车模型一节车厢由 7 个基本部件组成，分别为 1 个车体、2 个转向架和 4 个轮对，自下而上地，轮对与转向架之间通过一系悬挂连接，转向架与车体通过二系悬挂相连，整车附有二系弹簧质量车体模型，如图 4-1 所示。M_c、M_t 和 M_w 分别为车体、转向架和轮对的质量；J_c、J_t 分别为车体、转向架的转动惯量；K_{s1}、K_{s2} 分别为一系悬挂、二系悬挂的纵向刚度、C_{s1}、C_{s2} 分别为一系悬挂、二系悬挂的纵向阻尼；$2L_1$ 为转向架上两悬挂系中心之间的距离；$2L_2$ 为车体上两转向架之间的距离；K_w 为轮轨接触弹簧刚度[122]。

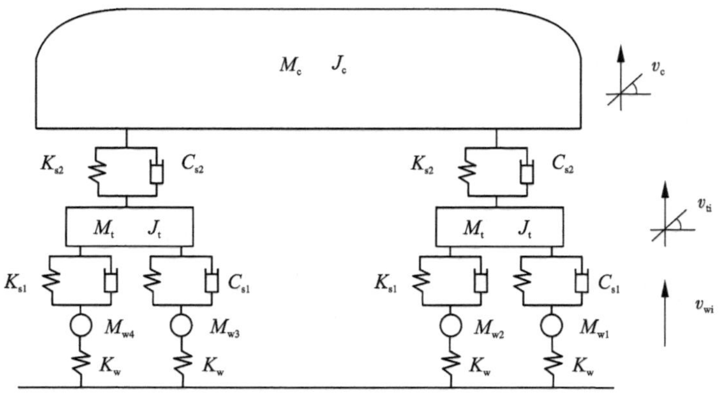

图 4-1 整车附有二系弹簧质量车体模型

列车模型选取 CRH3 型，其结构参数如表 4-1 所示[123]。

表 4-1　高速列车 CRH3 车辆结构参数

参数	取值	参数	取值
车体质量 M_c/kg	40000	二系弹簧刚度 K_{s2}/(N·m^{-1})	0. 8×10^6
转向架质量 M_t/kg	3200	一系阻尼系数 C_{s1}/(N·s·m^{-1})	1. 0×10^5
轮对质量 M_w/kg	2400	二系阻尼系数 C_{s2}/(N·s·m^{-1})	1. 2×10^5
车体点头惯量 J_c/(kg·m^2)	5. 47×10^5	固定轴距 $2L_1$/m	2. 5
转向架点头惯量 J_t/(kg·m^2)	6800	转向架中心距 $2L_2$/m	17. 375
一系弹簧刚度 K_{s1}/(N·m^{-1})	2. 08×10^6	轮轨接触弹簧刚度 K_c/(N·m^{-1})	1. 325×10^9

列车在运行过程中各部件均产生复杂的振动。根据前文的假设，简化后的车体和转向架运动形式为沉浮和点头，轮对运动形式为沉浮。各部件的运动方程如下[124]。

车体的沉浮振动方程：

$$\begin{aligned}&M_c\ddot{v}_c+[(\dot{v}_c-\dot{v}_{t1}+\dot{\varphi}_cL_2)+(\dot{v}_c-\dot{v}_{t2}-\dot{\varphi}_cL_2)]C_{s2}\\&+[(v_c-v_{t1}+\varphi_cL_2)+(v_c-v_{t2}-\varphi_cL_2)]K_{s2}=M_cg\end{aligned}\tag{4-1}$$

车体的点头振动方程：

$$\begin{aligned}&J_c\ddot{\varphi}_c+[(\dot{v}_c-\dot{v}_{t1}+\dot{\varphi}_cL_2)+(\dot{v}_c-\dot{v}_{t2}-\dot{\varphi}_cL_2)]C_{s2}L_2\\&+[(v_c-v_{t1}+\varphi_cL_2)+(v_c-v_{t2}-\varphi_cL_2)]K_{s2}L_2=0\end{aligned}\tag{4-2}$$

簧上质量的沉浮振动方程(前转向架)：

$$\begin{aligned}&M_t\ddot{v}_{t1}-(v_c-v_{t1}+\varphi_cL_2)K_{s2}-(\dot{v}_c-\dot{v}_{t1}+\dot{\varphi}_cL_2)C_{s2}+\\&[(v_{t1}-v_{w1}+\varphi_1L_1)+(v_{t1}-v_{w2}-\varphi_1L_1)]K_{s1}+\\&[(\dot{v}_{t1}-\dot{v}_{w1}+\dot{\varphi}_1L_1)+(\dot{v}_{t1}-\dot{v}_{w2}-\dot{\varphi}_1L_1)]C_{s1}=M_tg\end{aligned}\tag{4-3}$$

簧上质量的沉浮振动方程(后转向架)：

$$\begin{aligned}&M_t\ddot{v}_{t2}-(v_c-v_2+\varphi_cL_2)K_{s2}-(\dot{v}_c-\dot{v}_2+\dot{\varphi}_cL_2)C_{s2}+\\&[(v_{t2}-v_{w3}+\varphi_2L_1)+(v_{t2}-v_{w4}-\varphi_2L_1)]K_{s1}+\\&[(\dot{v}_{t2}-\dot{v}_{w3}+\dot{\varphi}_2L_1)+(\dot{v}_{t2}-\dot{v}_{w4}-\dot{\varphi}_2L_1)]C_{s2}=M_tg\end{aligned}\tag{4-4}$$

簧上质量的点头振动方程(前转向架)：

$$\begin{aligned}&J_t\ddot{\varphi}_1+[(v_{t1}-v_{w1}+\varphi_1L_1)+(v_{t1}-v_{w2}-\varphi_1L_1)]K_{s1}L_1+\\&[(\dot{v}_{t1}-\dot{v}_{w1}+\dot{\varphi}_1L_1)+(\dot{v}_{t1}-\dot{v}_{w2}-\dot{\varphi}_1L_1)]C_{s1}L_1=0\end{aligned}\tag{4-5}$$

簧上质量的点头振动方程(后转向架)：

$$J_t \ddot{\varphi}_2+[(v_{t2}-v_{w3}+\varphi_2 L_1)+(v_{t2}-v_{w4}-\varphi_2 L_1)]K_{s1}L_1+ \\ [(\dot{v}_{t2}-\dot{v}_{w3}+\dot{\varphi}_2 L_1)+(\dot{v}_{t2}-\dot{v}_{w4}-\dot{\varphi}_2 L_1)]C_{s1}L_1=0 \tag{4-6}$$

簧下质量的沉浮振动方程(第一轮对)：

$$M_{w1}\ddot{v}_{w1}-(v_{t1}-v_{w1}-\varphi_1 L_1)K_{s1}-(\dot{v}_{t1}-\dot{v}_{w1}-\dot{\varphi}_1 L_1) \\ C_{s1}+(v_{w1}-v_{x1})K_w=M_{w1}g \tag{4-7}$$

簧下质量的沉浮振动方程(第二轮对)：

$$M_{w2}\ddot{v}_{w2}-(v_{t1}-v_{w2}-\varphi_1 L_1)K_{s1}-(\dot{v}_{t1}-\dot{v}_{w2}-\dot{\varphi}_1 L_1) \\ C_{s1}+(v_{w2}-v_{x2})K_w=M_{w2}g \tag{4-8}$$

簧下质量的沉浮振动方程(第三轮对)：

$$M_{w3}\ddot{v}_{w3}-(v_{t2}-v_{w3}-\varphi_2 L_1)K_{s1}-(\dot{v}_{t2}-\dot{v}_{w3}-\dot{\varphi}_2 L_1) \\ C_{s1}+(v_{w3}-v_{x3})K_w=M_{w3}g \tag{4-9}$$

簧下质量的沉浮振动方程(第四轮对)：

$$M_{w4}\ddot{v}_{w4}-(v_{t2}-v_{w4}-\varphi_2 L_1)K_{s1}-(\dot{v}_{t2}-\dot{v}_{w4}-\dot{\varphi}_2 L_1) \\ C_{s1}+(v_{w4}-v_{x4})K_w=M_{w4}g \tag{4-10}$$

式中：$2L_1$ 为转向架上两悬挂系中心之间的距离；$2L_2$ 为车体上两转向架之间的距离；v_{xi} 为各轮对处钢轨的位移(轨道不平顺)。

根据达朗贝尔原理，车辆系统的动力学方程以矩阵的形式表示为：

$$\boldsymbol{M}_u\ddot{\boldsymbol{a}}_u+\boldsymbol{C}_u\dot{\boldsymbol{a}}_u+\boldsymbol{K}_u\boldsymbol{a}_u=\boldsymbol{Q}_u \tag{4-11}$$

式中：$\boldsymbol{M}_u$ 为车辆的质量矩阵；$\boldsymbol{C}_u$ 为车辆的阻尼矩阵；$\boldsymbol{K}_u$ 为车辆的刚度矩阵；$\boldsymbol{a}_u$、$\dot{\boldsymbol{a}}_u$、$\ddot{\boldsymbol{a}}_u$为车辆各节点的位移、速度、加速度向量；$\boldsymbol{Q}_u$ 为车辆的等效荷载向量。

4.1.3 轨道运动方程

轨道结构的动力学方程为：

$$\boldsymbol{M}_t\ddot{\boldsymbol{a}}_t+\boldsymbol{C}_t\dot{\boldsymbol{a}}_t+\boldsymbol{K}_t\boldsymbol{a}_t=\boldsymbol{Q}_t \tag{4-12}$$

式中：$\boldsymbol{M}_t$ 为轨道的质量矩阵；$\boldsymbol{C}_t$ 为轨道的阻尼矩阵；$\boldsymbol{K}_t$ 为轨道的刚度矩阵；$\boldsymbol{a}_t$、$\dot{\boldsymbol{a}}_t$、$\ddot{\boldsymbol{a}}_t$为轨道的位移、速度、加速度向量；$\boldsymbol{Q}_t$ 为轨道的等效荷载向量。

4.1.4 桥梁运动方程

桥梁结构的动力学方程为：

$$\boldsymbol{M}_b\ddot{\boldsymbol{a}}_b+\boldsymbol{C}_b\dot{\boldsymbol{a}}_b+\boldsymbol{K}_b\boldsymbol{a}_b=\boldsymbol{Q}_b \tag{4-13}$$

式中：$\boldsymbol{M}_b$ 为桥梁的质量矩阵；$\boldsymbol{C}_b$ 为桥梁的阻尼矩阵；$\boldsymbol{K}_b$ 为桥梁的刚度矩阵；$\boldsymbol{a}_b$、$\dot{\boldsymbol{a}}_b$、$\ddot{\boldsymbol{a}}_b$为桥梁的位移、速度、加速度向量；$\boldsymbol{Q}_b$ 为桥梁的等效荷载向量。

对于桥梁结构，在建模中需要考虑其阻尼，参考文献[110]应用较多的是瑞雷阻尼，即

$$C=\alpha M+\beta K \tag{4-14}$$

式中：C 为阻尼矩阵；M、K 分别为质量矩阵、刚度矩阵；α、β 分别为质量阻尼系数、刚度阻尼系数。根据振型的正交条件，可以得到：

$$\xi_k=\frac{\alpha}{2\omega_k}+\frac{\beta\omega_k}{2}(k=1,\ 2,\ \cdots,\ n) \tag{4-15}$$

式中：ξ_k 为第 k 阶阻尼比；ω_k 为第 k 阶固有频率。一般用一阶、二阶自振频率和对应的阻尼比代入式(4–15)，即可求得 α、β：

$$\alpha=\frac{2\omega_i\omega_j}{\omega_j^2-\omega_i^2}(\omega_j\xi_v-\omega_i\xi_j) \tag{4-16}$$

$$\beta=\frac{2}{\omega_v^2-\omega_i^2}(\omega_j\xi_i-\omega_i\xi_j) \tag{4-17}$$

4.1.5　轨道与轨道板的耦合处理及验证

钢轨与轨道板的连接方式设置是否合理直接关系到有限元模拟分析结果的正确与否。本模型中钢轨与轨道板之间的连接模拟成窄刚性条[124, 125]。如图 4–2 所示，桥梁模型的整体坐标系为 xyz，相应的钢轨单元的局部坐标系定义为 uvw，由于钢轨单元有绕垂直于梁平面 yOz 轴的 x 轴转动自由度和绕垂直于梁平面 xOy 轴的 z 轴转动自由度，而扣件弹簧–阻尼 COMBIN14 单元无转动自由度，无法保证钢轨节点与弹簧节点有相同位移，这与钢轨、轨下垫板和扣件实际连接情况不相符。为此，建立钢轨梁单元节点与扣件单元节点之间的约束方程，实现对钢轨梁单元多余自由度的约束。

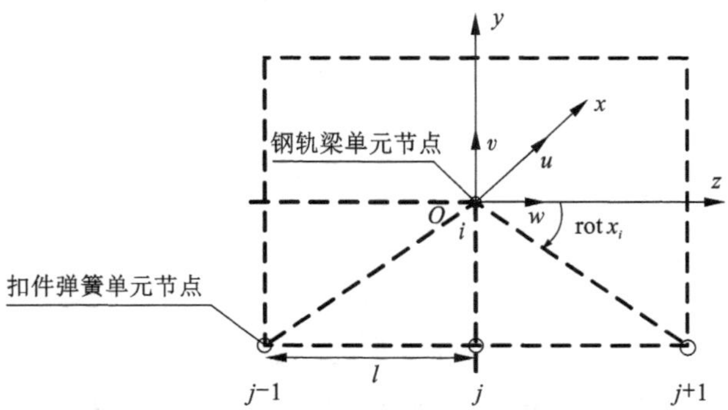

图 4–2　钢轨与轨下垫板的连接示意图

钢轨梁单元节点 i 的转动角位移 $\mathrm{rot}\,x_i$ 对第 $j-1$、j、$j+1$ 个扣件弹簧单元节点处的 x 向位移不产生影响。梁单元节点 i 的转动角位移 $\mathrm{rot}\,x_i$ 对第 $j-1$ 个扣件弹簧单元节点处的 y 向位移产生影响，其值为：

$$\sqrt{(z_i-z_{(i-1)})^2+h^2}\cdot\mathrm{rot}\,x_i\cdot\cos(\mathrm{rot}\,x_i)\approx(z_i-z_{(i-1)})\cdot\mathrm{rot}\,x_i=l\cdot\mathrm{rot}\,x_i \tag{4-18}$$

同样，钢轨梁单元 i 的转动角位移 $\mathrm{rot}\,x_i$ 对第 $j+1$ 个扣件弹簧单元节点处的 y 向位移产生影响，其值为：

$$-\sqrt{(z_{(i+1)}-z_i)^2+h^2}\cdot\mathrm{rot}\,x_i\cdot\cos(\mathrm{rot}\,x_i)\approx-(z_{(i+1)}-z_i)\cdot\mathrm{rot}\,x_i=-l\cdot\mathrm{rot}\,x_i \tag{4-19}$$

同理，钢轨梁单元 i 的转动角位移 $\mathrm{rot}\,x_i$ 对第 j 个扣件弹簧单元节点处的 y 向位移不产生影响，第 j 个扣件弹簧节点 y 向位移应等于临近两个钢轨梁单元的转动角位移在该处产生的 y 向位移增量之和，y 向位移约束方程为：

$$v_{i(\mathrm{spr})}=v_{i(\mathrm{beam})}-l\cdot\mathrm{rot}\,x_{i-1}+l\cdot\mathrm{rot}\,x_{i+1} \tag{4-20}$$

钢轨梁单元 i 的转动角位移 $\mathrm{rot}\,x_i$ 对第 $j-1$、j、$j+1$ 个扣件弹簧单元节点处的 x、z 向位移产生的影响近似为 0。扣件弹簧单元节点的 x、z 向位移由其连接的梁单元底面上的位移来确定，其位移约束方程近似为：

$$x_{i(\mathrm{spr})}=x_{i(\mathrm{beam})} \tag{4-21}$$

$$z_{i(\mathrm{spr})}=z_{i(\mathrm{beam})} \tag{4-22}$$

式中：h 为钢轨梁单元节点到扣件弹簧单元节点之间的距离；l 为扣件距离。钢轨与扣件弹簧单元节点的连接有限元处理如图 4-3 所示。

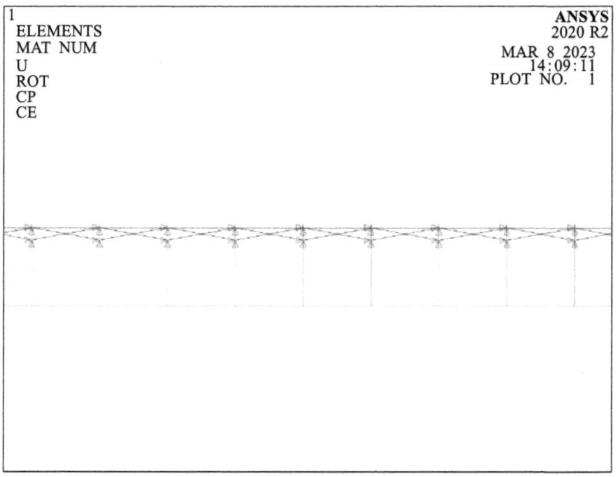

图 4-3　钢轨与扣件弹簧单元节点连接示意图

为了验证钢轨与扣件弹簧单元节点连接方式的正确性，本书以参考文献

[126]中的车辆和桥梁参数进行数值模拟，将桥梁跨中节点的位移时程和参考文献[126]中的计算解与理论解进行比较。列车时速分别为 200 km/h 和 300 km/h，文献中的计算和理论解均为不考虑轨道结构影响的动态时程响应。本书解以前文的轨道与轨道板的连接方式考虑轨道结构的影响，对比结果如图 4–4 所示。对比三条位移时程曲线可以看出，本书计算结果在幅值上与理论解一致，但存在明显次峰，不考虑轨道结构的计算方法则无次峰，也验证了文献中不考虑轨道模型的计算方法不能准确模拟轨道结构对桥梁结构响应的局部影响规律，同时也验证了本书对轨道与轨道板耦合处理方式的正确性。

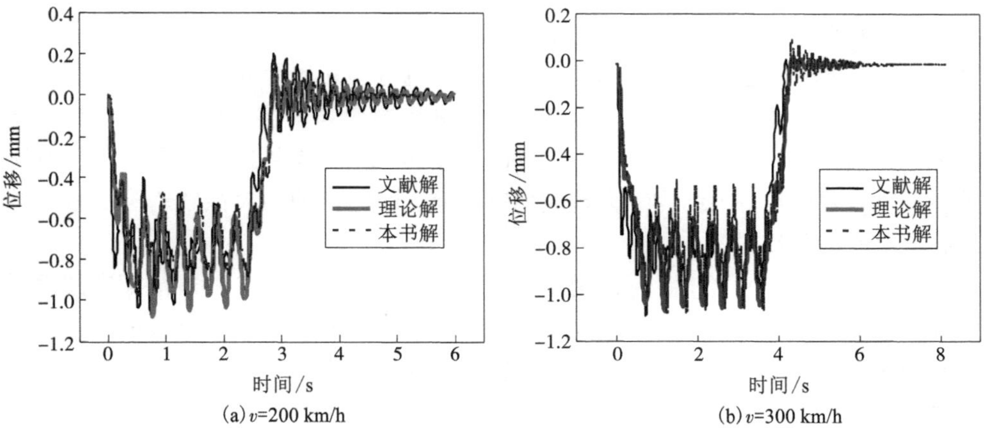

图 4–4　验证轨道与轨道板耦合处理方式

4.1.6　轮轨相互作用模型

本章模型主要是针对列车、轨道和桥梁的竖向动力特性进行研究，处理轮轨接触时，简化车轮踏面与轨道顶面单点接触，用线性弹簧单元模拟，认为车轮不悬空(轮对与钢轨始终不分离)，即接触点的空间运动轨迹曲线(迹线)为只考虑轨道高低不平顺的平面曲线。处理轮轨接触力时，采用经典的 Hertz 弹性体接触理论来确定轮轨垂向相互作用力，即[127]：

$$P_n=\begin{cases}\left(\dfrac{\delta_z}{G}\right)^{\frac{3}{2}} & (\delta_z>0)\\ 0 & (\delta_z\leqslant 0)\end{cases} \tag{4-23}$$

式中：G 为轮轨接触常数，对于锥形踏面车轮，$G=4.57R^{-0.149}\times10^{-8}$(m/N$^{2/3}$)；对于磨耗型踏面车轮，$G=3.68R^{-0.115}\times10^{-8}$(m/N$^{2/3}$)，其中 R 为车轮实际滚动半径，δ_z 为轮轨接触点的法向弹性压缩量(m)。本书仅考虑轮轨的竖向振动，所以压缩量为轮轨间相对位移。

$$\delta_z = Z_{\omega i} - Z_o \tag{4-24}$$

式中：$Z_{\omega i}$ 为第 i 轮对的竖向位移，m；Z_o 为轮轨接触位置的钢轨竖向位移，m。

在考虑轨道不平顺时，可以将轨道竖向不平顺视为钢轨位移，式(4-24)可变换为：

$$\delta_z = Z_{\omega i} - Z_o - Z_x \tag{4-25}$$

式中：Z_x 为轨道不平顺值，m。

4.1.7 轨道不平顺

高速铁路轨道在车轮往复作用和大气环境的腐蚀下，轨道接触面发生不均匀磨损，再加上轨道原本就存在的不平顺，造成轨道的几何尺寸发生偏差从而形成空间曲线。轨道不平顺就是沿着轨道方向与轮对接触点轨迹与理论上平顺的轨迹线之间的偏差。轨道不平顺被认为是列车–轨道–桥梁耦合振动体系的主要激励源，对列车运行和桥梁结构动力响应均有影响，因此正确的模拟轨道不平顺才能得到符合实际的结果。

在考虑轨道不平顺时，可以用实测钢轨不平顺数据或者各种规范指定的轨道谱以激励的方式输入。根据现有的研究[128]，德国提出的低干扰轨道谱可用于列车时速为 250 km/h 的线路，高干扰轨道谱适用普通铁路。故本书选取德国低干扰轨道谱密度展开分析，德国轨道谱表示如下。

轨向不平顺：

$$S_a(\Omega) = \frac{A_a \times \Omega_c^2}{(\Omega^2 + \Omega_r^2)(\Omega^2 + \Omega_c^2)} \tag{4-26}$$

高低不平顺：

$$S_v(\Omega) = \frac{A_v \times \Omega_c^2}{(\Omega^2 + \Omega_r^2)(\Omega^2 + \Omega_c^2)} \tag{4-27}$$

水平及轨距不平顺：

$$S_c(\Omega) = \frac{A_v \times b^{-2} \times \Omega_c^2 \times V^2}{(\Omega^2 + \Omega_r^2)(\Omega^2 + \Omega_c^2)} \tag{4-28}$$

式中：$S_a(\Omega)$、$S_v(\Omega)$ 分别为轨向不平顺和高低不平顺功率谱密度，$m^2/(rad/m)$；$S_c(\Omega)$ 为水平和轨距不平顺，1/(rad/m)；Ω 为轨道不平顺的空间频率，rad/m；A_a、A_v 为粗糙度系数，$m^2 \cdot rad/m$；Ω_c、Ω_r、Ω_s 为截断频率，rad/m；b 为左右轮名义滚动圆距离之半，取 0.75 m。各参数的具体取值见表 4-2。

表 4-2　德国低干扰轨道谱参数

参数	Ω_c /(rad·m^{-1})	Ω_r /(rad·m^{-1})	Ω_s /(rad·m^{-1})	A_a /(m^2·rad·m^{-1})	A_a /(m^2·rad·m^{-1})	A_a /(m^2·rad·m^{-1})
取值	0. 8246	0. 0206	0. 4380	2. 119×10^{-7}	4. 032×10^{-7}	5. 32×10^{-8}

轨道不平顺的数值模拟方法常用的有二次滤波法、三角级数法、白噪声滤波法、逆傅里叶变换法等。本书参考相关文献，选择用逆傅里叶变换法得到时域样本，该法的具体流程如下[110][129]：

首先，在周期图法基础上得到采样点与信号频谱的关系式。

$$
\begin{aligned}
S_{xx}(k) &= \left\{\frac{1}{N}\sum_{s=0}^{N-1} x_s \exp\left[i\left(k\frac{2\pi}{N}\right)s\right]\right\}\left\{\frac{1}{N}\sum_{j=0}^{N-1} x_j \exp\left[-i\left(k\frac{2\pi}{N}\right)j\right]\right\} \\
&= \frac{1}{N^2}|\mathrm{DFT}[x_s]|^2 = \frac{1}{N^2}[X^*(k)X(k)]
\end{aligned}
\tag{4-29}
$$

式中：$X(k)$为时间序列$\{x_s\}$的频谱，$k=0, 1, 2, \cdots, N-1$，$s=0, 1, 2, \cdots, N-1$。

然后，由于轨道不平顺功率谱密度函数均为单边谱，所以要转化为双边谱$S_x(f)$。设需要模拟的时间序列总时间为 T_s，时间间隔为 Δ，则时域和频域采样点数为 $N_r=T_s/\Delta$，一般 N_r 不是正好为 2 的整数次幂，必须以在数据末尾加 0 的方式来调整 N_r 为 2 的整数次幂。设轨道不平顺最短波长为 $\lambda_{\min}$，最长波长为 $\lambda_{\max}$，运行速度为 v，则采样最高截止频率$f_{\max}=v/\lambda_{\min}$，采样最低截止频率$f_{\min}=v/\lambda_{\max}$。由周期图法得出的功率谱具有周期性，且为偶对称序列，最终形成以 $N_r/2$ 为对称中心的偶对称序列。

时域序列的频谱模值为：

$$
\begin{aligned}
|X(k)| &= |\mathrm{DFT}[x(n)]| = \sqrt{N_r^2 \times S_k(k)} = N_r\sqrt{S_k(k)} \\
&= N_r\sqrt{S_x(f=k\Delta f)\Delta f}\,(k=0, 1, \cdots, N_r-1)
\end{aligned}
\tag{4-30}
$$

由于时间序列 $X(k)$是随机过程，其频谱相位具有随机性，因此设 ξ_n 为独立相位序列，其各分量值为 0。因为实序列的 FFT 为复序列(实部偶对称，虚部奇对称)，所以 ξ_n 为复数，且 $|\xi_n|=1$。

$$
\xi_n = \cos\varphi_n + \mathrm{i}\sin\varphi_n = \exp(\mathrm{i}\varphi_n)
\tag{4-31}
$$

式中：φ_n 服从 0~2π 分布。

已知 $X(k)$ 的实部、虚部分别关于 $N_r/2$ 偶对称和奇对称，因此只需求出 $X(k)$在 $k=0\sim N_r/2$ 内的频谱即可。

$$
X(k) = \xi(k)|X(k)| = N_r\xi(k)\sqrt{S_x(f=k\Delta f)\Delta f}\,(k=0, 1, \cdots, N_r/2)
\tag{4-32}
$$

根据对称条件，得到完整的 $X(k)$在 $k=0\sim N_r-1$ 中的序列。

最后，将得到的 $X(k)$ 序列进行逆傅里叶变换（IFFT）得到最终的轨道不平顺时域样本：

$$x(n)=\frac{1}{N_r}\sum_{k=0}^{N_r-1}X(k)\exp\left[\frac{\mathrm{i}2\pi kn}{N_r}\right](n=0,\ 1,\ \cdots N_r-1) \tag{4-33}$$

另外，时域样本可以转化为轨道位置不平顺样本。

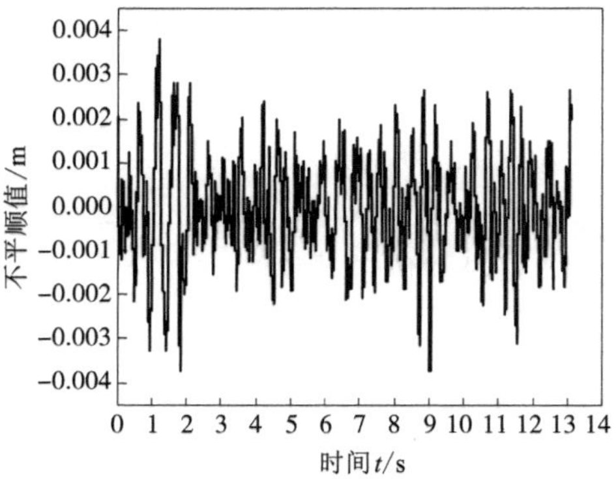

图 4-5　不平顺时域样本

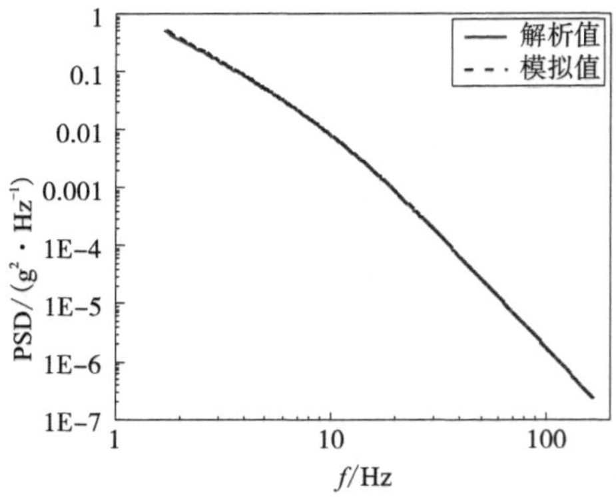

图 4-6　频谱对比图

4.1.8　长标距应变提取方法

在有限元模拟中，长标距应变的提取通常通过节点的转角位移进行计算[130]。对于 BEAM 单元模拟的结构，则可通过命令直接获取节点转角，其长标距应变提取公式为：

$$\bar{\varepsilon}_m=\frac{y}{L_m}(\mathrm{rot}_i-\mathrm{rot}_j) \tag{4-34}$$

式中：$\bar{\varepsilon}_m$ 为长标距应变；L_m 为长标距传感器的标距；y 为结构的中和轴高度；$\mathrm{rot_i}$ 和 $\mathrm{rot_j}$ 为结构的转角位移。

4.2　列车-轨道-桥梁耦合振动系统模型验证

在中国高铁线路中，桥梁占有较大比重，其中以简支梁桥最为普遍，简支梁桥中单箱单室箱型简支梁居多，且高铁简支梁桥中常见标准跨径有 24 m 和 32 m 两种[131, 132]。本次有限元模型主梁横截面采用单箱单室等高度箱型截面，截面尺寸数据参照于我国沪昆高铁线简支梁箱型截面，跨中与支座处截面如图 4-7 所示，其中左边一半为跨中截面尺寸，右边一半为支座处截面尺寸。主梁上铺设双线 CRTS Ⅱ板式无砟轨道，其构造主要包括钢轨、弹性不分开式扣件、轨道板、CA 砂浆层、混凝土底座板等，尺寸数据依旧参照我国的沪昆高铁线，如图 4–8 所示。主梁底部通过支座与桥墩连接，桥墩为圆端实心状，模型墩高取地面至主梁支座底部墩高 5 m。

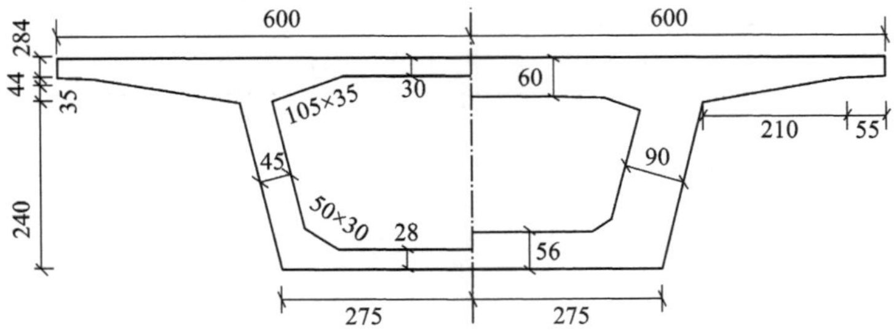

图 4–7　箱梁端部与跨中截面尺寸

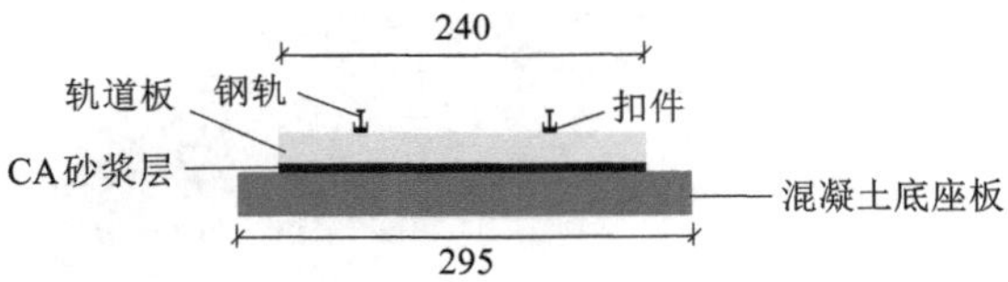

图 4–8　CRTS Ⅱ板式无砟轨道示意图

本书采用基于铁木辛柯梁理论的 BEAM188 梁单元模拟钢轨和主梁。CRTS Ⅱ型板式无砟轨道常用扣件为 WJ–8 型，扣件间距为 0.5 m，采用 COMBIN14 线弹性弹簧–阻尼器单元模拟。轨道板、CA 砂浆层、混凝土底座板、桥梁梁体等采用 BEAM188 梁单元模拟，赋予单元组合截面的方式建立模型。各项材料参数如表 4–3 所示。

表 4–3　CRTS Ⅱ型板式无砟轨道和桥梁结构参数

参数	取值	参数	取值
钢轨截面积 A_r/m^2	0.7745×10^{-2}	轨道板密度 $\rho_s/(\mathrm{kg\cdot m^{-3}})$	2500
钢轨弹性模量 E_r/Pa	2.1×10^{11}	底座截面积 A_f/m^2	0.4425

续表 4-3

参数	取值	参数	取值
钢轨惯性矩 I_r/m^4	0.3217×10^{-4}	底座板弹性模量 E_f/Pa	3×10^{10}
钢轨密度 $\rho_r/(\text{kg}\cdot\text{m}^{-3})$	7800	底座板惯性矩 I_f/m^4	3.31875×10^{-3}
轨道板截面积 A_s/m^2	0.2250	底座板密度 $\rho_f/(\text{kg}\cdot\text{m}^{-3})$	2500
轨道板弹性模量 E_s/Pa	3.9×10^{10}	桥梁截面积 A_b/m^2	9.877
轨道板惯性矩 I_s/m^4	8.5×10^{-5}	桥梁密度 $\rho_b/(\text{kg}\cdot\text{m}^{-3})$	2500

根据前文所述的列车参数、轨道参数、桥梁参数以及各单元之间的处理方法，通过有限元分析软件 ANSYS 建立耦合振动模型，如图 4-9 所示。

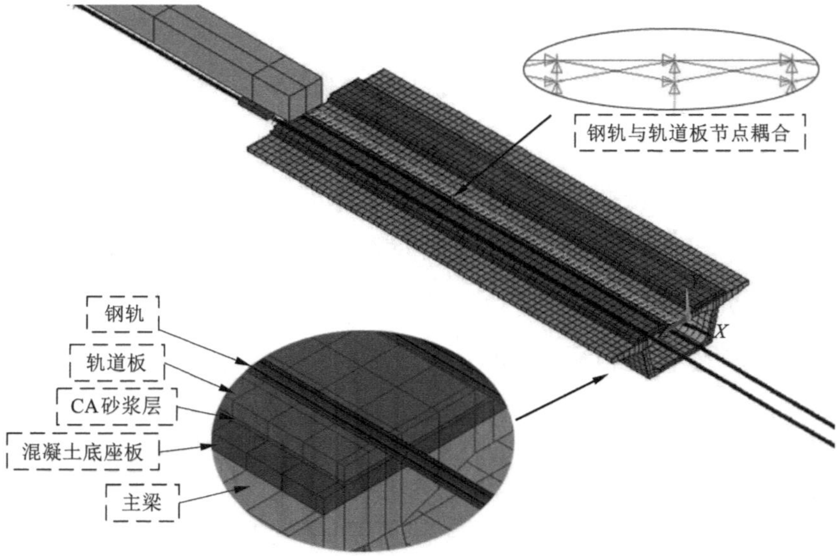

图 4-9　列车-轨道-桥梁耦合振动模型

将模型中箱梁跨中 X、Y、Z 三向加速度时程及相应频率与沪昆线实桥实测加速度时程进行对比，验证所建立模型的正确性。实桥试验的加速度测点位于桥梁跨中底板，如图 4-10 所示。利用随机子空间法可以求出桥梁自振频率的峰值，前六阶自振频率分别为 0.76 Hz、2.56 Hz、4.88 Hz、9.26 Hz、12.68 Hz 和 19.02 Hz(图 4-11)，图 4-12 为对本书建立的列车-轨道-桥梁模型进行模态分析得出的前六阶振动模态。

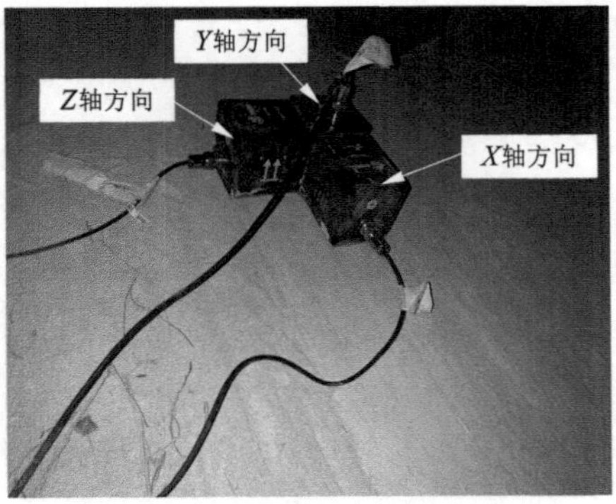

图 4-10　桥梁跨中加速度测点布置图

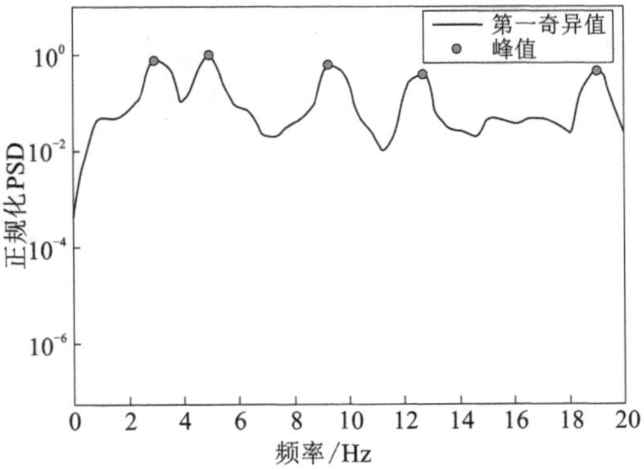

图 4-11　桥梁自振频率分析

通过模态分析，桥梁模型前六阶有效模态的固有频率分别为 0.74 Hz、2.32 Hz、4.99 Hz、8.78 Hz、11.91 Hz 和 19.13 Hz。一阶竖弯频率为 4.99 Hz，与文献[62]一致，与实桥试验 4.88 Hz 仅相差 0.11 Hz。将实桥试验的前六阶模态与桥梁模型的前六阶模态对比分析，发现桥梁的振动以低频为主，与文献[133]一致，并且各阶模态均比较吻合。

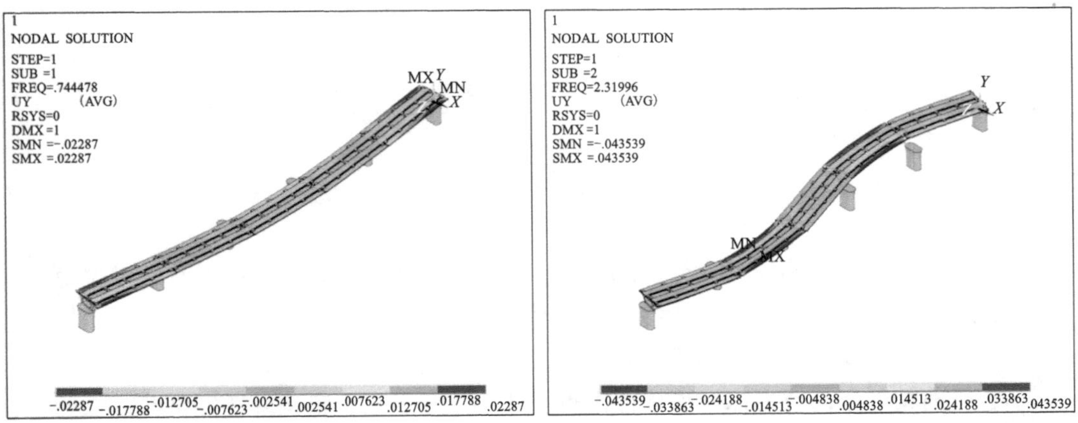

(a) 一阶固有频率 (0.74 Hz)　　(b) 二阶固有频率 (2.32 Hz)

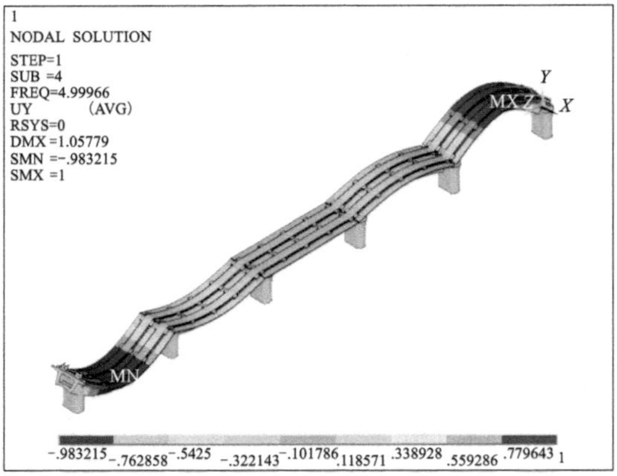

(c) 三阶固有频率 (4.99 Hz)

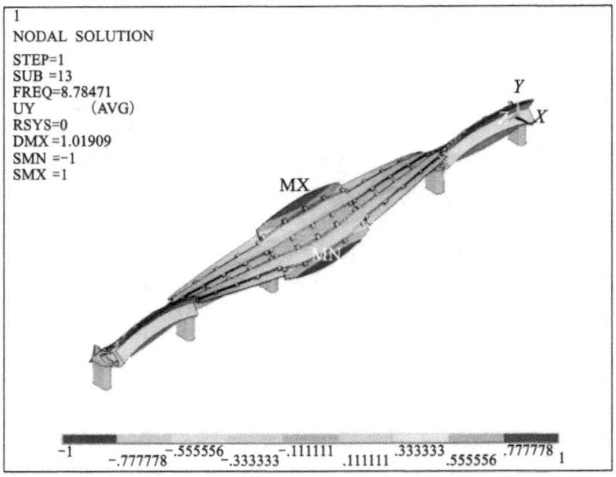

(d) 四阶固有频率 (8.78 Hz)

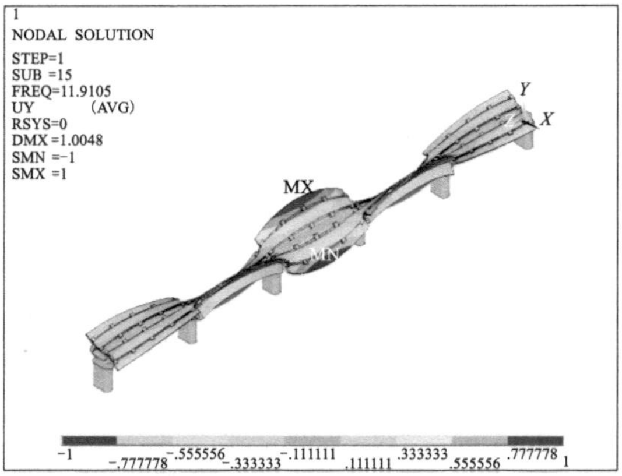

(e) 五阶固有频率 (11.91 Hz)

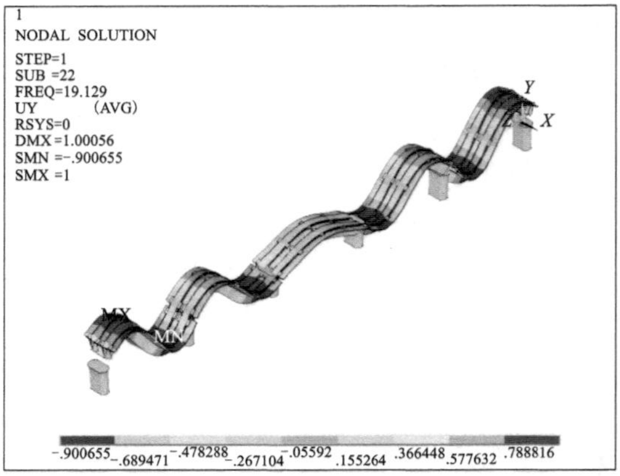

(f) 六阶固有频率 (19.13 Hz)

图 4-12 多跨桥梁的模态分析

通过对桥梁结构模型进行模态分析，也为加速度谱的对比提供了有效频率范围，振动频率小于 50 Hz。随后，通过对模拟列车通过桥梁的加速度时程分析，以评估模拟加速度时程的准确性。模拟列车时速为 300 km/h。整个模拟过程为列车进桥前到列车出桥后保持桥梁自由振动 1 秒。图 4-13 中，实测加速度时程用黑线表示，模拟加速度时程用浅灰色线表示，采样频率为 500 Hz。从模态分析和相关参考文献中得知，桥梁加速度振动频率通常集中在小于 50 Hz 的低频部分中，而车厢和轮轨振动一般都是大于 100 Hz 的高频振动。通过对比分析 0~50 Hz 振动频率范围内频谱，可以看出模拟结果与现场实测结果较为吻合。从箱梁跨中地板的 X、Y、Z 三向加速度时程曲线对比可以看出模拟加速度幅值与实测加速度幅值较为接近，存在的差异可能是模拟车辆的质量与实测车辆的质量不一致造成的。

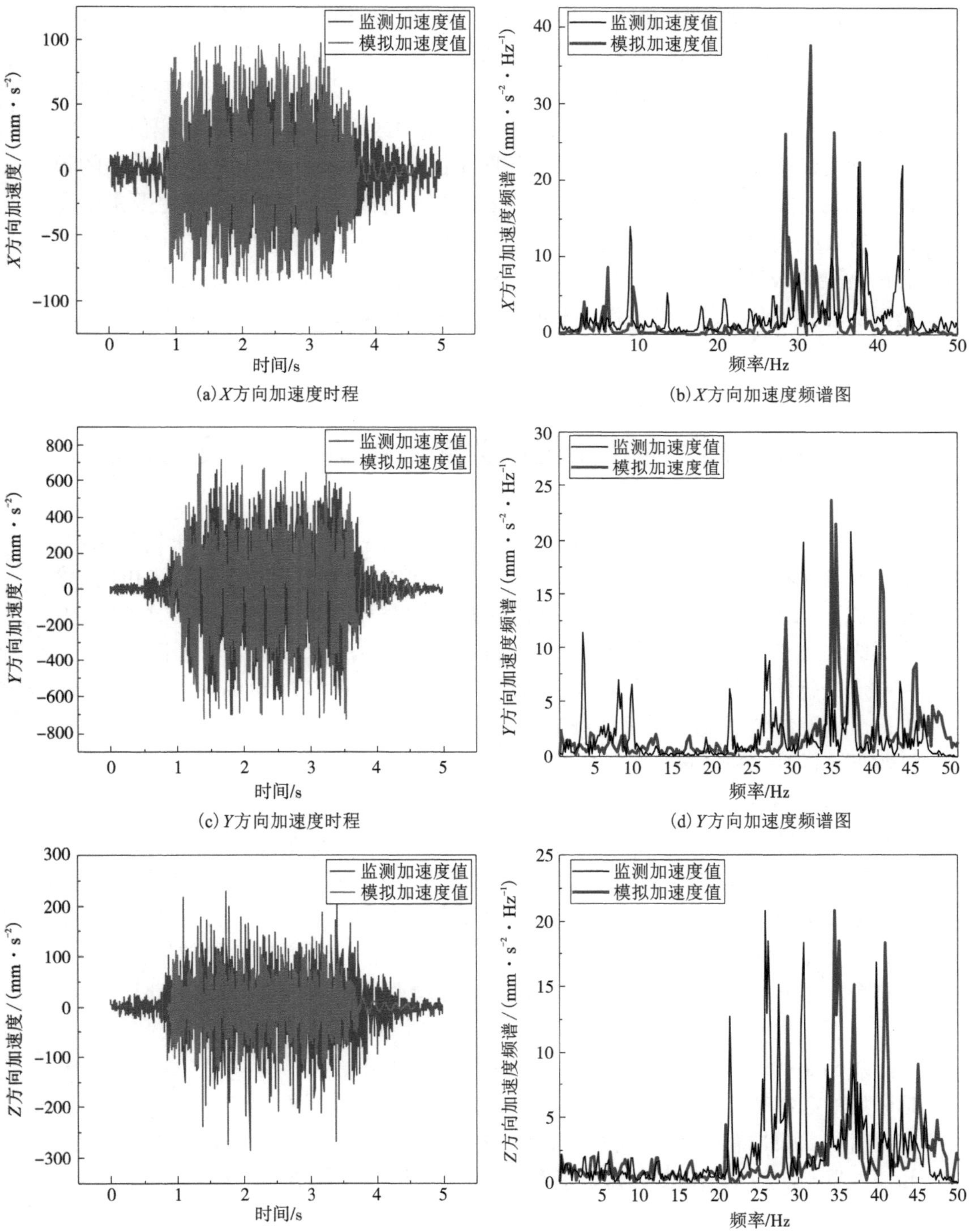

(a) X方向加速度时程　　(b) X方向加速度频谱图

(c) Y方向加速度时程　　(d) Y方向加速度频谱图

(e) Z方向加速度时程　　(f) Z方向加速度频谱图

图 4–13　桥梁底板跨中实测加速度与模拟加速度的比较

X 方向为桥梁纵向，振动频率大多在 30～40 Hz 范围内，部分振动响应低于 20 Hz，这与图 4-13(a)～(b)的模态分析结果一致。Y 方向是桥梁的垂直振动方向，也是主要的振动方向，加速度振幅的实测值与模拟值非常接近。振动频率主要集中在 0～50 Hz 范围内，在 0～10 Hz 低频振动区域，模拟加速度谱幅值小于实测加速度谱幅值，但具有明显峰值。如图 4-13(c)～(d)所示，在 20～45 Hz 的频谱范围内，模拟值与实测值吻合较好。Z 方向为桥梁横向，横向振动主要集中在 20～45 Hz，模拟值与实测值吻合较好，如图 4-13(e)～(f)所示。从以上分析可以看出桥梁的振动频率主要集中在 0～50 Hz 范围内，模拟值与实测值吻合较好。但是需要注意的是，在建模过程中发现车辆速度和桥梁设置的阻尼系数对桥梁振动有显著影响。

4.3 有限元模型与桥梁健康监测系统动态宏应变对比验证

本书桥梁健康监测系统监测对象为沪昆线进贤—南昌段一跨 32 m 简支梁桥，如图 4-14(a)所示[134]。传感器系统由 21 个 BFRP 材料封装的长标距 FBG 传感器组成，标距为 1 m，21 个传感器分别设于 2 个信号通道，通道内传感器串联，沿桥梁纵向布设于梁底对称位置，如图 4-14(b)和(d)所示。对列车作用下梁底应变响应进行动态监测，如图 4-14(c)所示。数据采集系统为 MOIsi-155 光纤解调仪，长标距 FBG 传感器的采样频率可根据需要调整，数据的储存和处理由连接光纤解调仪的计算机完成。

健康监测系统调试好后，对梁底宏应变进行数据采集，采集仪使用 MOIsi-155 光纤解调仪，采样频率为 1000 Hz。采集一段时间内所有列车过桥的桥梁响应数据，针对桥梁健康监测系统和有限元模型 1/4、1/2、3/4 跨径处传感器获取的宏应变进行时域分析。健康监测系统传感器受到轮轨噪声、环境噪声等因素影响，实测宏应变曲线存在较多的高频噪声，需要经过信号处理才能使用，后续第五章会详细研究。图 4-15 为有限元模型与健康监测系统的实测宏应变时程和模拟宏应变时程曲线对比。

从图 4-15 可以看出，实测宏应变时程曲线的峰值大小不一，原因可能是模拟采用的各车厢质量与实际质量分布情况不同。但均能明显观察出三个位置的宏应变时程曲线均有中间 7 个较大峰值和 2 个较小峰值，实测和模拟的宏应变曲线峰值位置与宏应变值一致，证明了本书能够模拟列车-轨道-桥梁耦合振动模型，并正确求解列车作用下桥梁动态宏应变。

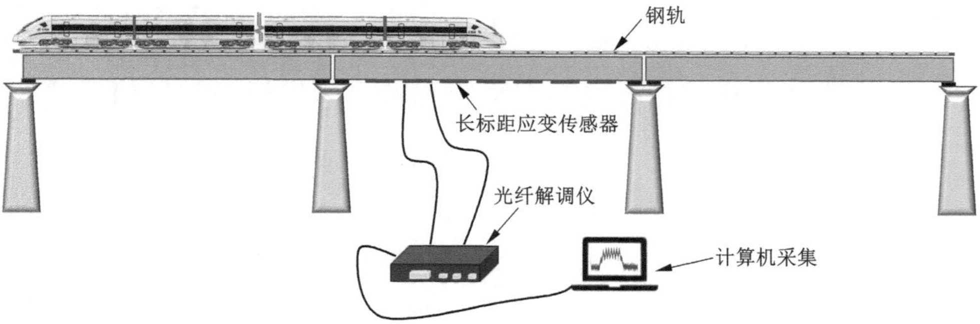

(a) 梁底长标距FBG传感器信号采集示意图

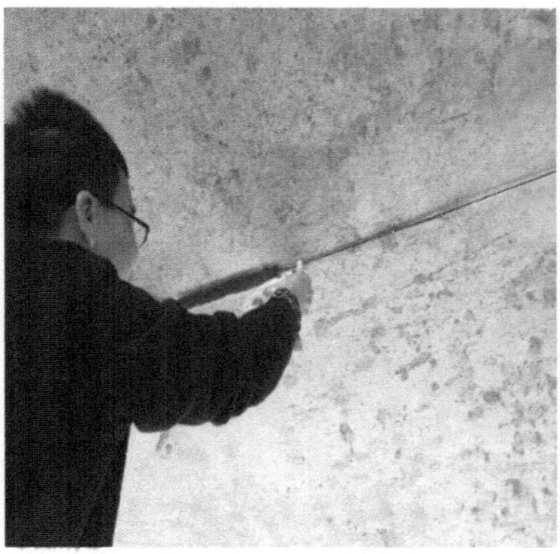

(b) 安装长标距FBG传感器

(c) 宏应变数据采集

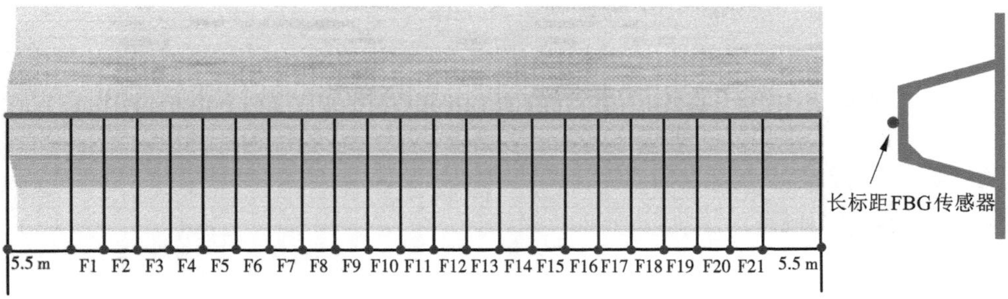

(d) 梁底分布式长标距FBG传感器布置示意图

图 4–14　桥梁健康监测系统信号采集示意图

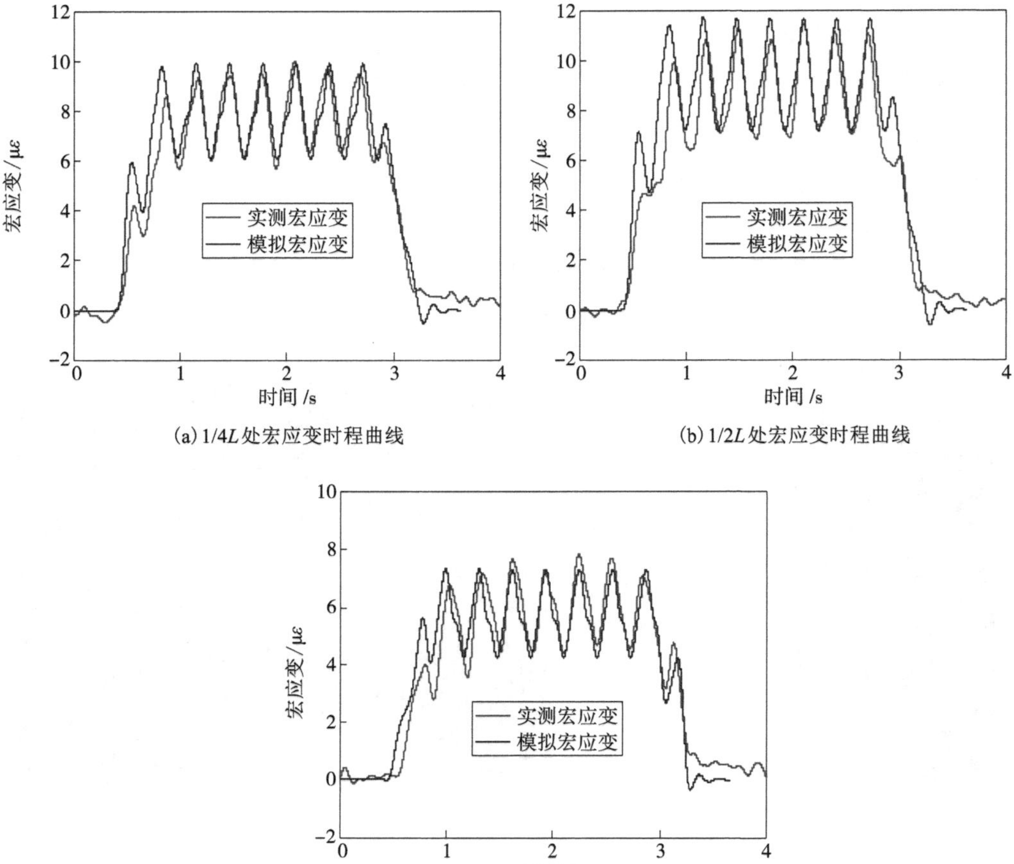

(a) 1/4L处宏应变时程曲线

(b) 1/2L处宏应变时程曲线

(c) 3/4L处宏应变时程曲线

图 4-15　有限元模型与健康监测系统的实测和模拟宏应变时程对比分析

4.4　本章小结

本章研究了列车-轨道-桥梁耦合振动下桥梁动态宏应变求解方法。在ANSYS环境下利用APDL编制程序，用位移接触法建立求解耦合振动的有限元模型，研究列车-轨道-桥梁耦合振动下桥梁动态宏应变求解方法。根据列车、轨道、桥梁三个组成部分的动力学原理，通过在车轮与钢轨单元之间建立接触对，钢轨节点与轨道板上扣件节点设置耦合方程的方法传递荷载与位移；考虑到了轨道不平顺，采用经典的Hertz弹性体接触理论来建立赫兹轮轨相互作用模型，采用逆傅里叶变换法得到轨道不平顺样本并导入轨道节点；将本书考虑轨道影响的桥梁响应与不考虑轨道结构的桥梁响应对比，验证了本书轨道与轨道板耦合处理方法的正确性；对桥梁进行模态分析，对比分析了实测桥梁与有限元模型桥梁的自振频率、箱梁跨中底部的 X、Y、Z 三向加速度时频域，验证了本书模型桥梁和基于位移接触法的列车动荷载模拟方法的正确性；对比分析了桥梁传感器位置实测和模拟的宏应变时程曲线，峰值位置和数量基本一致，证明了列车-轨道-桥梁耦合振动下桥梁动态宏应变求解方法的正确性，为后续工作奠定了研究基础。

第 5 章
列车荷载下桥梁宏应变信号动静态分离方法研究

5.1 引言

光纤布拉格光栅应变传感器具有精度高、耐腐蚀和抗电磁辐射的特点，被广泛应用于航空航天[135]、机械[136]、交通运输等结构的健康监测。面对不同结构形式和潜在的损坏类型，通过实时监测外部荷载激励下的结构响应，结合当前工作环境和结构历史响应数据，综合评估结构健康状况和预警可能出现的损伤。其中，传感器作为健康监测系统最基础的部分，其功能是将结构响应物理量转换传输为可处理的数字信号。桥梁健康监测系统中，传感器实时传输的结构响应的激励源往往包含桥上车辆、行人荷载、风荷载、桥下水流冲击和桩土相互作用等，在做出决策时应排除噪声对结构响应信号的干扰，并把其中对结构评估起主导作用的部分分离提取。

近些年，已有许多学者对 FBG 应变传感器信号的降噪分离方法进行了研究。丁朋等[137]提出了一种采用双方波信号和 B-样条小波解调弱反射光纤布拉格光栅的方法，去噪前后相位拟合的幅度、频率和相位差均得到优化，可以提高相位信号解调精度。黄刚等[138]提出了一种结合 CEEMDAN 方法和 S-G 滤波方法的 FBG 传感器信号降噪方法，能够在保留传感信号细节特征的同时有效地分离出信号噪声。韩超等[139]提出了一种基于小波降噪的 FBG 波长高精度解调算法。相比直接寻峰、多项式拟合、高斯拟合算法，小波降噪算法具有速度快、稳定性好等优点，能够用于现场环境的实时监测系统。刘琨等[140]提出一种基于全相位滤波技术的算法，根据信号的频率特征快速配置滤波器系数，由信号的数字截止频率控制滤波器边界，有效滤除信号中混杂的高频分量，缩短了解调时间，提高了解调波长稳定性。Wu 等[134]使用小波阈值去噪的办法处理高速列车荷载下长标距 FBG 传感器的应变信号，去除了信号中的高频噪声，有效保留了信号中包含的列车荷载特征，并进行了桥梁损伤定位定量的研究。EMD 理论因其在处理非平稳、非线性信号的滤波时表现突出被广泛应用，大致分为三种[50]：直接分离法、阈值处理法和 IMF 滤波法。陈适之[51]采用 EMD 直接分离法来处理汽车荷载下简支梁桥长标距 FBG 传感器信号，以桥梁基频为阈值，将高频部分视为动态响应，低频部分视为静态响应。

FBG 应变传感器可通过二次封装改变其测量标距成为长标距 FBG 传感器，从而在大型结构中有别于传统“点式”应变计过于局部的测量范围，能够获取更大范围内结构的整体信息[141]。同时，长标距 FBG 传感器的测量介质是光纤中的光线波长，抗电磁干扰能力强，能够适用电阻应变片无法工作的特殊环境，已经被应用于铁路钢轨、轨道板和铁路桥等结构。本章研究了列车荷载作用下铁路桥梁底长标距应变信号动静态分离方法，对比分析了小波阈值去噪法、EMD 直接分离法、改进 EMD 法三种去噪方法。首先在 MATLAB 仿真软件中对动态宏应变时程信号进行仿真，其次基于此仿真信号采用三种方法进行降噪处理并对比分离出的拟静态宏应变信号效果，最后分离健康监测系统实测宏应变信号中的动态响应，提取拟静态宏应变信号。

5.2　FBG 传感器工作原理及信号评价指标

FBG 传感器具有精度高、耐腐蚀、抗电磁干扰等优点。其具体工作原理如图 5-1 所示，当光通过 FBG 传感器时只有特定波长 λ_B 的光会反射回原方向，λ_B 由 FBG 的调制周期 Λ 和纤芯有效折射率 n_{eff} 决定[142]，如式(5-1)所示：

$$\lambda_B = 2n_{eff}\Lambda \tag{5-1}$$

对于裸 FBG，当外界温度或者应力发生变化会引起其反射光波长产生漂移 $\Delta\lambda_B$，漂移量满足如下关系：

$$\frac{\Delta\lambda_B}{\lambda_B} = (1-P_\varepsilon)\Delta\varepsilon+(\alpha+\xi)\Delta T = K_\varepsilon\Delta\varepsilon+K_T\Delta T \tag{5-2}$$

根据此原理测量 FBG 漂移量即可得到相应的温度或应变变化。式(5-2)中：$\Delta\varepsilon$、ΔT 分别为应变变化量、温度变化量；K_ε 为应变灵敏系数，由 FBG 的有效弹光常数 P_ε 决定；K_T 为温度灵敏系数，由 FBG 的热膨胀系数 α 和热光系数 ξ 决定。

长标距 FBG 传感器测量列车荷载下桥梁应变响应，列车轮轨接触不平顺、轨道板、支承等都会影响桥梁宏应变数值，传感器高灵敏度的特性会导致测量的宏应变信号带有密集的毛刺。信号中除了由列车运动引起的桥梁响应外，还包含了高斯白噪声、粉红噪声、限带白噪声和散粒噪声及热噪声[50]。本书实桥试验所记

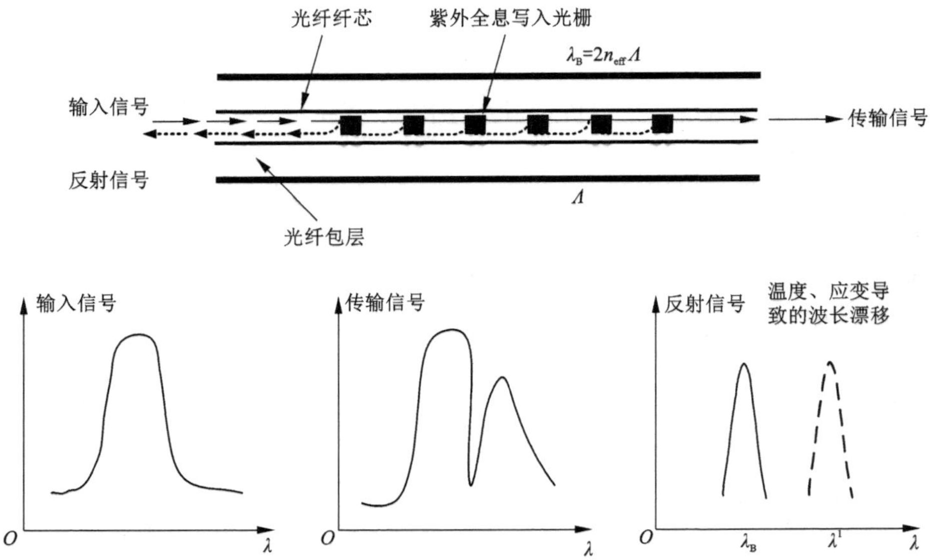

图 5-1　长标距 FBG 传感器工作原理

录的动态宏应变分布范围为 0~20 με，噪声的存在将严重影响对峰值的判断。本书主要针对整个信号中普遍分布的高斯白噪声的去除方法，分离出拟静态宏应变信号，用于后续理论。

在 MATLAB 仿真平台重构宏应变时程曲线，纯净无噪声的宏应变时程采用前文数值模拟得到简支梁桥跨中梁底宏应变时程信号，信号长度为 4561，加入 15 dB 的高斯白噪声，依次采用小波阈值去噪法、EMD 直接分离法、改进 EMD 法进行去噪处理。纯净宏应变时程信号和含噪宏应变时程信号如图 5-2 所示。

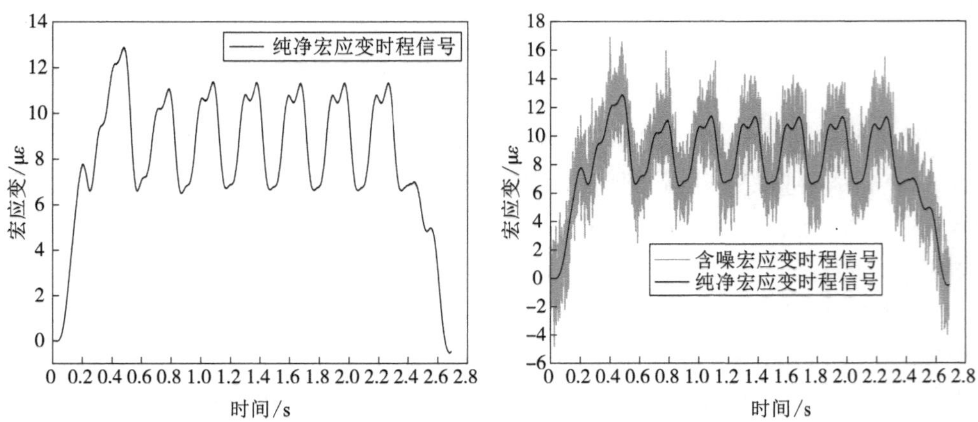

图 5-2　纯净宏应变时程信号与含噪宏应变时程信号

为评价各处理方法的分离效果，选取了较为常见的三种评价指标[143]：信噪比（SNR）、均方根误差（$RMSE$）、皮尔逊相关系数（R）。

$$SNR = 10\log_{10}\frac{sig\,Power}{noise\,Power} \tag{5-3}$$

$$RMSE = \sqrt{\frac{1}{n}\sum_{i=1}^{n}\left[\tilde{f}(i) - f(i)\right]^2} \tag{5-4}$$

$$R = \frac{\sum_{i=1}^{n}\left[\tilde{f}(i) - \bar{\tilde{f}}\right]\left[f(i) - \bar{f}\right]}{\sqrt{\sum_{i=1}^{n}\left[\tilde{f}(i) - \bar{\tilde{f}}\right]^2}\sqrt{\sum_{i=1}^{n}\left[f(i) - \bar{f}\right]^2}} \tag{5-5}$$

式中：$sig\,Power = \frac{1}{n}\sum_{i=1}^{n} f^2(i)$；$noise\,Power = \frac{1}{n}\sum_{i=1}^{n}\left[f(i) - \tilde{f}(i)\right]^2$；$sig\,Power$ 和 $noise\,Power$ 分别为信号和噪声的功率；$f(i)$ 和 $\tilde{f}(i)$ 分别为纯净信号和去噪后信号；$\bar{f}$ 和 $\bar{\tilde{f}}$ 分别为纯净信号和去噪后信号的均值。

5.2.1　基于小波分解的宏应变信号处理方法

小波分解认为小波系数包含静态宏应变信号的重要信息，其幅值较大，但数目较少，而动态宏应变和白噪声等的小波系数是一致分布的，个数较多，但幅值较小。基于此认识，其分离动静态宏信号的原理是将采集到的原始信号进行小波变换，得到分解后各尺度小波分解系数；模值大的小波系数含有的静态信号较多，动态宏信号及噪声占比较小；反之，模值小的小波系数主要为动态宏信号及噪声，因此，根据小波系数的大小设置一个阈值函数，对低频部分进行保留，对高频部分进行阈值处理，达到保留完整信号及去除噪声的目的；最后对阈值处理后的小波系数经 Mallat 重构算法，得到降噪后的信号[144]。主要流程如图 5-3 所示：①选择合适的小波函数和分解层数对含噪信号进行小波分解得到小波分解系数；②保留大尺度低分辨率下的全部小波系数，对其余各尺度高分辨率下的小波系数，选择一个合适的阈值函数；③对处理过的小波系数进行 Mallat 重构，分离出拟静态宏应变信号。

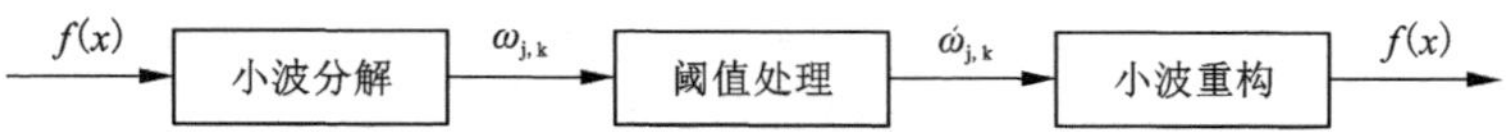

图 5-3　小波分解法流程图

小波分解选择小波基函数时，一般是考虑小波基函数和噪声信号的特性。在信号分析时，没有一个通用的规则来准确描述，因而很难满足工程实践中大量数据处理需求，现在较为广泛的方法是根据实际效果选择小波基函数。为选取合适的小波基函数，分别选择 haar、dbN 和 symN 小波函数和各小波函数的分解层数进行信号处理，以信噪比（*SNR*）、均方根误差（*RMSE*）、皮尔逊相关系数（*R*）三个指标来评估降噪性能。

（1）haar 小波函数。

haar 3~6 层分解层数处理效果对比如图 5-4 所示。haar 小波函数 3~6 层降噪效果评价指标如表 5-1 所示。

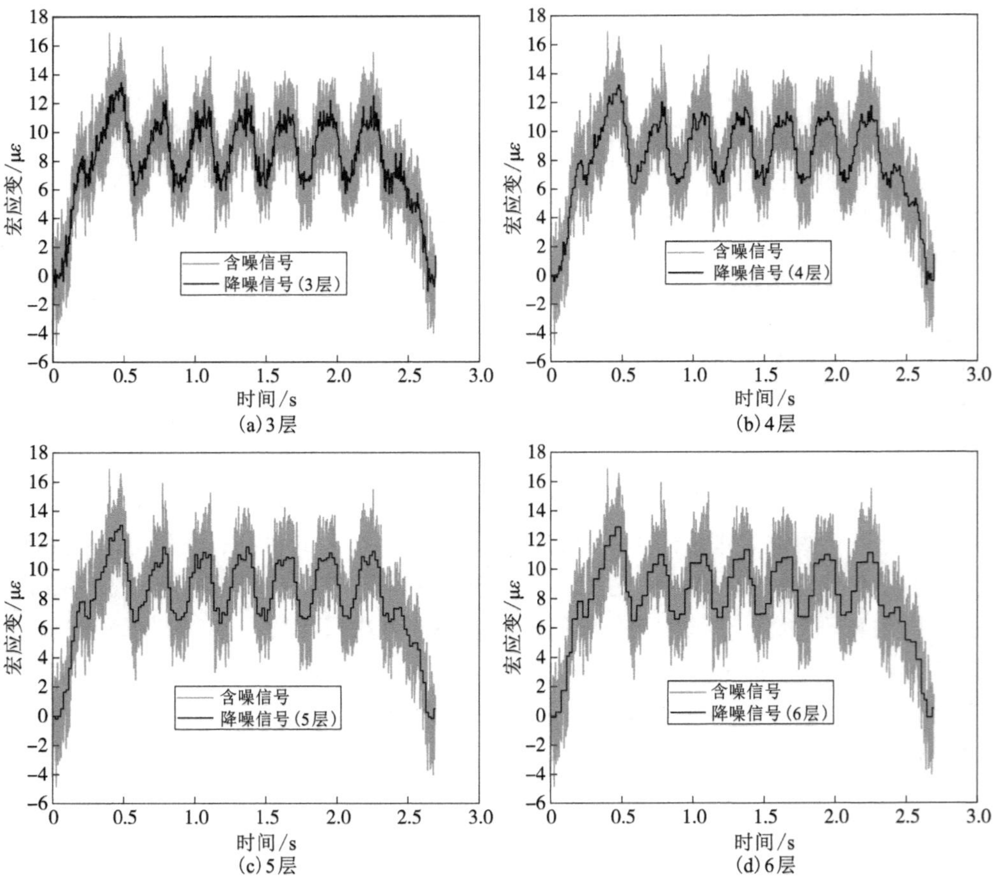

图 5-4　haar 3~6 层分解层数处理效果对比

表 5-1　haar 小波函数 3~6 层降噪效果评价指标

小波函数(分解层数)	*SNR*	*RMSE*	*R*
haar 3 层	23.9100	0.5479	0.9829
haar 4 层	26.8642	0.3899	0.9912
haar 5 层	27.5343	0.3610	0.9925
haar 6 层	25.4133	0.4608	0.9877

(2) dbN 小波函数。

为对比分析不同小波类别中的 dbN 小波函数对宏应变信号动静态分离的效果，将分解层数设定为 6 层，分别采用不同 dbN 小波函数对宏应变信号进行处理，然后在效果最好的 dbN 小波函数基础上改变分解层数，寻求最佳 dbN 小波函数和分解层数组合。

dbN 小波函数处理效果对比如图 5-5 所示。dbN 小波函数 2~7 层降噪效果评价指标如表 5-2 所示。

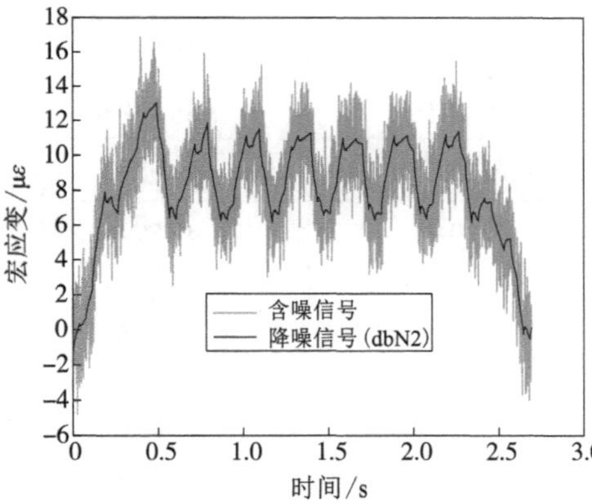

(a) dbN2

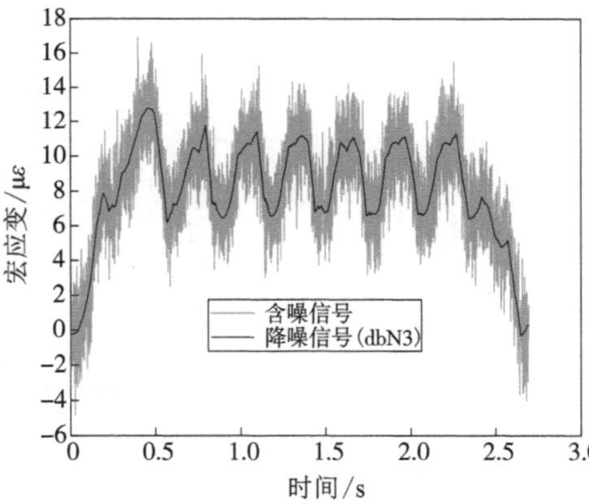

(b) dbN3

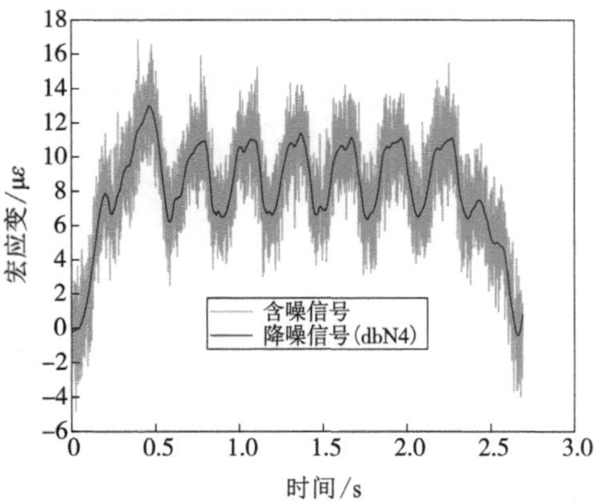

(c) dbN4

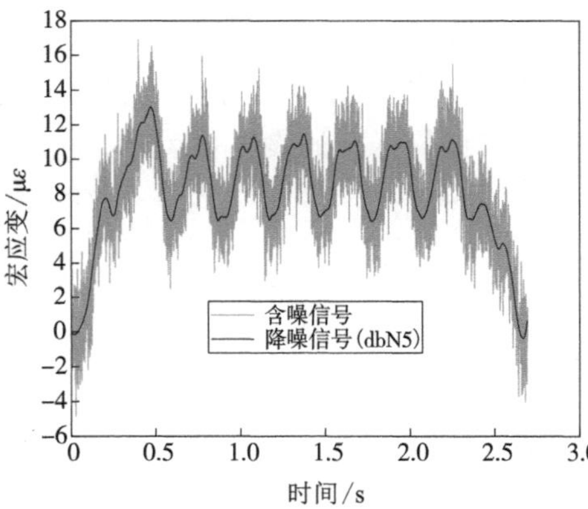

(d) dbN5

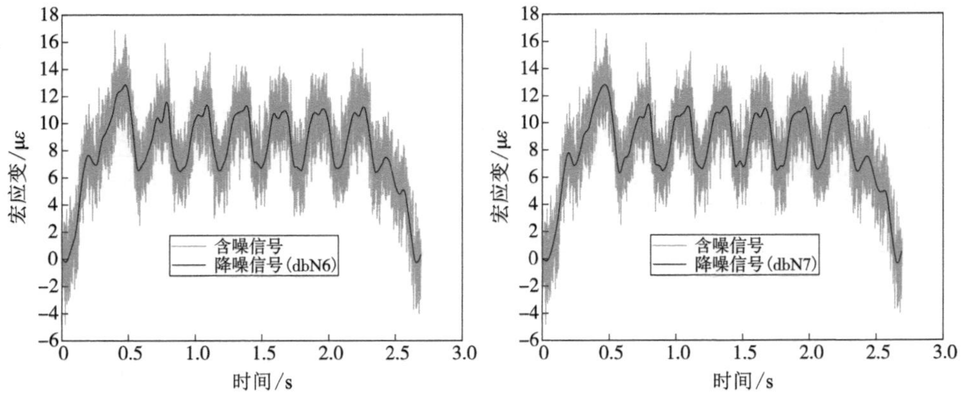

(e) dbN6　　(f) dbN7

图 5-5　dbN 小波函数处理效果对比

表 5-2　dbN 小波函数 2~7 层降噪效果评价指标

小波函数分解层数	*SNR*	*RMSE*	*R*
dbN2	29.7144	0.2808	0.9954
dbN3	30.6573	0.2520	0.9964
dbN4	31.5353	0.2277	0.9970
dbN5	32.4791	0.2043	0.9976
dbN6	32.1678	0.2117	0.9974
dbN7	32.0065	0.2157	0.9973

从三个评价指标以及对降噪后宏应变信号波峰、波谷数值和细节位置保留效果判断，dbN5 的分离效果最佳。下面以 dbN5 为小波函数，改变分解层数，寻找达到最佳降噪效果的分解层数。

dbN5 小波函数 4~7 层降噪效果对比如图 5-6 所示。dbN5 小波函数 4~7 层降噪效果评价指标如表 5-3 所示。

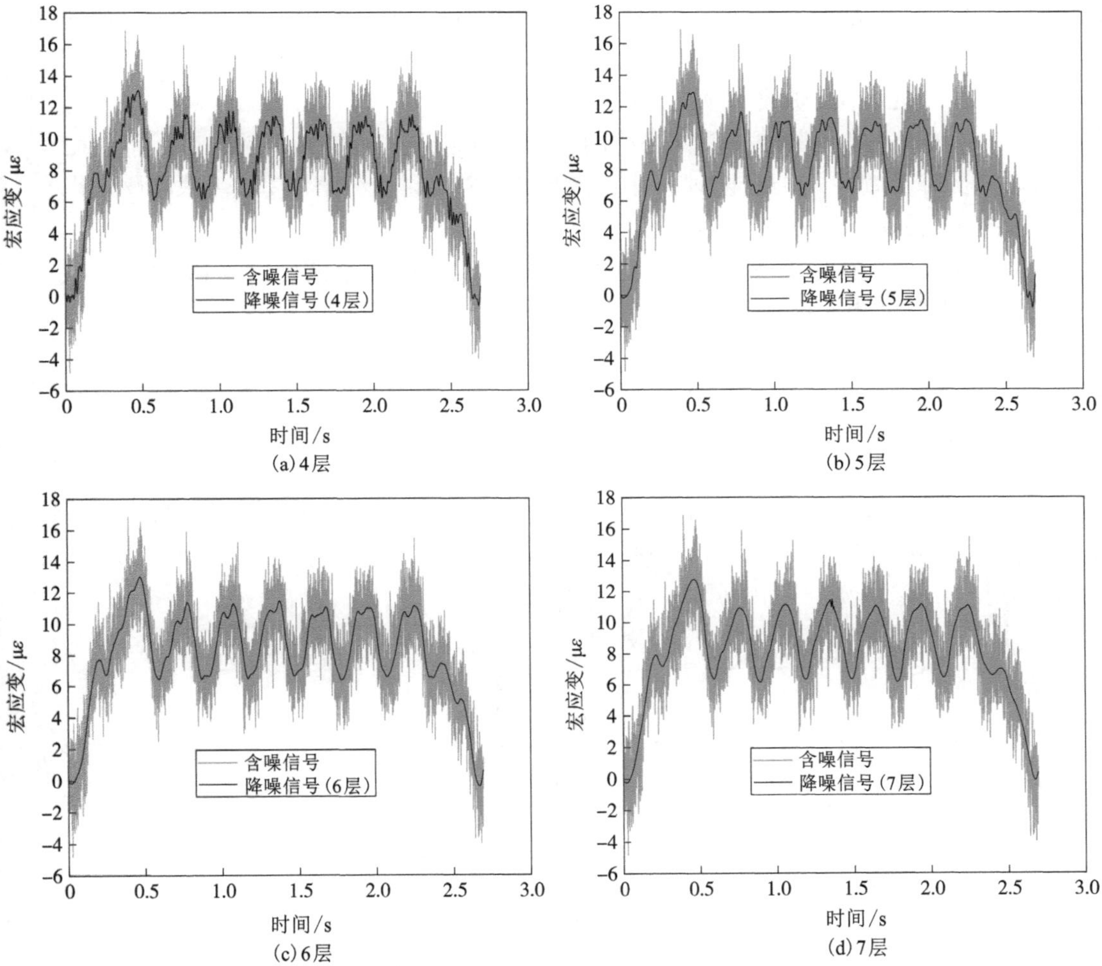

图 5-6　dbN5 小波函数 4~7 层降噪效果对比

表 5-3　dbN5 小波函数 4~7 层降噪效果评价指标

分解层数(dbN5)	*SNR*	*RMSE*	*R*
4 层	27.4573	0.3642	0.9923
5 层	30.4103	0.2592	0.9961
6 层	32.4791	0.2043	0.9976
7 层	26.3263	0.4148	0.9901

在 dbN 小波函数系列中，宏应变信号动静态分离效果最好的是 dbN5 小波函数，分解层数为 6 层，分离出的信号 *SNR* 为 32. 4791、*RMSE* 为 0. 2043、*R* 为 0. 9976。

(3) symN 小波函数。

与 dbN 小波函数的处理方法相同，先在固定分解层数为 6 层的情况下讨论 symN 的降噪效果，在最佳 symN 小波函数的基础上讨论分解层数，寻找降噪效果最好的小波函数和分解层数组合。

symN 小波函数降噪效果对比如图 5-7 所示。symN 小波函数 4~9 层降噪效果评价指标如表 5-4 所示。

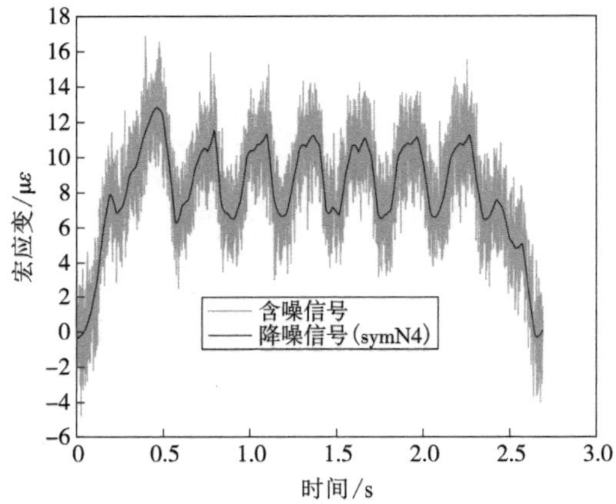

(a) symN4

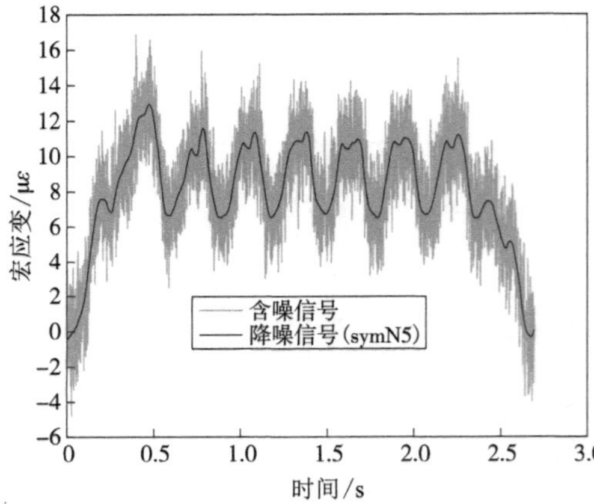

(b) symN5

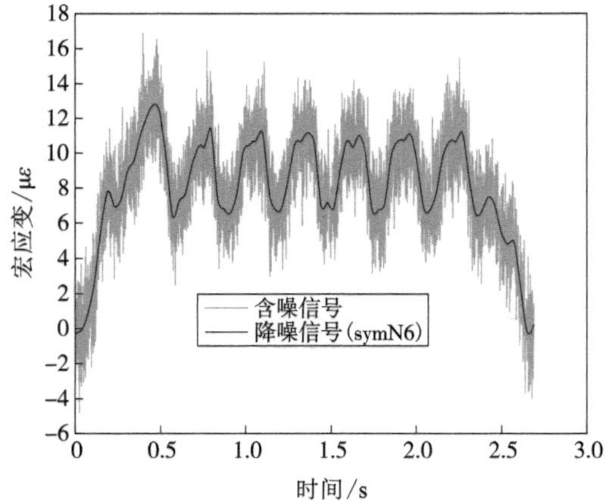

(c) symN6

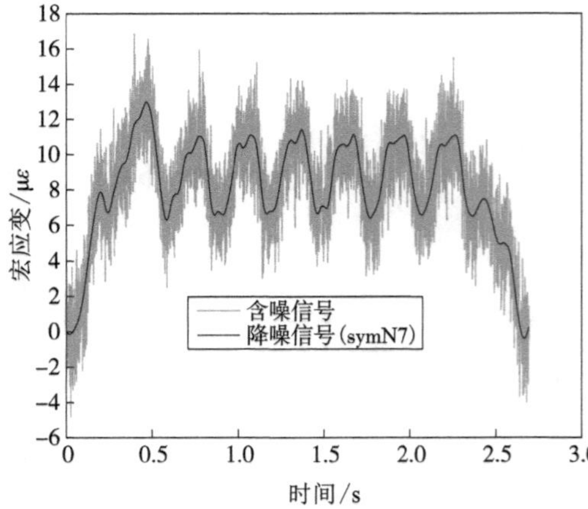

(d) symN7

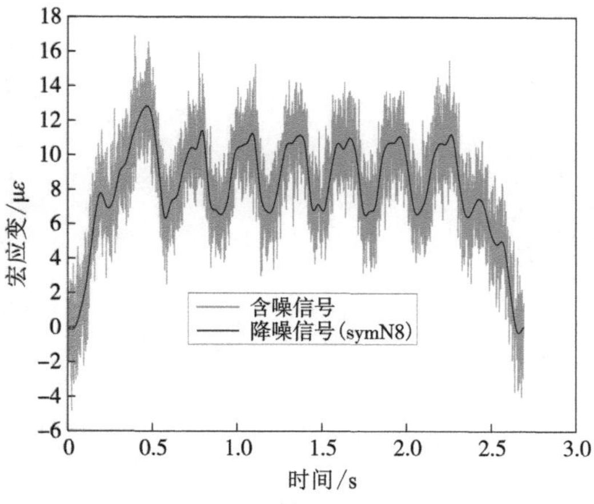

(e) symN8

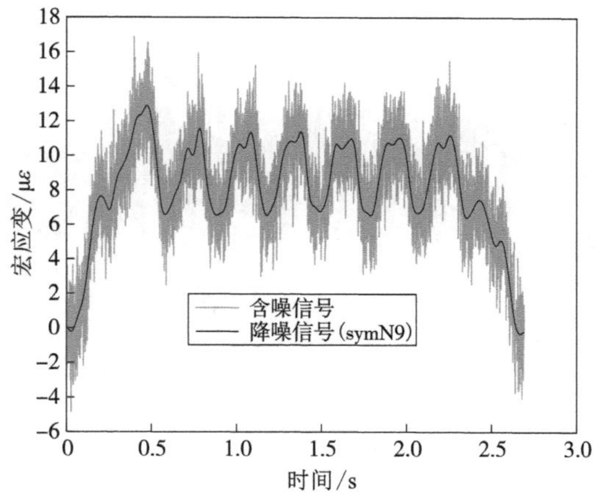

(f) symN9

图 5-7　symN 小波函数降噪效果对比

表 5-4　symN 小波函数 4~9 层降噪效果评价指标

小波函数(分解层数)	*SNR*	*RMSE*	*R*
symN4	31.4291	0.2305	0.9969
symN5	32.3281	0.2079	0.9975
symN6	31.9178	0.2179	0.9973
symN7	32.8827	0.1950	0.9978
SymN8	32.4064	0.2060	0.9976
symN9	33.0379	0.1916	0.9979

从三个评价指标判断，symN7 和 symN9 的分离效果均比较显著。下面仅以 symN7 为小波函数，讨论最佳分解层数。

symN7 小波函数 4~7 层降噪效果对比如图 5-8 所示。symN7 小波函数 4~7 层降噪效果评价指标如表 5-5 所示。

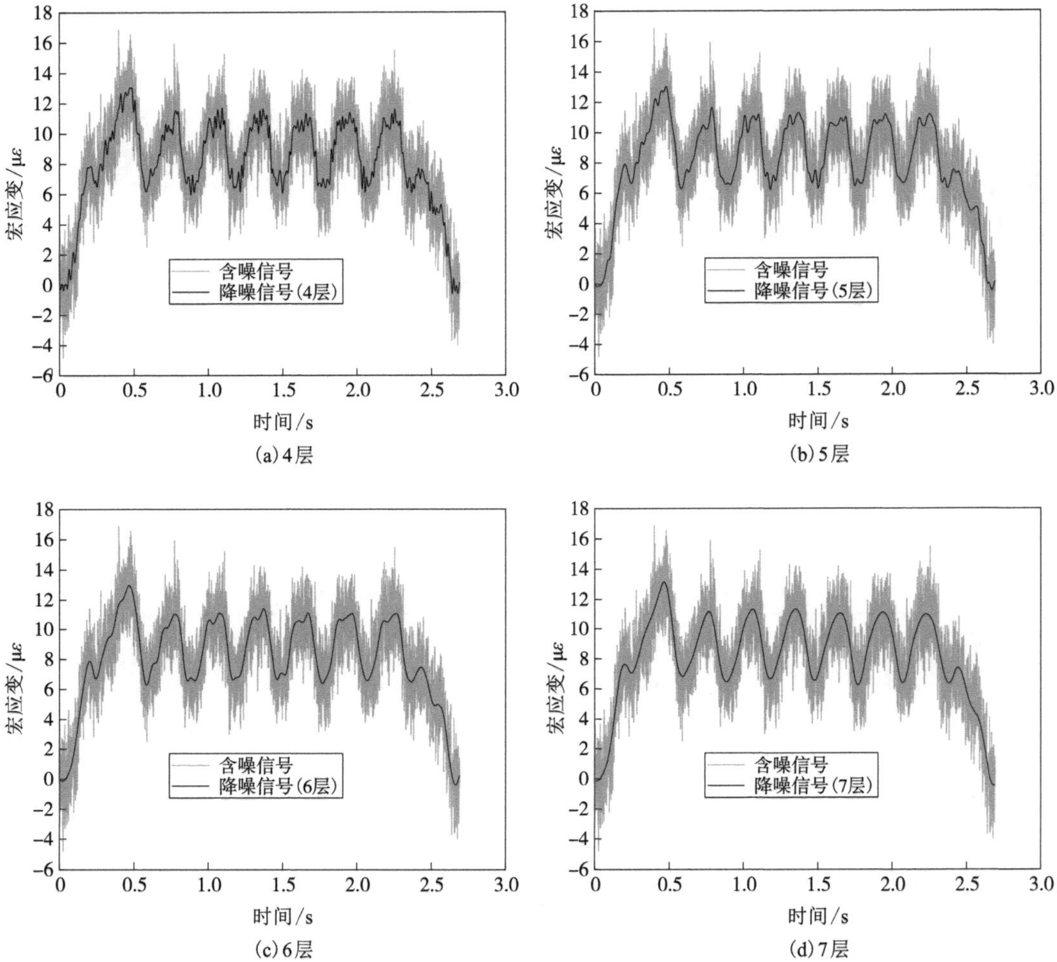

图 5-8 symN7 小波函数 4~7 层降噪效果对比

表 5-5 symN7 小波函数 4~7 层降噪效果评价指标

分解层数(symN7)	*SNR*	*RMSE*	*R*
4 层	27.2645	0.3724	0.9920
5 层	30.3348	0.2615	0.9961
6 层	32.8827	0.1950	0.9978
7 层	27.4560	0.3642	0.9924

从三个评价指标和细节对比可以得知，symN7 小波函数在分解层数为 6 层

时，含噪宏应变时程分离出的静态宏应变信号保留的列车荷载特征最为明显，此时的小波函数和分解层数组合降噪性能最佳，分离出的信号 *SNR* 为 32. 8827、*RMSE* 为 0. 1950、*R* 为 0. 9978。

5.2.2　基于 EMD 的宏应变信号处理方法

EMD 算法是一种自适应时频分析方法，该方法假设任何信号都由不同的本征模态函数(IMF)组成，每个 IMF 可以是线性的，也可以是非线性的，可以根据信号自身的特点，不需要经过预估计自主地将信号分解成有限个由高频到低频顺序排列的 IMF 分量和一个残余函数。EMD 分解信号的具体方法是[145]：

(1)找出信号 $s(t)$所有的极大值点并将其用三次样条函数拟合成原始数据序列上的包络线，再找出所有的极小值点并将其用三次样条函数拟合成原数据；

(2)计算上下包络线的平均值，记为 $m_1(t)$，把原始序列 $s(t)$减去该平均值即可得到一个去掉低频的新数据序列 $h_1(t)$：

$$s(t)-m_1(t)=h_1(t) \tag{5-6}$$

如果 $h_1(t)$不满足所需条件，则将 $h_1(t)$作为新序列重复进行上述处理过程直到 $h_1(t)$满足 IMF 定义要求；如果 $h_1(t)$满足本征模态函数所需的条件，则认定其为第 1 个 IMF 分量 $c_1(t)$，它代表信号 $s(t)$中最高频的分量：

$$h_{(\mathrm{k}-1)}(t)-m_{\mathrm{k}}(t)=h_{\mathrm{k}}(t) \tag{5-7}$$

$$c_1(t)=h_{1\mathrm{k}(\mathrm{t})} \tag{5-8}$$

(3)从原始信号中分离出静态信号：

$$r_1(t)=s(t)-c_1(t) \tag{5-9}$$

将 $r_1(t)$作为原始数据重复上述步骤，得到第二个 IMF 分量，重复 n 次得到 n 个 IMF 分量。

$$\begin{cases} r_1(t)-c_2(t)=r_2(t) \\ \cdots \\ r_{n-1}(t)-c_n(t)=r_n(t) \end{cases} \tag{5-10}$$

最终剩余分量已无法提取本征模态分量(满足给定的终止条件)，循环结束，得到：

$$s(t)=\sum_{j=1}^{n}c_j(t)+r_n(t) \tag{5-11}$$

分离静态信号的主要流程如图 5-9 所示，原始信号经过 EMD 分解后得到各频率段 IMF 分量，可以根据前文对信号中动态、噪声和静态各部分频域特性的描述，通过阈值量化处理高频 IMF、去除噪声和动态信号并保留信号的低频部分，最后叠加 IMF 和残余函数完成拟静态信号的分离。

对含噪宏应变信号进行经验模态分解，得到 10 个本征模态函数 IMF 和一个

图 5-9　EMD 分解法流程图

余项，然后对所有分量求自功率谱，分析各分量的频率成分。根据直接分离法，桥梁的一阶竖向自振频率为 4.99 Hz，频率主要成分高于阈值的 IMF 分量作为动态宏应变，低于阈值的 IMF 分量作为静态宏应变，将静态 IMF 和 RES 分量进行信号重构，分离出拟静态宏应变。

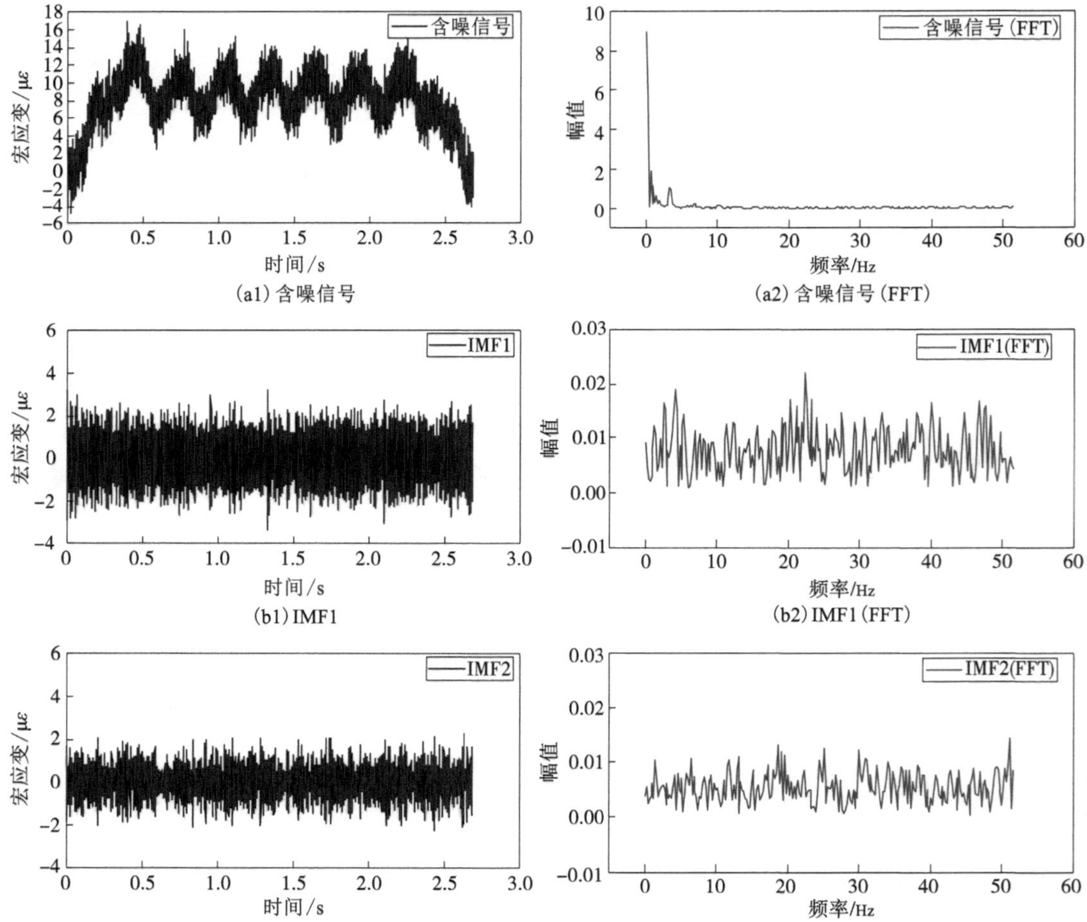

(a1) 含噪信号　(a2) 含噪信号 (FFT)

(b1) IMF1　(b2) IMF1 (FFT)

(c1) IMF2　(c2) IMF2 (FFT)

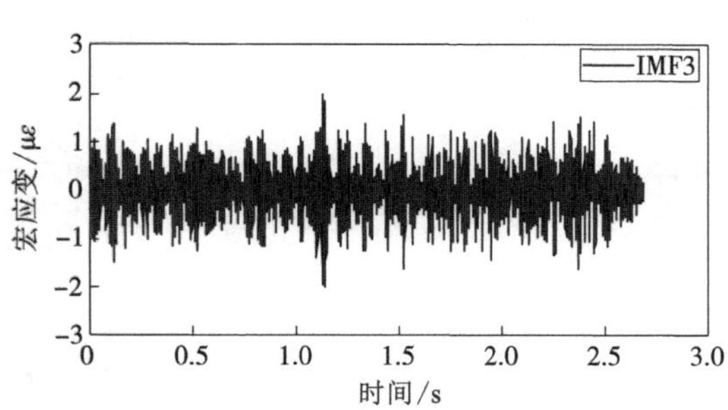

(d1) IMF3

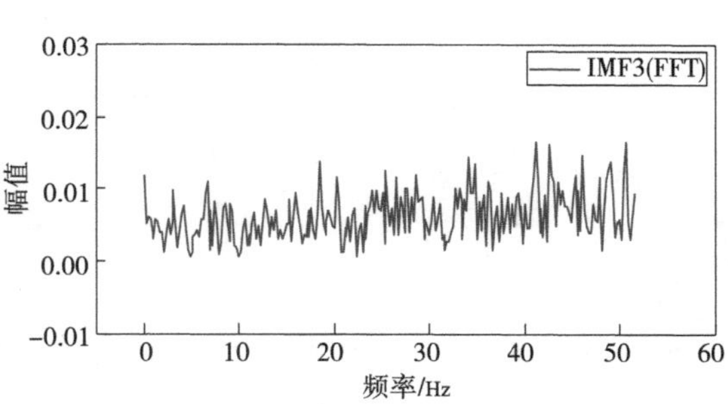

(d2) IMF3 (FFT)

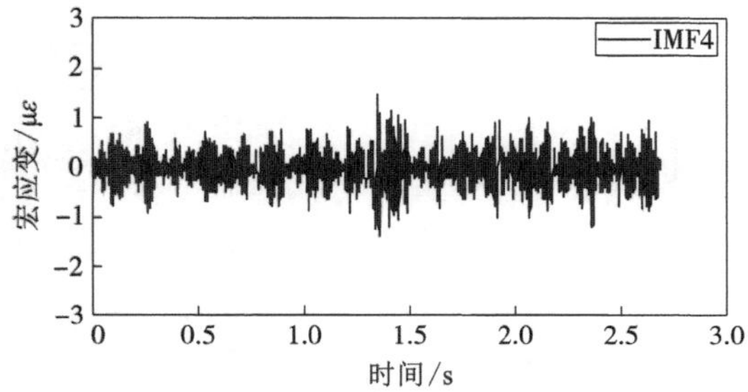

(e1) IMF4

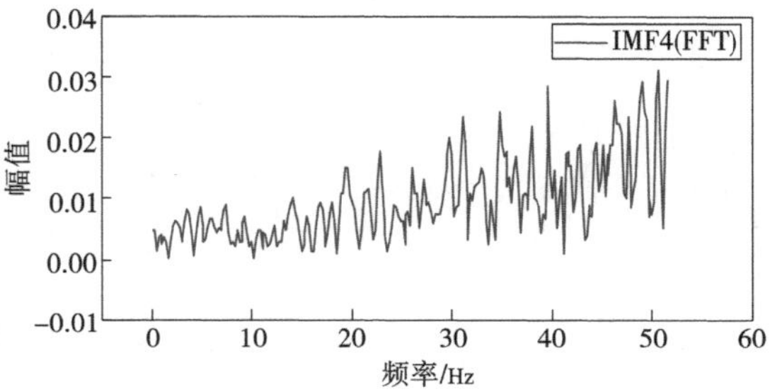

(e2) IMF4 (FFT)

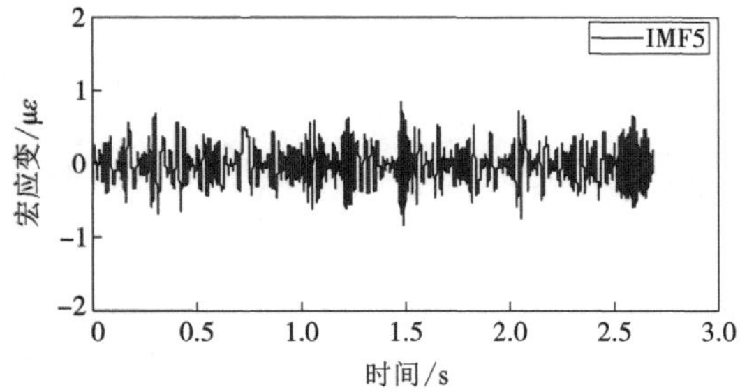

(f1) IMF5

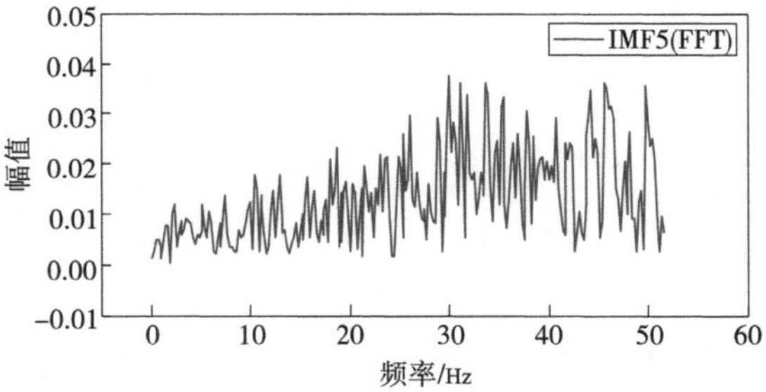

(f2) IMF5 (FFT)

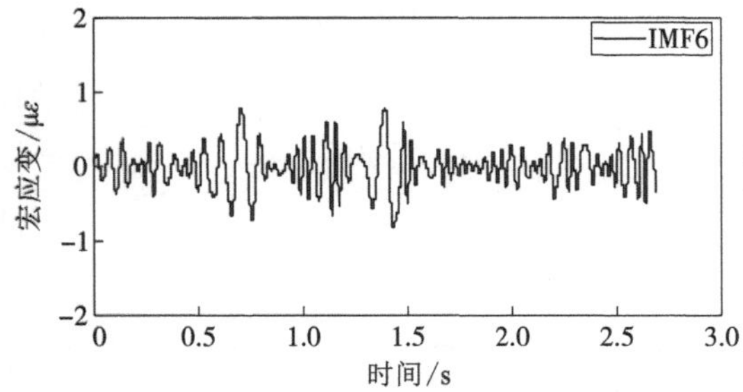

(g1) IMF6

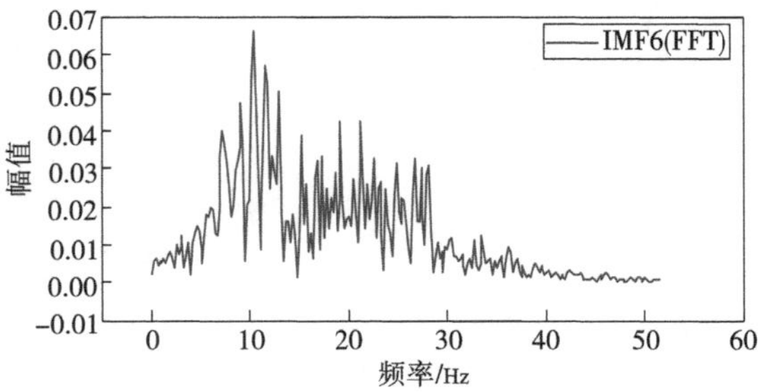

(g2) IMF6 (FFT)

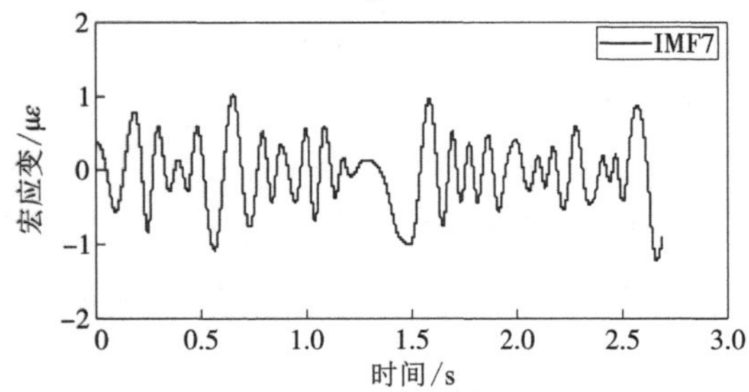

(h1) IMF7

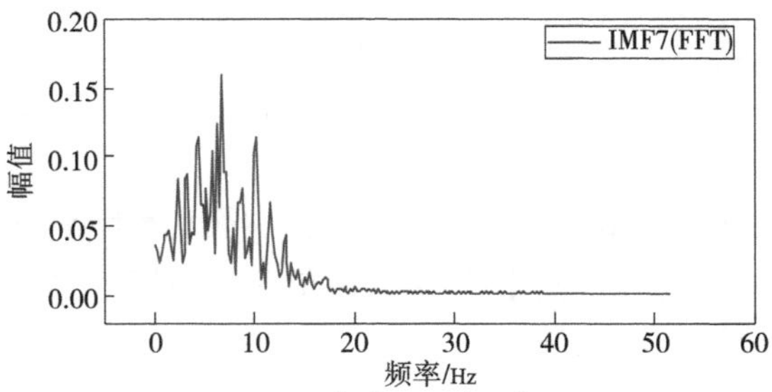

(h2) IMF7 (FFT)

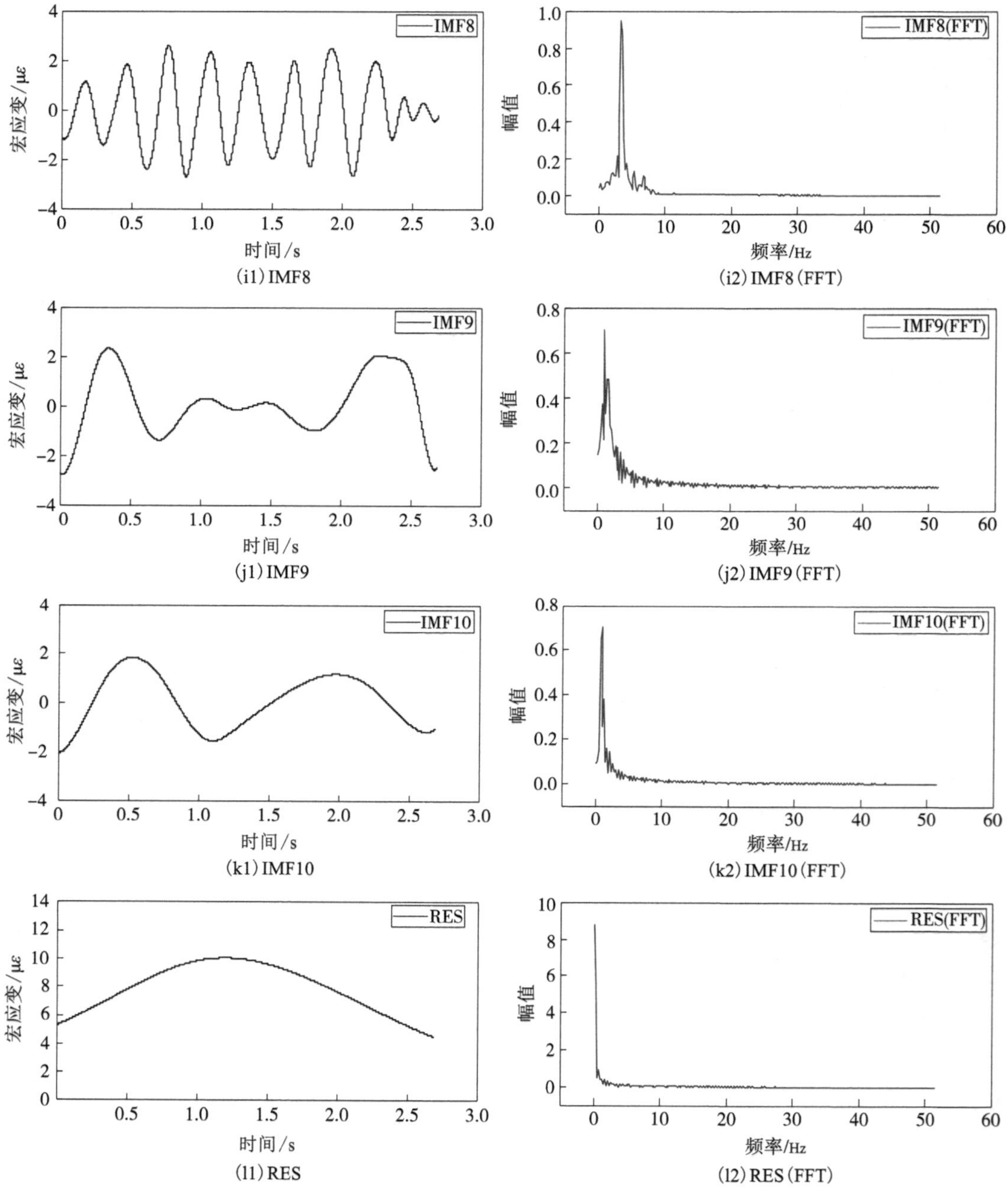

(i1) IMF8　(i2) IMF8 (FFT)

(j1) IMF9　(j2) IMF9 (FFT)

(k1) IMF10　(k2) IMF10 (FFT)

(l1) RES　(l2) RES (FFT)

图 5-10　IMF、RES 分量及对应 FFT

由图 5-11 分析可知，将重构拟静态宏应变信号与原始纯净宏应变信号对比分析发现，严格按照阈值作为界限的直接分离法获得的拟静态宏应变信号损失了部分细节，尤其是中间 7 个大峰值所包含的两个次峰不能体现出列车转向架的荷载特性。以 IMF7 为阈值，重构的曲线如图 5-11(b)所示，虽然增强了一部分峰值的次峰细节，但是第 1、3、5 峰的次峰依旧没有得到保留，细节没有得到完全保留。从 IMF7 和 IMF8 两个阈值分量和对应的频谱图分析可以得出结论：虽然 IMF 的频谱组成有较大部分超过阈值，但其中依旧携带着有用信号的部分细节，并且细节主要存在于这一部分。为对比分析阈值分量处理效果，以 IMF6 为阈值分量进行信号重构，从图 5-11(c)中可以看出所有的峰值均能够呈现出两个次峰，但是信号中局部出现了毛刺，说明 IMF6 中含有部分噪声，无法完全去除。所以 EMD 的直接分离法往往难以兼顾细节和去除噪声，有学者[143]提出需要在高频 IMF 分量中进行小波变换，分离出高频 IMF 含有的噪声，最后重构信号，得到兼顾细节和去除噪声的信号。

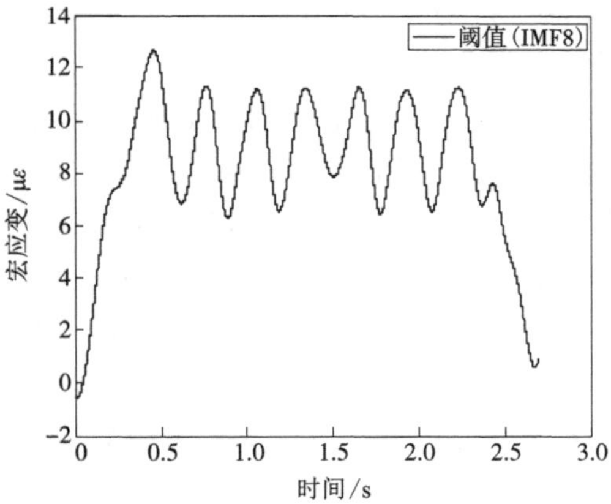

(a) 阈值(IMF8)

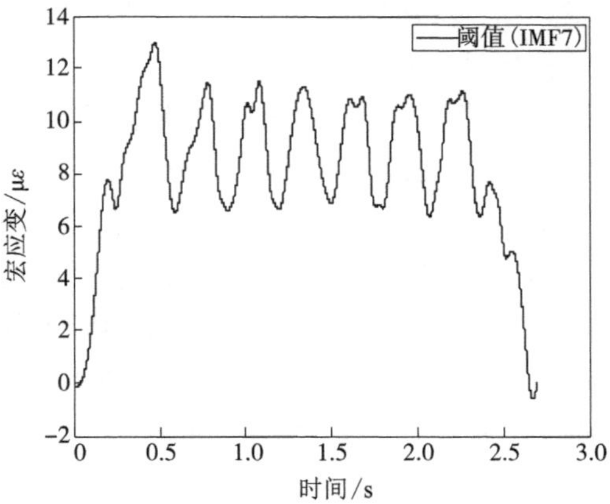

(b) 阈值(IMF7)

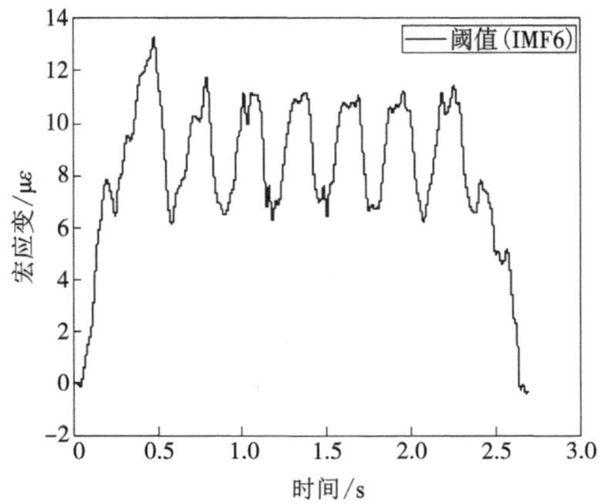

(c) 阈值(IMF6)

图 5-11　不同 IMF 阈值处理效果

表 5-6　降噪效果评价指标

阈值(IMF)编号	*SNR*	*RMSE*	*R*
IMF6	29.4063	0.2910	0.9951
IMF7	29.4836	0.2884	0.9952
IMF8	24.0039	0.5420	0.9832

5.2.3　基于改进 EMD 的宏应变信号处理方法

在振动、电磁等信号降噪方面，奇异值分解方法降噪被广泛应用，这种方法具有较小的相位，不存在时间延迟的特点[146]。SVD 方法在信号处理时，往往会受到信号基线漂移的影响而导致效果不佳[147]。本方法在 EMD 算法的基础上，把桥梁结构一阶竖弯频率作为基线阈值，将低频 IMF 分量和残余函数重构作为基线漂移信号，称为 Bs(Baseline signal)，将其余的高频 IMF 分量重构为新的信号，得到一个消除了基线漂移但仍保留了宏应变细节的信号，成为 Ds(Detail signal)，如图 5-12 所示。下面对 Ds 进行噪声分离，提取其中携带的宏应变信号细节，对于一维信号 Ds(i)，首先需要按照相空间重构理论构造矩阵。相关文献[148]证明 Hankel 矩阵分离不同频率段信号时有较好性能，选择构造 Hankel 矩阵 $\boldsymbol{A}$；并对 Hankel 矩阵 $\boldsymbol{A}$ 进行奇异值分解，因为重构信号包含了动态宏应变、噪声和部分静态宏应变，所以 Hankel 矩阵 $\boldsymbol{A}$ 的奇异值可以反映各部分信号能量的集中情况。按奇异值排序前 n 个较大奇异值主要反映静态宏应变信号细节，后续明显小于

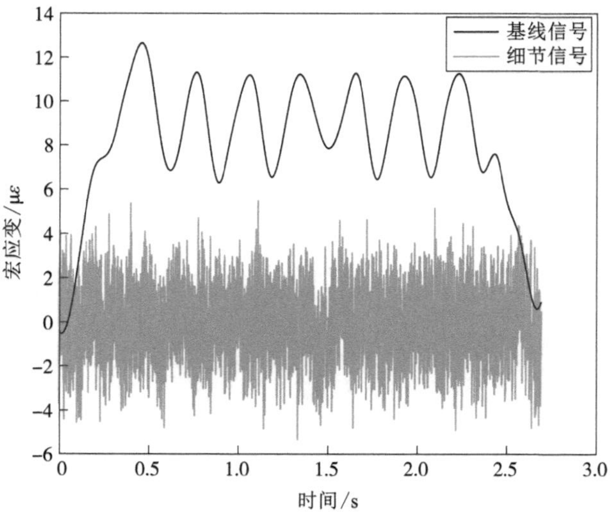

图 5-12　基线信号与细节信号

前 n 个反映的主要是动态宏应变和噪声信号；最后根据 SVD 理论和奇异值差分谱原理可知：只需保留前 n 个较大奇异值，将其余奇异值置零，再利用奇异值分解的逆过程得到重构矩阵的近似矩阵。相比于原重构矩阵，近似矩阵已经达到了分离拟静态宏应变信号细节的目的。

根据本方法将从 EMD 直接分离法里得到的低频 IMF 和 RES 重构信号当作基线信号 Bs，将高频部分 IMF 重构为 Ds。将 Ds 信号构造 Hankel 矩阵 $\boldsymbol{A}$，并进行 SVD 分解得到奇异值，运用奇异值差分谱法对 2～2280 个奇异值进行计算，选取合适的 $k=14$ 作为奇异值的有效阶次，如图 5-13 所示。有效阶次之前的奇异值保留，之后的则置零，根据置零后的 Hankel 矩阵重构信号，最后将重构的细节信号和基线信号组合为降噪后拟静态宏应变信号，如图 5-14 所示。

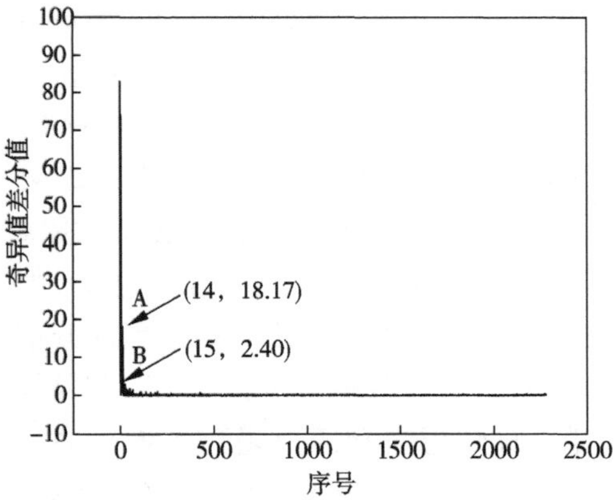

图 5-13　奇异值差分值

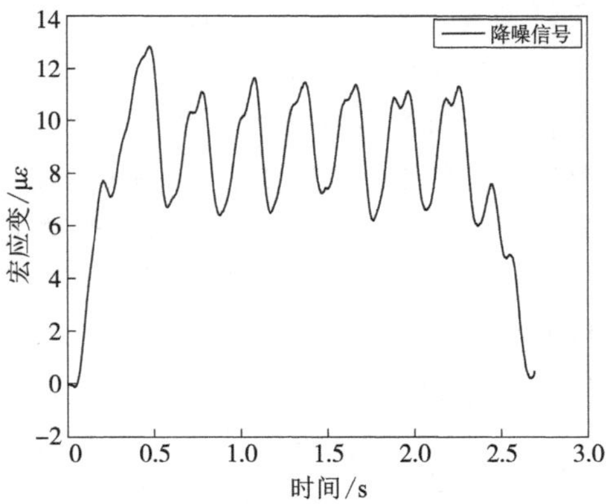

图 5-14　重构拟静态宏应变信号

表 5-7　降噪效果评价指标

处理方法	*SNR*	*RMSE*	*R*
改进 EMD	29.9530	0.2732	0.9959

5.3　实测宏应变信号处理对比分析

对比研究了小波分解法、EMD 法和改进 EMD 法对列车荷载下桥梁宏应变动静态分离方法，通过信噪比（*SNR*）、均方根误差（*RMSE*）和皮尔逊相关系数（*R*）三个指标来评价降噪性能，如表 5-8 所示。

表 5-8　降噪效果评价指标

降噪方法	*SNR*	*RMSE*	*R*	*SNR* 提高值
小波分解法	32.8827	0.1950	0.9978	17.8827
EMD 法	29.4836	0.2884	0.9952	14.4836
改进 EMD 法	29.9530	0.2732	0.9959	14.9530

由表 5-8 分析可知，小波分解法分离的拟静态宏应变信号的三个指标均优于另外两种方法，但是在实际分离宏应变信号时，由于不能提前获悉信号细节特征，很难选中最合适的小波函数和分解层数，降噪过程过于主观，直接导致信号细节丢失或者噪声残留，降低监测精度。EMD 法分离得到的拟静态宏应变信号质量和细节效果最差，时域上对比发现不同阈值 IMF 的噪声去除差异大。而从各 IMF 分量的频谱图可以发现，各 IMF 的频率从高到低排列，因为列车-轨道-桥梁耦合振动时产生的噪声频率分布很广，单个 IMF 的频率不能很好地将噪声分离，导致在阈值 IMF 的处理上容易出现多一个 IMF 分量会保留噪声，少一个 IMF 分量则过于光滑，丢掉信号细节。改进 EMD 法在 EMD 法的基础上，将原本被去掉的信号细节进行 SVD 处理，将其中的信号细节分离保留，尽量还原信号细节，保持低噪声水平。从信号时域分析，小波分解法和改进 EMD 法都能够满足提升信噪比、去除噪声保留信号细节的要求。小波分解法适合数据量少，且已知信号细节，具备充足时间调整小波分解的小波函数、分解层数和阈值函数等参数的情况，而改进 EMD 法则能够以客观的奇异值差分谱等标准来达到较好的降噪效果，避免了主观因素的影响。

对比研究小波分解法、EMD 法、改进 EMD 法三种方法对列车荷载下桥梁宏应变动静态分离效果，对本书高速铁路桥梁健康监测系统测得的动态宏应变曲线进行降噪处理，分离提取该桥梁在列车作用下拟静态宏应变时程曲线，方便后续对该健康监测系统进行评估与预警。

由图 5-15 分析可知，三种方法的处理效果均比较理想，宏应变信号峰值和峰值位置可以很好地体现列车荷载的轴重、轴距、轴数等信息。值得注意的是，实测宏应变信号分离得到的拟静态宏应变时程曲线未出现次峰，经过列车-轨道-桥梁耦合振动模型桥梁参数修正，发现次峰的细节与桥梁阻尼系数设置直接相关。

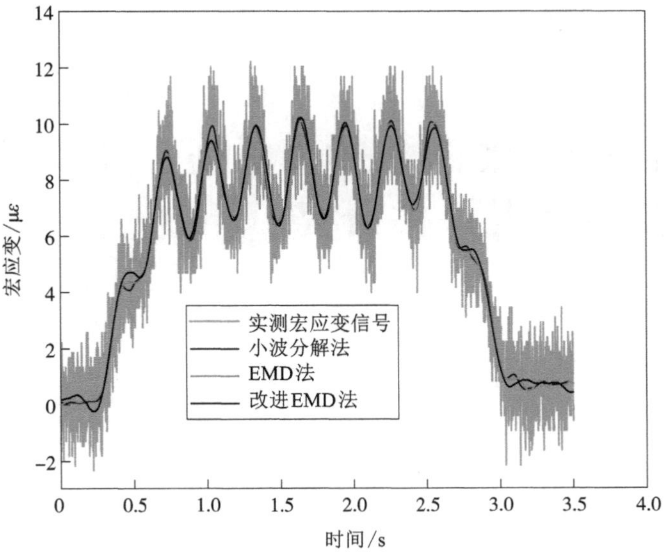

图 5-15　三种方法处理效果对比

5.4　本章小结

本章对列车荷载下桥梁宏应变信号动静态分离方法进行了研究。阐述了长标距 FBG 传感器工作原理并对宏应变信号存在的噪声进行分析；在 MATLAB 仿真软件中采用小波分解法、EMD 法和改进 EMD 法三种降噪方法对宏应变信号进行动静态分离处理；最后对比三种方法对实测列车荷载下桥梁宏应变信号动静态分离效果，具体结论如下：

(1)小波分解法的 *SNR* 为 32. 8827、*RMSE* 为 0. 1950、*R* 为 0. 9978；EMD 法的 *SNR* 为 29. 4836、*RMSE* 为 0. 2884、*R* 为 0. 9952；改进 EMD 法的 *SNR* 为 29. 9530、*RMSE* 为 0. 2732、*R* 为 0. 9959。根据文中评价指标和信号时域图综合评价，三种降噪方法均能达到降噪效果，降噪效果最佳的是小波分解法，降噪流程最客观简便的是改进 EMD 法。

(2)三种降噪方法用于实测宏应变信号动静态分离，发现在信号细节未知的情况下，小波分解法的小波函数、分解层数和阈值函数等参数需要根据降噪效果人为调整，具有较强主观性，不利于大量实测信号的处理；改进 EMD 法则是在 EMD 法的基础上，分离出动态信号细节，根据奇异值差分谱来调整信号细节，能够快速处理健康监测系统传感器海量数据。

第 6 章

列车-轨道-桥梁耦合振动下基于分布式宏应变的桥梁健康状况评估研究

6.1 引言

高速铁路桥梁受到的荷载作用有列车荷载、温度荷载、风荷载等，其中最主要的可变荷载就是列车荷载。列车荷载具有明显的“时代性”“地域性”。近些年来，在高铁迅猛建设的背景下，桥梁承受的列车荷载在数量和总量两方面均在逐年提高。为了研究列车荷载下基于分布式宏应变的桥梁健康状况评估方法，首先需要对运营列车荷载进行统计分析，从而建立贴近实际的列车荷载模型。

桥梁的损伤多为结构性动态损伤，基于动态响应的桥梁损伤识别的方法主要依据桥梁参数的改变来判断桥梁是否发生损伤，常用的参数有桥梁的振动频率、模态振型、模态阻尼比等。简支梁作为简单常用的桥梁跨度类型，在高铁线路中也占有较大比例。众多学者对简支梁损伤识别进行了大量研究，刘光耀、刘习军等[149]为提高对桥梁结构损伤位置的识别精度及准确性，利用应变对结构局部损伤敏感的特性，提出了基于小波分析和变异系数的简支梁桥损伤识别新方法；闫宇智、战家旺等[150]以移动荷载作用下桥梁位移响应的小波相关性构造目标函数，提出了一种基于有限元模型修正理论的简支梁桥损伤分步评估方法；陈彦江、钱亚运等[151]基于频率和振型等基本动力参数的损伤识别方法存在不足，提出将阻尼作为损伤识别的指标的方法；安永辉、欧进萍[151]提出了适用于简支梁结构的两种损伤程度识别方法：整体振型的相关系数法和保证准则法，并分别进行数值模拟和试验验证。

尽管提出了众多简支梁的动态损伤识别方法，但大多是基于公路简支梁桥。对于高铁简支梁桥方面，由于列车荷载与汽车荷载的形式不同，以及简支梁构造上的区别，公路简支梁桥动态损失识别的方法并不能简单用于铁路简支梁桥。本章探究了基于分布式长标距应变影响线的高铁简支梁桥刚度退化分析以及损伤识别方法。首先阐述了应变影响线理论，然后将应变影响线与 BFRP 封装的长标距 FBG 传感器结合，分析列车荷载下简支梁桥的宏应变影响线分布规律，最后建立列车–轨道–桥梁三维数值模型进行论证分析。数值模拟结果表明：宏应变影响线理论同样可适用于高铁桥梁的损伤识别及刚度的定量分析；列车速度对主梁的应变峰值影响较小。下面首先介绍应变影响线理论及推导高速列车轮轨轴重荷载下简支梁桥上的应变影响线。

以现有的测试手段和仪器获取的样本数量有限，提出了随机模拟方法和数值模拟方法相结合，将列车荷载这一随机性强的参数通过蒙特卡罗模拟来预测，单次列车荷载固定参数变为随机变量，更为客观地模拟出这一指定列车荷载模型下桥梁的结构响应，按照一定的评估准则估计桥梁健康状况。较为普遍的做法是[158, 159]对该桥梁进行长期监测，获取典型时间段内的车辆信息和桥梁结构响应数据，统计分析列车荷载特征参数的分布特征，通过数理统计的方法建立数据库的随机列车荷载模型，采用蒙特卡洛法抽样获取足够数量随机列车参数，求解随机列车荷载作用下列车–轨道–桥梁耦合振动模型，获取桥梁结构的响应数据。进一步研究了列车–轨道–桥梁耦合振动下基于分布式宏应变的桥梁健康状况评估方法，推导了宏应变影响线理论，将宏应变影响线与置信区间相结合，分析列车荷载下桥梁宏应变影响线分布规律，以列车–轨道–桥梁耦合振动模型进行论证分析，最后进行了实桥的健康状况评估。

6.2 理论背景

6.2.1 应变影响线理论

应变影响线早先是用于桥梁车辆的荷载识别[153]，由于传统应变传感器是“点式”测量，测量范围过于局部，并不能获取完整结构的应变，因此应变影响线理论并未运用于结构的损伤识别。本节阐述动态荷载下桥梁结构的应变影响线变化规律。

如图 6–1 所示，简支梁为 AB，梁全长为 L，横截面高度为 h，桥梁截面中和轴高度为 y，全梁刚度为 EI。假设一单位移动荷载 P 从 A 端运动到 B 端，则距离 A 端 x_i 处 C 点的弯矩影响线可表示为：

$$M(x)=\begin{cases}\dfrac{(L-x_i)x}{L},\ 0\leqslant x\leqslant x_i\\[2ex]\dfrac{(L-x)x_i}{L},\ x_i\leqslant x\leqslant L\end{cases}\tag{6-1}$$

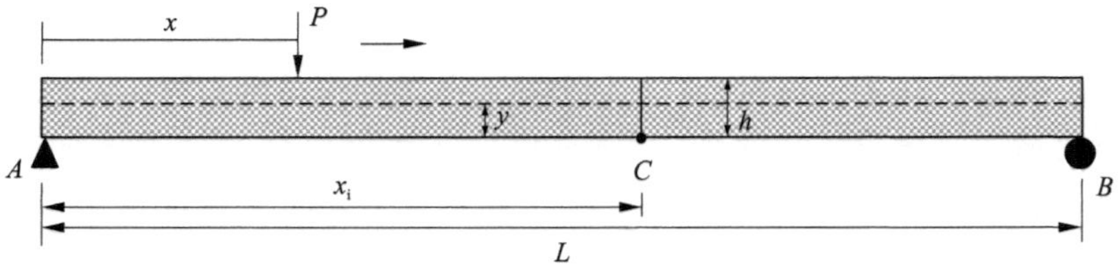

图 6-1　单移动荷载下简支梁 *AB* 示意图

由等直梁纯弯曲时横截面上任意一点处正应力公式 $\sigma=\frac{My}{I}$ 及胡克定律 $\varepsilon=\frac{\sigma}{E}$ 可得到 C 点的应变表达式。

$$\varepsilon(x)=\begin{cases}\dfrac{(L-x_i)yx}{EIL},\ 0\leqslant x\leqslant x_i\\[2ex]\dfrac{(L-x)yx_i}{EIL},\ x_i\leqslant x\leqslant L\end{cases}\tag{6-2}$$

由式(6-2)可知，当截面弯曲刚度一定，中和轴高度 $y>h/2$ 时，则简支梁底部的应变大于顶部的应变；中和轴高度 $y<h/2$ 时，则简支梁底部的应变小于顶部的应变。

根据式(6-2)画出简支梁 AB 的 x_i 处的 C 位置的应变影响线，如图 6-2 所示。

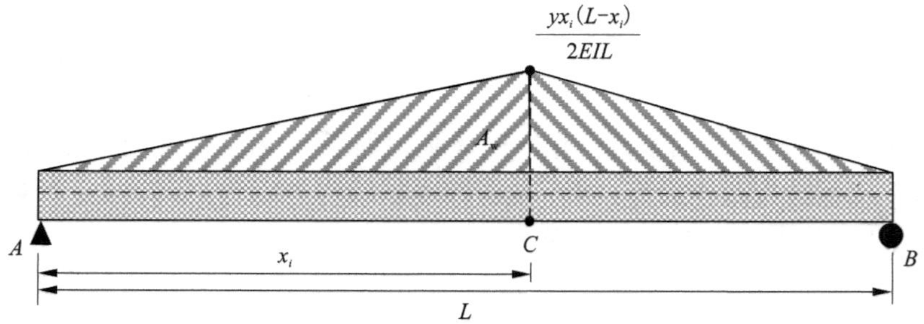

图 6-2　简支梁 *AB* 的 x_i 处的 *C* 位置的应变影响线示意图

当单位荷载 P 从 A 端运动到 B 端时，距离简支梁 A 端 x_i 处的 C 位置产生的总应变为：

$$\varepsilon_s=\int_0^{x_i}\frac{(L-x_i)yx}{EIL}\mathrm{d}x+\int_{x_i}^{L}\frac{(L-x)yx_i}{EIL}\mathrm{d}x=A_w=\frac{yx_i(L-x_i)}{2EI}\tag{6-3}$$

式中：A_w 为单位荷载 P 从 A 端运动到 B 端的 C 位置应变影响线面积。

对于多个荷载下的应变影响线，假设荷载为 P_1，P_2，…，P_n，每个荷载和 P_1 荷载位置的间距为 d_1，d_2，…，d_{n-1}，如图 6-3 所示，根据影响线叠加原理，则简支梁 A 端 x_i 处 C 位置产生的宏应变可表示为：

$$\varepsilon_{sp} = P_1\varepsilon_1 + P_2\varepsilon_2 + \cdots + P_m\varepsilon_m + P_{m+1}\varepsilon_{m+1} + \cdots + P_n\varepsilon_n = \sum_{i=1}^{n} P_i\varepsilon(x - d_{i-1}) \tag{6-4}$$

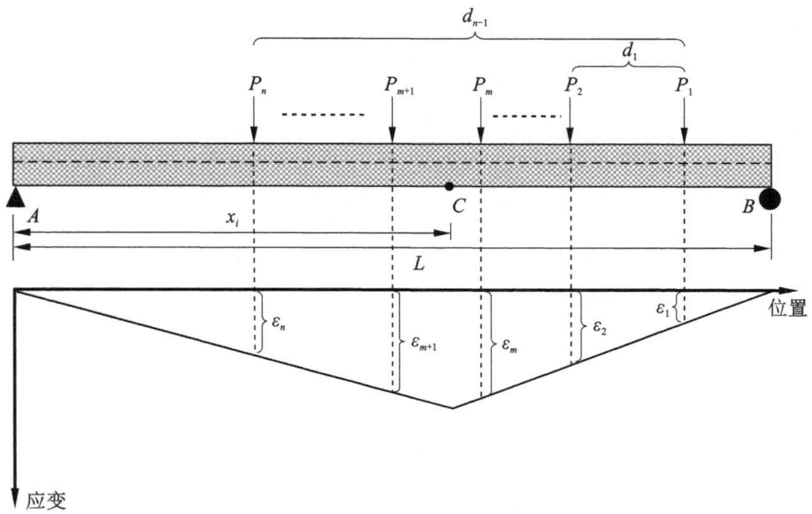

图 6-3　多荷载下 x_i 处 C 位置的应变影响线示意图

6.2.2　宏应变影响线理论

实际情况中，对于桥梁结构，一般跨度较大，使用常规的应变片进行点式测量太过于局部；若进行覆盖式测量，则所需数量甚多，既不合理也不经济。而使用新型的 BFRP 材料封装的长标距 FBG 传感器测量不但可保证较高的灵敏度、数据的准确度，而且可根据需要选择合适标距，以相对较少的传感器数量进行分布式测量。长标距 FBG 传感器所测取的应变为传感器覆盖区域的平均应变，即宏应变，其平均应变求解过程如式(6-5)～式(6-6)。

如图 6-4 所示，简支梁为 AB，梁全长为 L，桥梁截面中和轴高度为 y，全梁刚度为 EI，梁底被 n 个标距为 l_e 的 BFRP 材料封装的长标距 FBG 传感器覆盖。假设一单位移动荷载 P 从 A 端运动到 B 端，第 m 个传感器覆盖区域的宏应变影响线表达式则需对式(6-2)在 $(m-1)l_e \leq x_i \leq ml_e$ 区间进行积分，并取平均值，即

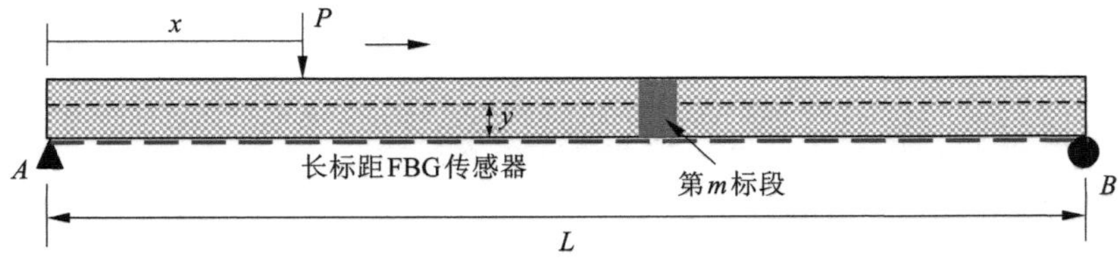

图 6-4　长标距 FBG 传感器监测下的简支梁 AB 示意图

$$
\begin{aligned}
\bar{\varepsilon}_m(x) &= \frac{1}{l_e}\int_{(m-1)l_e}^{ml_e}\varepsilon(x_i)\,\mathrm{d}x_i \\
&= \begin{cases}
\dfrac{1}{l_e}\displaystyle\int_{(m-1)l_e}^{ml_e}\frac{(L-x_i)yx}{(\overline{EI})_m L}\mathrm{d}x_i,\ 0 \leqslant x \leqslant (m-1)l_e \\
\dfrac{1}{l_e}\left[\displaystyle\int_{(m-1)l_e}^{x}\frac{(L-x)yx_i}{(\overline{EI})_m L}\mathrm{d}x_i + \int_{x}^{ml_e}\frac{(L-x_i)yx}{(\overline{EI})_m L}\mathrm{d}x_i\right],\ (m-1)l_e \leqslant x \leqslant ml_e \\
\dfrac{1}{l_e}\displaystyle\int_{(m-1)l_e}^{ml_e}\frac{(L-x)yx_i}{(\overline{EI})_m L}\mathrm{d}x_i,\ ml_e \leqslant x \leqslant L
\end{cases}
\end{aligned}
\tag{6-5}
$$

对式(6-5)进行求取积分，简化后可得：

$$
\bar{\varepsilon}_m(x) = \begin{cases}
\dfrac{[2L-(2m-1)l_e]yx}{2(\overline{EI})_m L},\ 0\leqslant x\leqslant (m-1)l_e \\
\dfrac{y}{2(\overline{EI})_m L}\left\{-\dfrac{L}{l_e}x^2+[2mL-(2m-1)l_e]x-(m-1)^2 l_e L\right\},\ (m-1)l_e\leqslant x\leqslant ml_e \\
\dfrac{(2m-1)(L-x)yl_e}{2(\overline{EI})_m L},\ ml_e\leqslant x\leqslant L
\end{cases}
\tag{6-6}
$$

式中：$(\overline{EI})_m = \dfrac{1}{l_e}\int_{(m-1)l_e}^{ml_e}(EI)_i\mathrm{d}x_i$ 为第 m 标段区域内结构的等效平均抗弯刚度。

根据式(6-6)可知，第 m 个传感器区域的宏应变影响线分为三段，分别是直线段、曲线段、直线段，如图 6-5 所示。

当第 m 标段出现刚度退化时，中和轴 y、传感器标距 l_e、梁长 L 等条件保持不变。由式(6-6)可知，该段区域的宏应变影响线值与平均抗弯刚度值成反比，即抗弯刚度退化越大，宏应变值增加越明显，如图 6-6 所示。

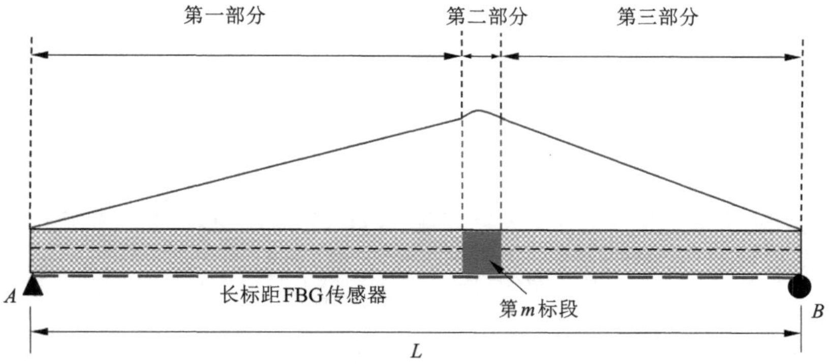

图 6-5　第 m 标段传感器区域的宏应变影响线示意图

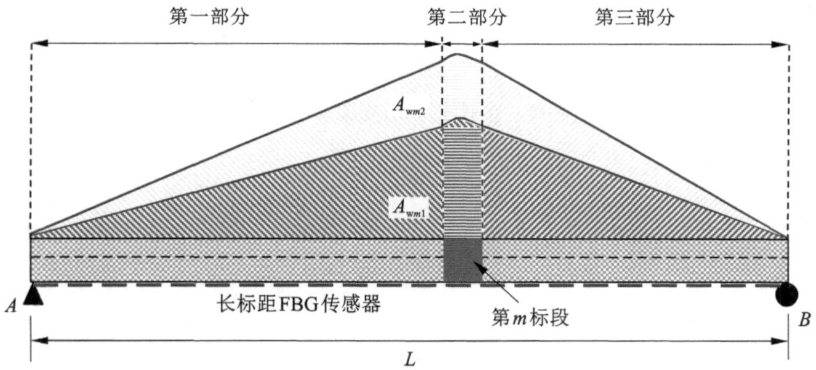

图 6-6　抗弯刚度退化下的宏应变影响线示意图

通过图 6-6 可知，第 m 标段等效弯曲刚度退化，在其他因素不变的情况下，由于宏应变值增加，该标段的整体宏应变影响线面积值也会增加，故可通过宏应变影响线面积值的增量(extent of area increase，*EOAI*)判断等效弯曲刚度是否出现退化，即进行损伤识别。

$$EOAI=\frac{A_{wm2}-A_{wm1}}{A_{wm1}}\times 100\% \tag{6-7}$$

式中：$A_{wm}=P\int_0^L \overline{\varepsilon}_m(x)\,\mathrm{d}x$ 为荷载 P 在第 m 标段的宏应变影响线面积。A_{wm2} 为刚度退化后的宏应变影响线面积值。

当简支梁 AB 上有多个荷载运行时，假设荷载为 P_1，P_2，P_3，…，P_n，其所对应的宏应变影响线值分别为 $\overline{\varepsilon}_1$，$\overline{\varepsilon}_2$，$\overline{\varepsilon}_3$，…，$\overline{\varepsilon}_n$，每个荷载和 P_1 荷载位置的间距为 d_1，d_2，…，d_{n-1}，如图 6-7 所示，根据影响线叠加原理，则第 m 个传感器区域

所产生的宏应变可表示为：

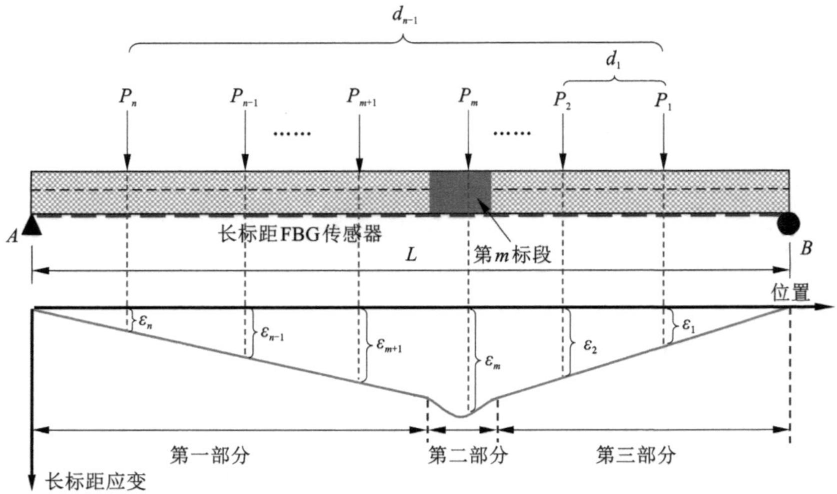

图 6-7　多荷载下简支梁 *AB* 示意图

$$\bar{\varepsilon}_{\mathrm{sp}}(x)=P_1\bar{\varepsilon}_1+P_2\bar{\varepsilon}_2+P_3\bar{\varepsilon}_3+\cdots+P_n\bar{\varepsilon}_n=\sum_{k=1}^{n}P_k\bar{\varepsilon}_k=\sum_{k=1}^{n}P_k\bar{\varepsilon}(x-d_{k-1}) \tag{6-8}$$

同样，多荷载下的第 m 标段等效弯曲刚度是否出现退化(即损伤识别)也可通过宏应变影响线面积值的增量进行判断，即

$$EOAI=\frac{\int_0^L\sum_{k=1}^{n}P_k\bar{\varepsilon}^*(x-d_{k-1})\mathrm{d}x-\int_0^L\sum_{k=1}^{n}P_k\bar{\varepsilon}(x-d_{k-1})\mathrm{d}x}{\int_0^L\sum_{k=1}^{n}P_k\bar{\varepsilon}(x-d_{k-1})\mathrm{d}x}\times 100\% \tag{6-9}$$

式中：$\bar{\varepsilon}^*(x-d_{k-1})$为等效弯曲刚度退化下的宏应变影响线值。

6.2.3　基于高速铁路列车荷载的宏应变影响线理论

前一小节介绍了单个与多个集中力下的宏应变影响线理论及损伤识别方法，对于车辆移动荷载下公路简支梁桥宏应变影响线理论，前人有较多研究。如东南大学陈适之[154]基于影响线理论研究了简支梁随机车流下的损伤识别方法；东南大学张璐[155]基于影响线理论研究了简支梁损伤与车辆荷载同时损伤的方法。然而由于高速铁路荷载与公路车辆集中荷载形式上存在较大不同，且荷载作用到桥梁上的方式也不同，因此对宏应变影响线理论进行了深度推导。

列车荷载是由一系列的轮重荷载组成，在行驶过程中，由于车–轨耦合作用，实际作用到桥梁的竖向荷载不仅与列车静轮轨力 P_0、簧下质量 M_0、轨道不平顺 a_i 有关，而且与列车的行驶速度 v、时间 t 有关。由文献[156][157]可知，高铁列车对桥梁产生的竖向轮轨荷载可用以下函数表示。

$$
\begin{gathered}
F(P_0,M_0,a_i,v,t)=k_1k_2(P_0+P_1\sin\omega_1t+P_2\sin\omega_2t+P_3\sin\omega_3t)\\
P_i=M_0a_i\omega_i^2\\
\omega_i=2\pi\frac{v}{l_i}
\end{gathered}\tag{6-10}
$$

式中：l_i 为低频、中频及高频相应的轨道几何高低不平顺的波长；ω_i 为列车某一车速下的低频、中频及高频的振动圆频率。

同样，当列车以速度 v 行驶进入简支梁 AB 时，如图 6-8 所示，X 方向为列车前进方向，Y 方向为垂直于桥梁竖直方向。梁全长为 L，桥梁截面中和轴高度为 y，全梁弯曲刚度为 EI，梁底仍由 n 个标距为 l_e 的 BFRP 材料封装的长标距 FBG 传感器覆盖。

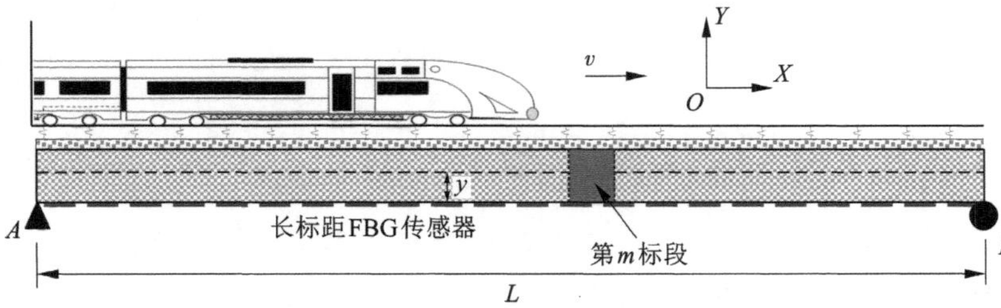

图 6-8　列车行驶于简支梁 *AB* 示意图

一般而言，大多数铁路简支梁桥跨度较小，列车车头进入桥梁到车尾离开桥梁整个过程时间很短，在这期间列车速度难以发生较大变化，因此可视为均速通过简支梁桥。此时列车单个轮轨荷载位置可用函数 $x(t)=vt$ 表示，单个竖向轮轨激励荷载的影响线方程可如式(6-11)所示。

$$
\bar{\varepsilon}_m(t)=\begin{cases}
\dfrac{[2L-(2m-1)l_e]F(P_0,M_0,a_i,v,t)yv}{2(\overline{EI})_mL}\cdot t,\ 0\leqslant x<\dfrac{(m-1)l_e}{v}\\[2ex]
\dfrac{y\cdot F(P_0,M_0,a_i,v,t)}{2(\overline{EI})_mL}\left\{-\dfrac{Lv^2}{l_e}\cdot t^2+[2mL-(2m-1)l_e]v\cdot t-(m-1)^2l_eL\right\},\ \dfrac{(m-1)l_e}{v}\leqslant x<\dfrac{ml_e}{v}\\[2ex]
\dfrac{(2m-1)yl_e\cdot F(P_0,M_0,a_i,v,t)}{2(\overline{EI})_mL}\cdot(L-v\cdot t),\ \dfrac{ml_e}{v}\leqslant x\leqslant\dfrac{L}{v}
\end{cases}\tag{6-11}
$$

实际简支梁桥上既可能铺设单线轨道，也可能铺设双线轨道，且桥梁在列车荷载下处于弹性阶段，影响线叠加原理依旧满足，故而实际高速列车产生的静态长标距时程响应可由各个轮轨荷载所产生的响应并考虑各个轮轨轴距引起的时间差后的线性叠加。设一列列车有 N 节车厢，每节车厢有 4 对车轮，P_{n1}、P_{n2}、P_{n3}、P_{n4} 分别代表列车的前后轮轮对产生的竖向轮轨荷载，a_n 和 b_n 表示轮轴间的距离，如图 6-9 所示。

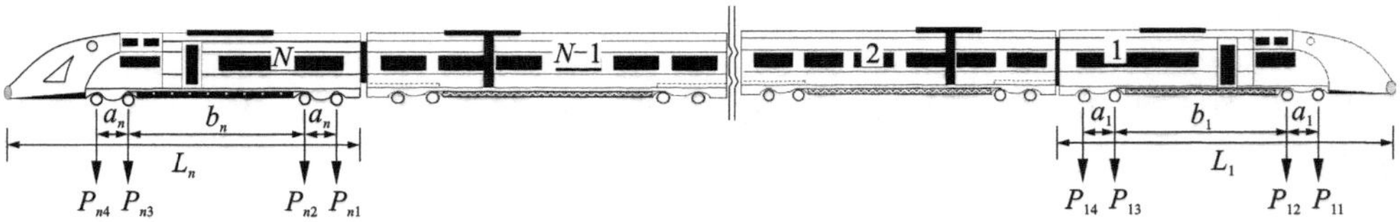

图 6-9　高速列车轮轨荷载图示

列车车头进入桥梁到车尾离开桥梁，第 m 标段的宏应变影响线面积值为 A_{wt}，则需对长标距应变在时间上进行积分，即：

$$
\begin{aligned}
A_{wt} &= P_{11}\cdot\int_0^{\frac{L}{v}}\bar{\varepsilon}_m(t)\,\mathrm{d}t + P_{12}\cdot\int_{\frac{d_{12}}{v}}^{\frac{L+d_{12}}{v}}\bar{\varepsilon}_m\left(t-\frac{d_{12}}{v}\right)\mathrm{d}t + \cdots + P_{n4}\cdot\int_{\frac{d_{n4}}{v}}^{\frac{L+d_{n4}}{v}}\bar{\varepsilon}_m\left(t-\frac{d_{n4}}{v}\right)\mathrm{d}t \\
&= \sum_{j=1}^{N}\sum_{i=1}^{4}P_{ji}\cdot\int_{\frac{d_{ji}}{v}}^{\frac{L+d_{ji}}{v}}\bar{\varepsilon}_m\left(t-\frac{d_{ji}}{v}\right)\mathrm{d}t
\end{aligned}
\tag{6-12}
$$

式中：d_{ji} 为第 j 个车厢的第 i 个轮轨和第 1 节车厢第 1 个轮轨之间的距离，其值由轮轴间的距离 a_n 和 b_n 决定，其中 $\mathrm{d}_{11}=0$。

若第 m 标段区域内出现局部的刚度退化，同样可根据该区域的宏应变影响线面积值的变化进行判断，即进行损伤识别，根据式(6-12)，其面积值增量程度为：

$$
EOAI=\frac{(A_{wt}^{m})^{*}-A_{wt}^{m}}{A_{wt}^{m}}\times 100\% \tag{6-13}
$$

式中：A_{wt}^{m} 为第 m 标段区域完好状态下的宏应变影响线面积值；$(A_{wt}^{m})^{*}$ 为第 m 标段区域内出现局部的刚度退化时该区域的宏应变影响线面积值，其求解过程与 A_{wt}^{m} 求解过程一样。

下面对刚度退化程度(结构损伤程度)进行分析，损伤程度通常用刚度退化程度 β 来量化。假设第 m 个传感器覆盖区域出现损伤，损伤程度为 β^{m}，对于该损伤区域，其弯曲刚度 $(\overline{EI})_{m}^{*}=(1-\beta^{m})(\overline{EI})_{m}$，$(\overline{EI})_{m}$ 表示完好状态下该区域的弯曲刚度，由式(6-11)、(6-13)可知。此时 $A_{wt}^{*}=A_{wt}/(1-\beta^{m})$，代入式(6-13)可得：

$$
\beta^{m}=\frac{EOAI^{m}}{1+EOAI^{m}}\times 100\% \tag{6-14}
$$

由于 BFRP 材料封装的长标距 FBG 应变传感器在梁底是阵列式排布的，因此 m 值的改变可求出每个标距段内的影响线面积值增量($EOAI$)，根据其增量则可得到每个标距段内的刚度退化 β^m 值，通过对 β^m 值的统计分析便可评估桥梁的平均弯曲刚度分布以及损伤分布状况。

然而，在实际情况中，桥梁完好状态下的宏应变影响线面积值难以判断获取，这对正确评估桥梁的平均弯曲刚度分布以及损伤分布状况带来极大的困难。这里采用纵向刚度对比评估方法，即当第 m 标段区域出现局部的刚度退化时，利用其相邻两边的宏应变影响线面积的平均值作为该标段完好状态下的宏应变影响线面积值，即：

$$A_{\mathrm{wt}}^{m}=[(A_{\mathrm{wt}}^{m-1})^{*}+(A_{\mathrm{wt}}^{m+1})^{*}]/2 \tag{6-15}$$

代入式(6-15)，得到第 m 标段区域的等效面积值增量程度：

$$\overline{EOAI}=\frac{(A_{\mathrm{wt}}^{m})^{*}-[(A_{\mathrm{wt}}^{m-1})^{*}+(A_{\mathrm{wt}}^{m+1})^{*}]/2}{[(A_{\mathrm{wt}}^{m-1})^{*}+(A_{\mathrm{wt}}^{m+1})^{*}]/2}\times 100\% \tag{6-16}$$

此时，纵向刚度对比的等效减小程度 $\overline{\beta^m}$ 可表示为：

$$\overline{\beta^{m}}=\frac{\overline{EOAI}}{1+\overline{EOAI}}\times 100\% \tag{6-17}$$

需要说明的是，本书刚度监测与损伤识别方法均基于宏应变影响线理论，其不仅可根据影响线面积值的增量变化判断结构是否发生刚度退化(损伤识别)，并可进行相应的刚度退化定量分析；而且可根据 m 值定位(损伤定位)发生刚度退化区域，对于简支梁桥等截面桥梁可以得到显示表达式，该方法尤为合适，应当注意的是当通过桥梁的列车速度增加而导致通过桥梁的时间减少时，宏应变影响线面积反而会减小，故同样可用此方法识别列车过桥速度。但一般实际情况中，列车通过桥梁的速度大约为 300 km/h，列车速度对长标距应变及宏应变影响线面积的影响在接下来的数值模拟中进行了相关分析。

6.3 列车荷载参数统计分析方法

对交通荷载数据进行统计而得到随机车流，在公路桥梁上需要对车辆荷载的各个参数进行分类统计，比如：车辆类型、车辆构成比、横向行驶位置、车速、行车距离、轴距、轴重、总重等。但是在铁路桥梁上，一般而言，除客运列车和货运列车之外还有检修列车，与横向行驶位置对应的轨道位置在多数的单线桥和双线桥上都是对称布置，与轴距、行车距离对应的是列车转向架上轴距和转向架下轮距。相比而言，列车荷载需要做统计的参数量更少。

为了能够确定列车荷载特征参数的分布类型，需要借助一定的统计分析理论对数据进行处理，正态分布、对数正态分布、威布尔分布、伽马分布四种分布函数常用于对车辆荷载特征参数的统计分析。为了确认各特征参数的分布规律是否服从某一分布类型，需要通过非参数假设检验进行验证。数理统计中常用的非参数检验方法有：卡方拟合优度检验和柯尔莫哥洛夫-斯米尔诺夫(Kolmogrov-Smirnov K-S)检验。卡方拟合优度检验是比较样本频率与总体的频率之间的差异，尽管它对于离散型和连续型总体都适用，但它依赖于区间的划分，有可能接受不真的假设。与卡方拟合优度检验相比,K-S 检验使用方便，概念明确，不必划分区间。

本章以列车车厢质量举例说明 K-S 检验[158]。

(1)根据车厢质量样本的频数分布表格或频率直方图的大致形态，从常用的概率分布或经验分布函数当中选择一种分布 A 大致贴合直方图走势；

(2)假设 A_1, A_2, …, A_n 为车厢质量 A 的数值样本，将车厢质量的观测值 a_1, a_2, …, a_n 升序排列为 $a_1^* \leqslant a_2^* \leqslant \cdots \leqslant a_n^*$，则将来自总体分布的 $A_1^* \leqslant A_2^* \leqslant \cdots \leqslant A_n^*$ 称作顺序统计量，该统计量大小为观测值，即 $A_k^* = a_k^*$，由数理统计可知车厢质量样本 A 的分布函数 $F_n(a)$ 为：

$$F_n(a)=\begin{cases}0, & a<a_1^* \\ \dfrac{1}{n}, & a_1^*<a<a_2^* \\ \dfrac{k}{n}, & a_k^*<a<a_{k+1}^* \\ 1, & a_n^*<a\end{cases} \tag{6-18}$$

(3)根据上述实测分布和假设的分布函数建立统计量。

$$D_n = \max\{|F_n(A_k)-F_0(A_k)|\} \tag{6-19}$$

(4)根据规定的显著性水平 α，查表获取相应的临界值 $D_{n,\alpha}$。

(5)将检验统计量 D_n 与临界值 $D_{n,\alpha}$ 进行比较，如果 $D_n \leqslant D_{n,\alpha}$，则认为列车车厢质量服从原假设，否则，则拒绝原假设。然后重复步骤(1)~(4)，选择另一种分布类型。

6.3.1 列车车厢质量特征参数

本书的列车质量参数因场地受限，无法上桥进行试验，故无法得到运行列车的轴重信息，本书着重研究列车荷载下基于分布式长标距 FBG 传感器的桥梁健康状况评估方法，故对列车荷载做如下假设：列车为 CRH3 型高速列车，列车轮对质量为 2400 kg，转向架质量为 3200 kg，无人车厢质量为 40000 kg。在此基础上，考虑各车厢的旅客上座率与标准旅客质量，组成每一节车厢的全部质量。车厢质量拟合分布如图 6–10 所示。

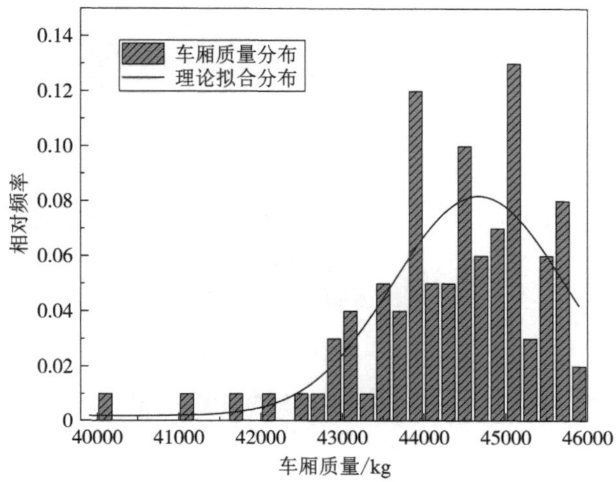

图 6–10　车厢质量实际分布和理论拟合分布

通过专业统计软件 SPSS(statistical product and service solutions)对车厢质量样本数据进行非参数检验，得到原假设为该分布为正态分布，平均值为 44355，标准差为 1052.7。经过柯尔莫哥洛夫–斯米尔诺夫检验，在显著性水平 $\alpha=0.05$ 时保留原假设。

6.3.2　列车车速特征参数

铁路桥上运营列车因其停靠站靠近试验桥梁和天气多变等，其车速存在一定波动，不可能为恒定值，与车厢质量参数一样需要进行拟合。依据桥梁健康监测系统所获得的数据，对过桥列车车速进行统计分析。列车车速拟合分布如图 6–11 所示。对列车车速样本数据进行非参数检验，得到原假设为该分布为正态分布，平均值为 306.02，标准差为 8.60。经过柯尔莫哥洛夫–斯米尔诺夫检验，在显著性水平 $\alpha=0.05$ 时保留原假设。

6.3.3　构造随机列车荷载模型

桥上运营列车的荷载特性会根据列车乘客、天气、列车型号等因素不断变化，应按照随机抽样来对待，采用数理统计的方法可以得到其参数的分布类型及分布函数参数，在此基础上采用各种抽样方法产生大量随机样本，从而得到符合原样本分布的列车荷载群。

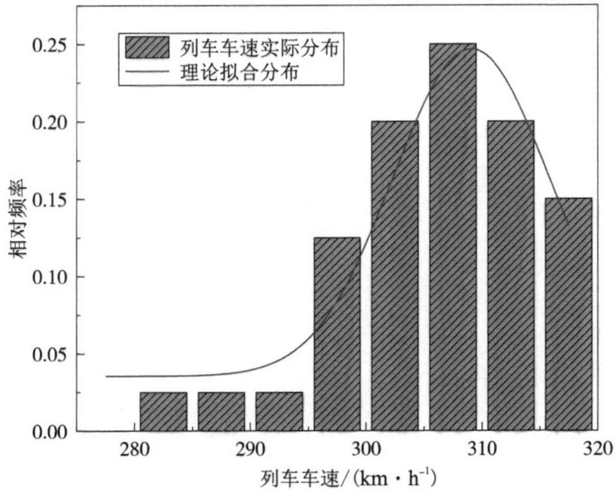

图 6-11　列车车速实际分布和理论拟合分布

本书主要采用蒙特卡洛法对列车荷载的各个参数进行抽样模拟，之后组合各参数生成符合实际运营列车的荷载。在统计软件 SPSS 中，导入车厢质量、列车车速数据，通过软件的模拟功能选择创建模拟数据，并选择前文 K-S 非参数检验的分布类型输入分布函数参数和数据上下限，即可生成大量的模拟数据。

6.4　基于宏应变影响线的梁体局部刚度退化评估

为验证列车-轨道-桥梁耦合振动下基于分布式宏应变的桥梁健康状况评估方法的可行性，模拟并分析了桥梁局部刚度退化工况。考虑到传感器尺寸，设置模型桥梁单元尺寸为 0.5 m，每个传感器覆盖 2 个单元。对于刚度退化区域模拟设置一处、两处、三处共三种工况。如表 6-1 所示，对每一种工况均随机抽取 10 次列车荷载进行模拟，列车质量与速度均从随机列车荷载模型中抽取。C0 表示主梁完好、无弯曲刚度退化的工况。

表 6-1　主梁局部刚度退化工况

工况编号	刚度退化程度			工况编号	刚度退化程度		
	F3	F11	F19		F3	F11	F19
C0	—	—	—	C5	10	10	—
C1	—	5	—	C6	15	15	—

续表 6-1

工况编号	刚度退化程度			工况编号	刚度退化程度		
	F3	F11	F19		F3	F11	F19
C2	—	10	—	C7	5	5	5
C3	—	15	—	C8	10	10	10
C4	5	5	—	C9	15	15	15

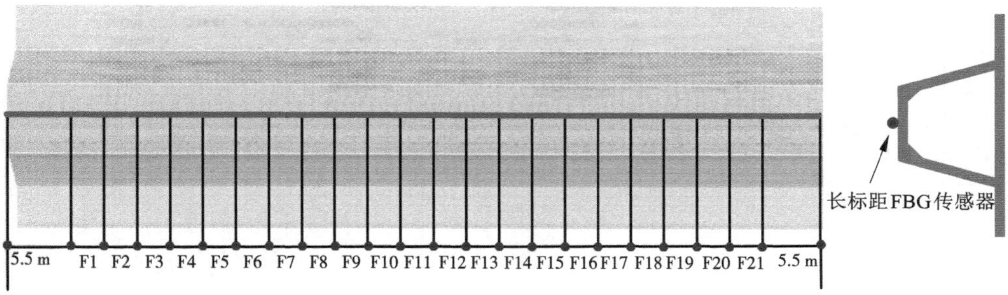

图 6-12　梁底传感器布置示意图

根据前文理论，提取 C0 工况下，桥梁通过 100 次随机列车荷载时梁底 21 个传感器的宏应变影响线曲线，并计算得到 100 次列车荷载作用下梁底 21 个传感器宏应变影响线所包围的面积，获取宏应变影响线面积置信区间。图 6-13 仅展示 1 次列车荷载通过的宏应变影响线。

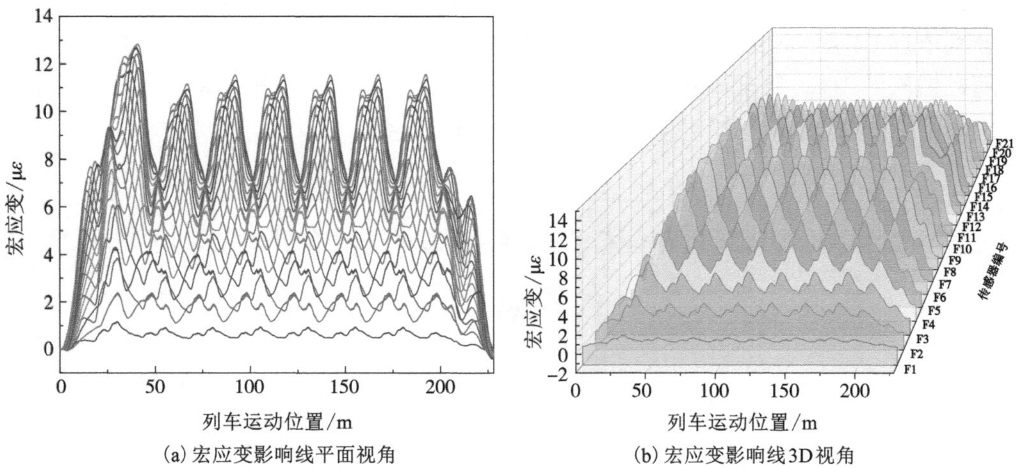

图 6-13　宏应变影响线平面视角和 3D 视角示意图

对 21 个传感器的宏应变影响线面积数据进行柯尔莫哥洛夫-斯米尔诺夫检验，得到各位置传感器的分布函数及其参数，绘制出桥梁所有传感器位置的宏应变影响线面积指标的置信区间。如图 6-15 所示，显著性水平 α 设置为 0.05，则置信度为 95%，即说明，在 C0 工况下，桥梁在随机列车荷载作用时，若梁底宏应变影响线面积值在置信区间内，那么置信水平就是 95%，称为桥梁的健康置信区间，用于下文对刚度退化单元的评判标准，即传感器宏应变影响线面积数值在置信区间以下位置的判断为无损伤，在置信区间以上位置的判断为该位置出现刚度退化，并以 β_s 为指标判断损伤程度。

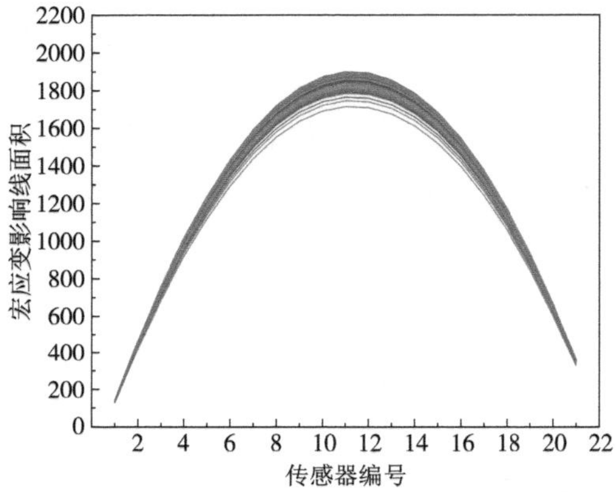

图 6-14　100 次列车荷载宏应变面积曲线

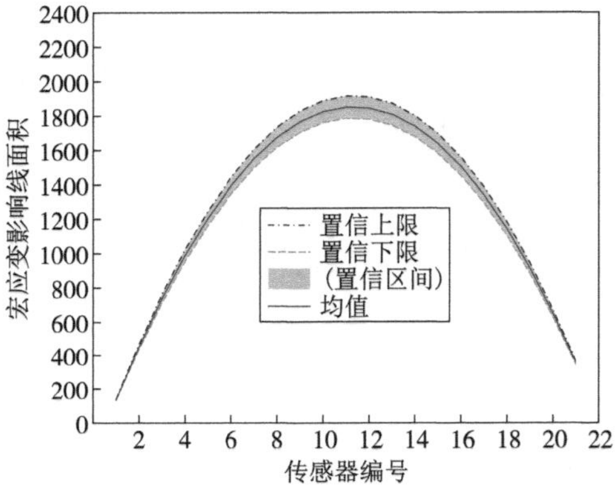

图 6-15　健康置信区间

单处局部刚度退化工况中，设置刚度退化位置于跨中(即 F11 号传感器标距位置)，刚度退化程度通过减小该位置材料的弹性模量实现。弹性模量减小程度分别依据 C1 至 C3 工况来定。如图 6-16 所示，提取 C1 至 C3 工况下，桥梁通过随机抽取的 10 次列车荷载的梁底 21 个传感器宏应变曲线，并计算得到列车荷载作用下梁底 21 个传感器宏应变影响线所包围的面积。

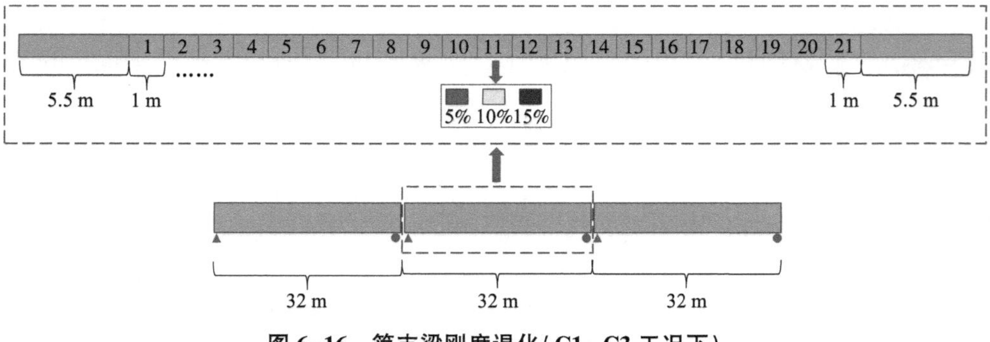

图 6-16　简支梁刚度退化(C1~C3 工况下)

由图 6-17(a)分析可知，在桥梁局部出现刚度退化时，损伤处对应的传感器的应变峰值会相应增加，且数值增大幅度与损伤程度呈正相关。具体数值体现为：宏应变峰值在损伤程度为 5%、10%、15%时，增幅分别为 0.58 με、1.31 με、2.03 με。从图 6-17(b)（c)(d)中可以明显看出，在同一个随机列车荷载模型中抽样的 10 次列车荷载跑车模拟中，在设置损伤位置处的传感器宏应变影响线面积值明显未分布于置信区间内。随着损伤程度的增加，宏应变影响线面积值的偏离程度也越大。为方便分析，取同一参数列车三种损伤工况下的宏应变影响线面积进行定量分析，面积增幅分别为 98、214、329。考虑实际运营情况下无法得到全桥无损伤状况下该车次的各传感器宏应变影响线面积曲线，故将现有的宏应变影响线面积数值分别与统计结果中的均值和置信区间上限作比较，结果显示，C1～C3 工况下，损伤位置处的宏应变影响线面积数值均有较明显的偏离均值现象，且与损伤程度呈正相关；在与置信区间上限作比较时，由于受车重影响，

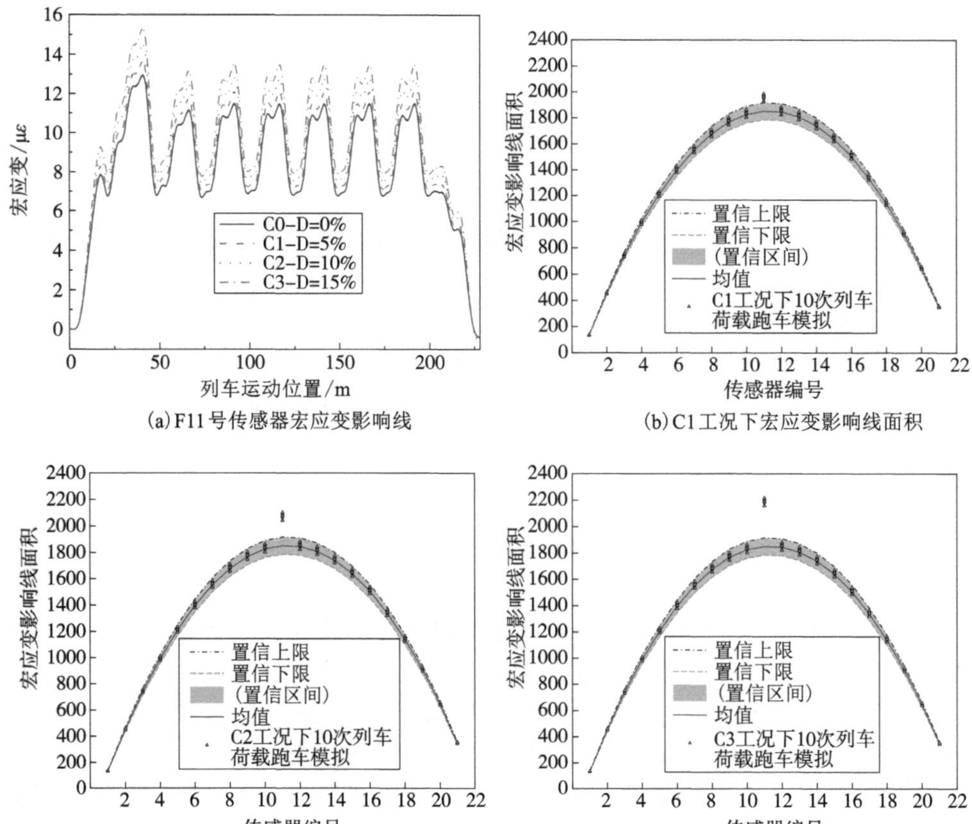

(a) F11 号传感器宏应变影响线　(b) C1 工况下宏应变影响线面积

(c) C2 工况下宏应变影响线面积　(d) C3 工况下宏应变影响线面积

图 6-17　C1～C3 工况下 F11 号传感器宏应变影响线及宏应变影响线面积分布曲线

C1 工况下宏应变影响线面积偏离程度较小，但也能体现出该位置出现损伤，说明此方法的灵敏度大于 5%，灵敏度很高。

当桥梁出现多处局部损伤时，（C4～C9、C4～C6 为两处，C7～C9 为三处），刚度退化位置选择桥梁 1/4*L*、1/2*L*、3/4*L*，该范围传感器编号为 F5、F11、F17。如图 6–18 和图 6–19 所示。提取 C4 至 C9 工况下，桥梁通过随机抽取的 10 次列车荷载的梁底 21 个传感器宏应变影响线，并计算得到梁底 21 个传感器宏应变影响线曲线所包围的面积。

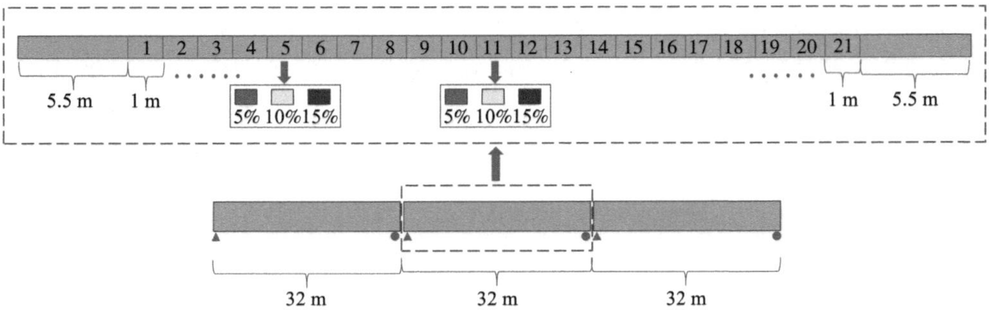

图 6–18　简支梁刚度退化（C4～C6 工况下）

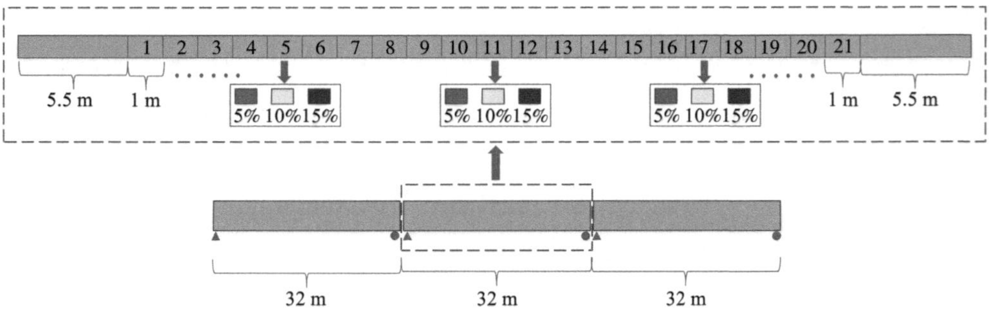

图 6–19　简支梁刚度退化（C7～C9 工况下）

由图 6–20 可知，传感器标距位置处出现刚度退化时，该处测得宏应变影响线面积会比健康状况时更大，在图中表现为对应位置高于健康状况置信区间。值得注意的是，跨中位置传感器的宏应变面积偏离程度会较大，且偏离程度在远离跨中方向逐渐减小；不同位置处的刚度损伤相互影响的宏应变影响线面积数值不到 1，可以忽略不计。与单损伤分析方法一样，取同一参数列车三种损伤工况下的宏应变影响线面积进行定量分析，F11 号传感器测得宏应变影响线面积增幅分别为 98、214、329，F5 号传感器测得宏应变影响线面积增幅分别为 64、139、215，F17 号传感器测得宏应变影响线面积增幅分别为 71、154、238。从损伤程度最低的 5%工况可以看出 10 次列车荷载跑车模拟均有较好的辨识度，说明多处出现刚度损伤的情况，这个办法也能够识别出较小损伤。

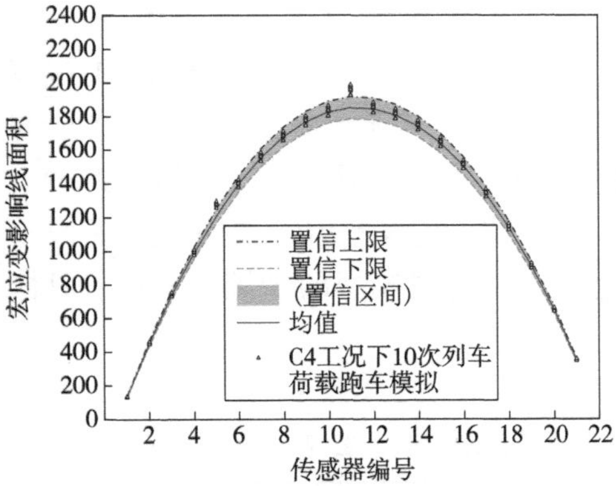

(a) C4 工况下宏应变影响线面积

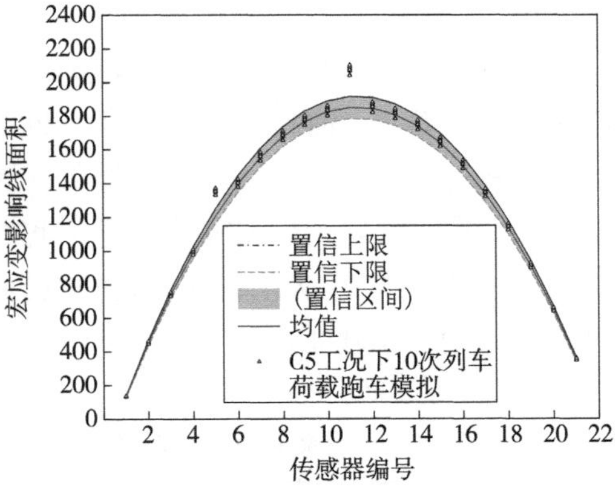

(b) C5 工况下宏应变影响线面积

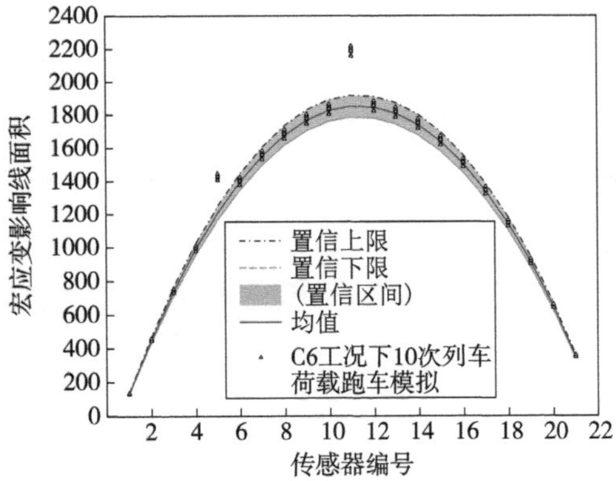

(c) C6 工况下宏应变影响线面积

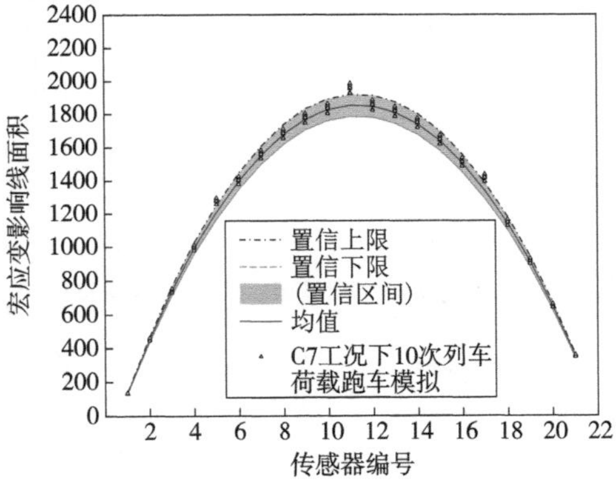

(d) C7 工况下宏应变影响线面积

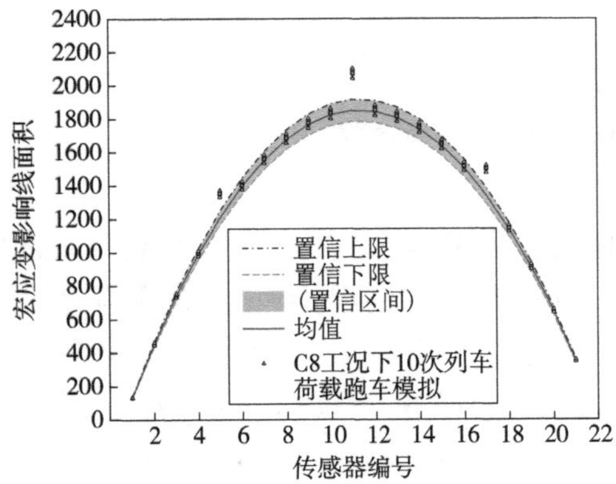

(e) C8 工况下宏应变影响线面积

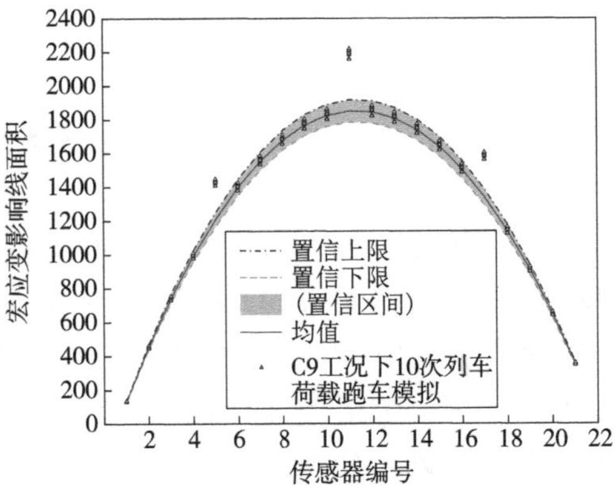

(f) C9 工况下宏应变影响线面积

图 6-20　C4～C9 工况下宏应变影响线面积分布曲线

6.5 基于宏应变影响线的梁体整体刚度退化评估

主梁混凝土材料性能退化、钢绞线预应力损失较大都会导致全桥范围的抗弯刚度出现退化，此时桥梁健康监测系统传感器测得的宏应变影响线面积数值会与重载列车过桥时变化模式相同，导致误判桥梁整体刚度出现退化。为避免此种情况，本书采用数理统计的方式来解决此类问题，统计连续的 10 次列车荷载跑车模拟情况，将连续 10 次重载列车过桥视为随机列车荷载模型的小概率事件。具体桥梁整体刚度退化工况如表 6-2 所示。

表 6-2　C10~C12 工况下主梁局部刚度退化工况

工况编号	刚度退化程度/%	刚度退化范围
C10	5	F1~F21
C11	10	F1~F21
C12	15	F1~F21

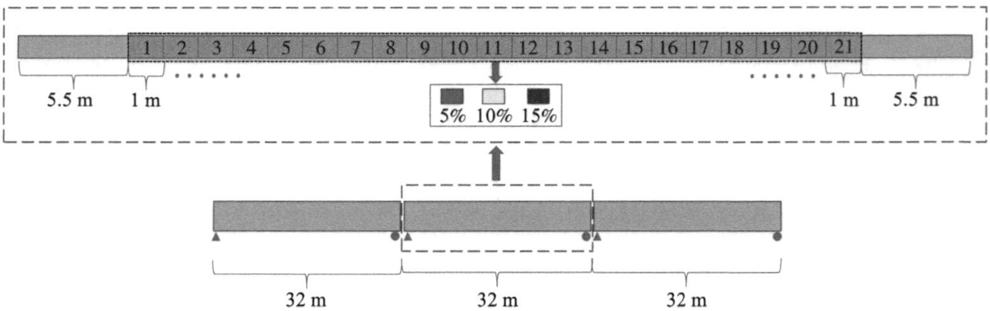

图 6-21　简支梁刚度退化(C10~C12 工况下)

从图 6-22 中可以看出，随着桥梁整体刚度出现退化，30 次列车荷载跑车试验下所有传感器测得的宏应变影响线面积均偏离置信区间。与上节局部损伤一样，跨中位置偏移大，往桥梁两端偏离程度减小。在 5%的刚度损伤下，仍然能够明显看出面积值落在置信上限之外，说明此方法能够用于识别出此时的桥梁抗弯刚度与随机列车荷载统计参数不匹配，有必要进一步分析是列车荷载普遍提升或是桥梁整体刚度出现退化而导致全桥的宏应变影响线面积增大。

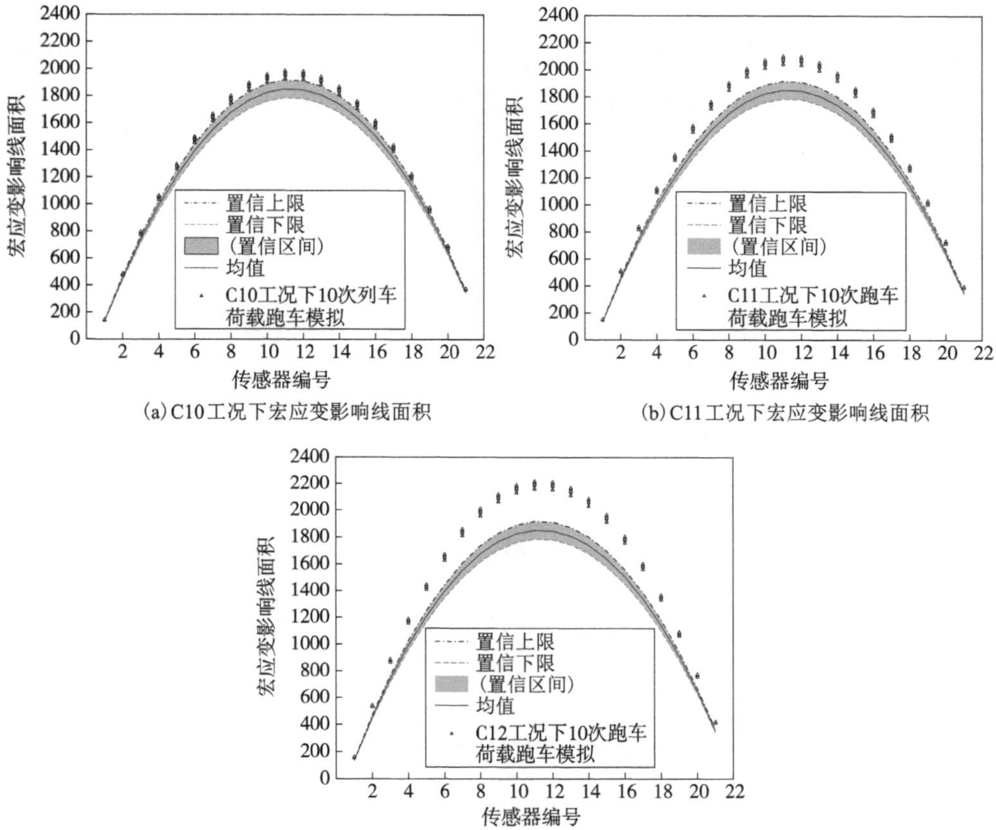

(a) C10工况下宏应变影响线面积

(b) C11工况下宏应变影响线面积

(c) C12工况下宏应变影响线面积

图 6–22　C10～C12 工况下宏应变影响线面积分布曲线

6.6　主梁抗弯刚度退化程度量化分析

桥梁的损伤评估分为两个主要内容：定位和定量。在前面的两小节中，分别用桥梁局部损伤工况和全桥刚度退化验证了宏应变影响线面积和桥梁刚度损伤之间的关系，能够识别出刚度退化位置。本小节进行刚度退化程度的量化分析，在桥梁宏应变响应数据统计下，以 95%置信度的置信区间作为健康置信区间，这一区间是通过对一定周期内的监测数据进行宏应变影响线面积分布概率统计得到的。随着监测时间的延长，不断融合统计新生成数据，进行置信区间的自动更新，必要时开展桥梁检定试验。把健康状况桥梁宏应变影响线面积值的健康置信区间作为初始值与损伤后的宏应变影响线面积值对比分析，得到桥梁的损伤程度。D-create 为刚度退化后的宏应变影响线面积与健康状况下宏应变影响线面积的变化程度，D-design 为该工况下桥梁模型材料参数修改的退化程度，D-judge A 为刚度退化后宏应变影响线面积和健康置信区间上限的变化程度，D-judge B 为刚度退化后宏应变影响线面积和健康置信区间下限的变化程度，D-judge C 为刚度退化后宏应变影响线面积和健康置信区间均值的变化程度。

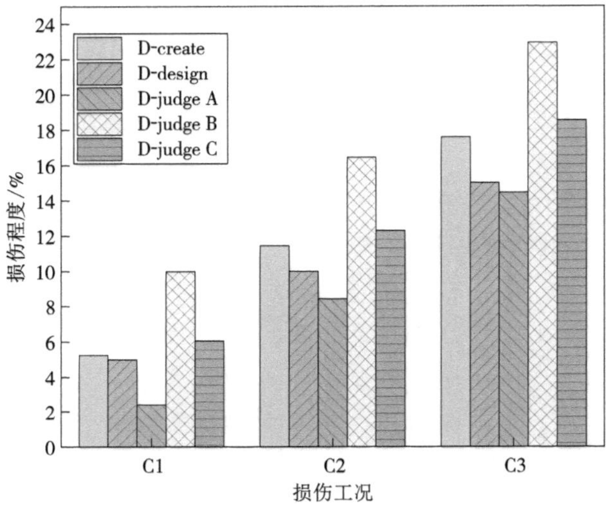

图 6-23　局部单处刚度退化程度分析

由图 6-23 分析可知，无论是以桥梁健康状况下宏应变影响线面积为初始值，还是以健康置信区间的上限、下限和均值为初始值，量化的损伤程度与实际模型的损伤程度成正比关系。在 15%的损伤程度下，相差最大的是以置信下限为初始值的，D-judge B 为 22. 92%。D-judge A 为 14. 45%，最接近桥梁材料退化数值。在 10%的损伤程度下，D-judge A 为 8. 435%。在 5%的损伤程度下，D-judge C 为 6. 06%最准确。可以得出规律：在桥梁出现小损伤时，采用置信区间均值较为准确；随着损伤程度变大，继续采用均值作为初始值会导致量化程度偏大，应该用置信上限作为初始值，得到的结果最接近材料的退化程度。

在局部多处损伤中，仅计算 D-create、D-design、D-judge A、D-judge C。退化区域为 F5、F11、F17 号传感器标距。

从图 6-24 中可以发现，对于多处局部出现刚度退化的情况，在刚度退化程度较小时，采用健康置信区间平均值作为初始值会更精准；当损伤程度达到 10%以上时，如果继续采用置信区间平均值会得到偏大的损伤程度，此时应采用置信区间上限作为初始值。针对不同损伤位置，本方法评估的误差趋势是一致的，即准确度不会随着位置变化。

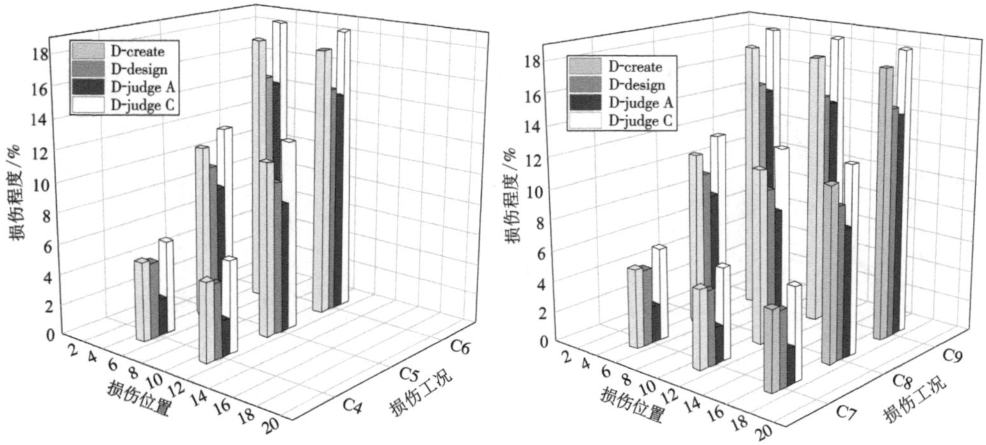

(a) 局部双处刚度退化程度分析　　(b) 局部多处刚度退化程度分析

图 6–24　局部多处刚度退化程度分析

6.7　基于健康监测系统的某跨高速铁路简支梁主梁抗弯刚度评估

基于笔者课题组安装的健康监测系统，采集了 40 组列车过桥试验数据，每组数据包含 21 个传感器的宏应变时程曲线，分离提取其拟静态宏应变影响线并计算面积。

由图 6–25(a)分析可知，桥梁两端的传感器实测数据与模拟数据基本一致，21 个传感器测得的宏应变影响线面积基本呈现二次抛物线的规律。如图 6–25(b)，根据前文的损伤定位和定量分析方法，认为在 7 号传感器和 11 号传感器位置存在一定的刚度退化。对 7 号传感器以 D-judge A 为标准计算损伤程度为 7.67%，以 D-judge C 为标准计算损伤程度为 11.63%；对 11 号传感器以 D-judge A 为标准计算损伤程度为 7.14%，以 D-judge C 为标准计算损伤程度为 10.97%。根据损伤定量分析方法的统计特性，在损伤程度小于 10%时，真实的损伤情况会介于 D-judge A 和 D-judge C 的判断结果之间，所以可以认为 7 号传感器标距内实际损伤程度取二者均值在 9.64%左右，11 号传感器标距内实际损伤程度取二者均值在 9.05%左右，分析原因为桥梁横截面尺寸发生了变化。需要说明的是，这一判断是取列车荷载作用下宏应变面积最大的情况。在没有长期统计的前提下，不能排除少数重载列车过桥的原因。

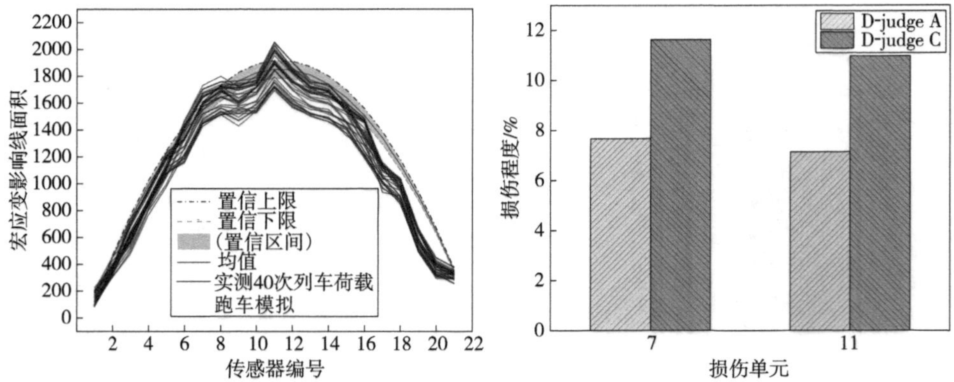

(a) 宏应变影响线面积分布曲线 (b) 7号和11号传感器单元损伤程度分析

图 6-25 监测桥梁抗弯刚度评估

6.8 本章小结

本章主要研究了列车-轨道-桥梁耦合振动下基于分布式宏应变的桥梁健康状况评估方法。首先推导了宏应变影响线计算公式，提出了列车荷载下基于宏应变影响线面积的桥梁健康状况评估方法；根据数理统计的办法，分别对列车车厢质量和车速的参数进行统计，构建随机列车荷载模型，采用蒙特卡罗抽样获得随机列车荷载参数；联合蒙特卡洛法和有限元法，求解随机列车荷载下桥梁宏应变影响线，对宏应变影响线面积进行统计，得到桥梁健康置信区间；设计了单处、双处、多处和全桥弯曲刚度退化工况，验证此方法评估桥梁状况的可行性，最后根据桥梁健康监测系统传感器的宏应变影响线面积评估监测桥梁健康状况，得到的结论如下：

(1)从桥梁健康监测系统的宏应变影响线面积分布可知本书构建的随机列车荷载模型符合该线路运行列车实际情况。

(2)数值模拟结果表明，桥梁健康状况下，针对简支梁桥这一特定桥型，梁底宏应变影响线面积会呈现光滑的二次抛物线分布，与理论公式一致，在此基础上得到每一个传感器宏应变影响线面积的95%置信区间(健康置信区间)。

(3)数值模拟结果表明，当桥梁出现局部刚度退化时，覆盖该区域的传感器宏应变曲线峰值会增大，宏应变影响线面积也随之增大，继而数值会落在健康置信区间之上。在刚度退化程度越大的工况下，其传感器宏应变面积数值偏离置信区间的程度也越大，偏离程度可用于判断该处桥梁损伤导致刚度退化的程度。

(4)数值模拟结果表明，在局部损伤工况中，单处的损伤与其他位置的传感器影响可以忽略不计，所以在进行桥梁健康监测时为对全桥进行监控需要布满传感器，或者在关注位置布置传感器(如跨中)，同样可以由健康置信区间对该位置做出判断。此结论只适用于结构简单、内力清晰的桥梁结构。

(5)模拟数据结果表明，在损伤定位的基础上进行损伤量化分析时，应该根据损伤程度分别采用 D-judge A 和 D-judge C 作为判断标准。在损伤程度小于10%时，可以取二者的平均值作为损伤值；在损伤程度大于10%时，应该取 D-judge A 作为损伤值。

(6)在实际桥梁健康监测中，通过40次列车荷载跑车试验可以初步判断监测跨简支梁桥主梁7号和11号传感器标距覆盖范围内出现了9.64%和9.05%程度的刚度退化，分析原因为桥梁横截面尺寸发生了变化。后续需要一定时间的监测才能排除少数重载列车造成宏应变面积数值超过健康置信区间的可能性。可以看出整座桥的健康状况良好，其他所有传感器的宏应变面积数值均在健康置信区间以下，说明能够承受当前的列车荷载。

第 7 章

基于分布式长标距 FBG 传感器的某高铁线简支梁桥健康监测研究

7.1 引言

在前面两章内容中，分别进行了长标距 FBG 传感器的环境温度性能研究以及高速列车荷载下基于分布式长标距宏应变影响线的简支梁桥损伤识别理论研究，并建立有限元模型进行了验证。基于分布式长标距传感技术的高铁简支梁桥健康监测运用的研究还较少，因为高铁简支梁建设标准比普通公路简支梁建设要求更高，较不容易出现明显的刚度退化，且高铁桥梁实行封闭式管理，传统监测方法多有不便。

本章节以沪昆高铁线一跨简支箱梁为背景，利用长标距 FBG 传感器分布式布置建立健康监测系统，并使用改进形态的小波阈值分解法将长标距动静态应变进行分离，最后根据分离的静态长标距应变对简支箱梁进行损伤程度定量分析。

7.2 工程概况与健康监测系统布置

7.2.1 工程概况

沪昆高铁线是我国“八横八纵”高速铁路网的主要通道之一，是我国东西向高铁线路里程最长、速度等级最高、经过省份最多的高速铁路。沪昆高铁线全长 2252 km，其中铺设的桥梁长度为 1207 km、占比 53.4%。在桥梁铺设的里程中，简支梁由于具有结构形式简单、受力明确，更换、修复相对其他特殊结构较为容易[69]，施工也较为方便等优势而占有较高比例。本次选取沪昆线进贤—南昌段一跨简支梁(如图 7-1)进行试验，该跨为单箱单室箱型简支梁，跨径 32 m，桥上铺设有 CRTSII 双线板式无砟轨道，且桥面通行的大多为 CRH3 高速动车组。

图 7-1　沪昆线进贤—南昌段一跨箱型简支梁

7.2.2　长标距 FBG 传感器的结构健康监测系统布置

本次试验选取的传感器为 BFPR 材料封装的长标距 FBG 应变传感器，实验总共用了 21 个标距为 1.5 m 长的 FBG 应变传感器，可基本实现对箱梁底部的全覆盖。传感器简支梁底的布置如图 7-2 所示，且 21 个传感器布置在两个信号通道中。

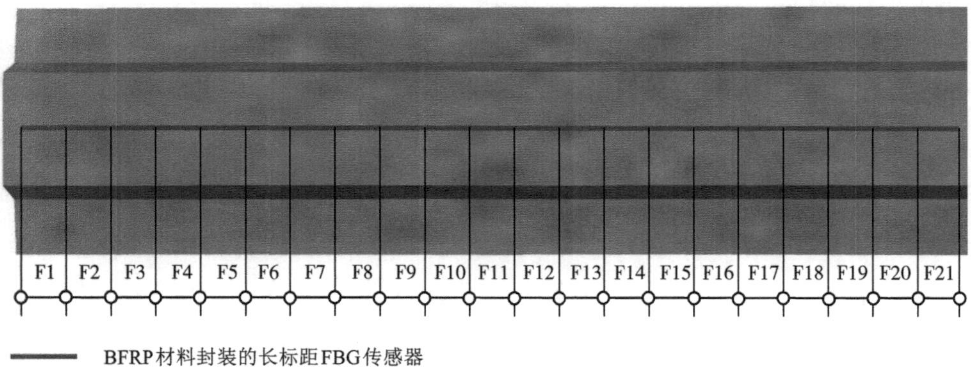

图 7-2　传感器分布式布置示意图

传感器布置前，首先准备固结胶，本次试验选取的是 U-401 粘钢胶（见图 7-3）。该胶凝固后热膨胀系数与混凝土接近，且具有耐老化、耐疲劳、耐腐蚀、可承受强力的结构件粘接的优点。

(a) A胶　　　　(b) B胶

图 7-3　U-401 粘钢胶

长标距应变传感器的安装有以下四个步骤：①对箱梁底部中线区域进行清扫及用纱布轻微打磨，除去桥梁在长期运营过程中表面积的灰尘及泥土，使后续传感器在结构胶作用下可更好地固定于梁底表面；②将长标距光纤光栅传感器通过使用胶布预安装固定在梁底，并使用激光笔检查是否通路，如图 7-4(a)所示；③调制结构胶。本次试验使用 U-401 粘钢胶，U-401 粘钢胶不仅耐老化、耐疲劳、耐腐蚀，而且可承受强力的结构件粘接，其 A 胶与 B 胶按 3∶1 的比例调制均匀，如图 7-4(b)所示；④将调制好的结构胶均匀涂抹于传感器表面，如图 7-4(c)所示。待结构胶凝固后，去除辅助透明胶布，长标距光纤光栅传感器固定于梁底，结果如图 7-4(d)所示。

箱梁底部长标距 FBG 传感器安装好后，等高速列车即将进入该段桥梁时进行数据采集，采集仪器使用 MOIsi-155 光纤解调仪，光纤解调仪可将通道内反射回来的不同波长的光信号进行分解并传递至计算机中，采样频率为 1000 Hz，采集多组数据，信号采集如图 7-5 所示，试验照片记录如图 7-6 所示。

(a) 传感器通路验证

(b) 粘钢胶的均匀调制

(c) 将结构胶粘结于传感器表面

(d) 传感器粘结后示意图

图 7-4　长标距 FBG 传感器安装过程试验照片

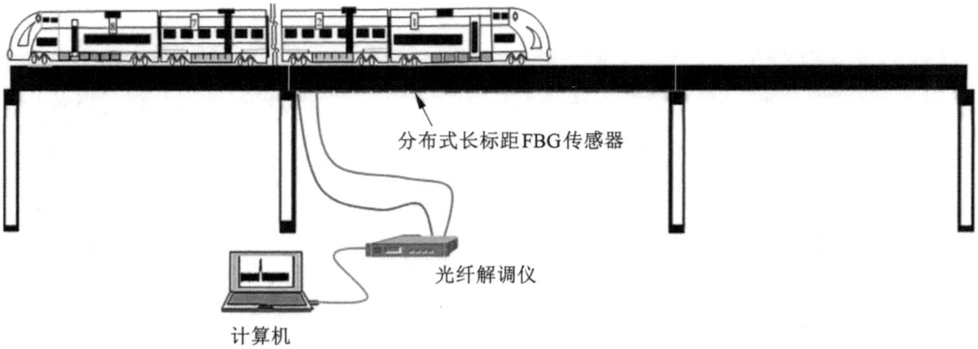

图 7-5　高速列车行驶下简支梁梁底传感器信号采集示意图

图 7-6　传感器信号采集试验照片记录

7.3　动静态长标距应变分离方法

7.3.1　小波分解原理

高速列车运行过程中，计算机采集的原始信号中包括不同频率成分的时域信号，而有用的应变信号主要集中在低频分量上，高频分量往往是噪声，因此需对信号进行分解降噪处理，常用的信号分解方法有短时傅里叶变换法[160]、经验模态分解法[161]及小波分析法[162]等。短时傅里叶变换窗口函数定义较为复杂且无法满足非平稳信号变化的频率需求，经验模态分解法可使非平稳数据进行平稳化处理，再进行希尔伯特变换可获得时频谱图，得到有物理意义的频率，是十分完备的信号处理方法。

本书为快速简便实现对信号处理，采用小波分析的阈值分解法，对原始信号进行分解降噪处理，并从原始信号中提取静态长标距应变。传统小波阈值包括硬阈值小波分解和软阈值小波分解[163]，硬阈值小波分解方法是将各子空间中低于阈值的小波系数置为 0，高于阈值的小波系数保持不变；软阈值小波分解方法是将小波系数小于或等于阈值的点置为 0，大于阈值的点变为该点值和阈值的差值[164]，其基本原理函数如下。

硬阈值函数：

$$\hat{\omega}_{j,k}=\begin{cases}\omega_{j,k}, & |\omega_{j,k}|\geqslant\lambda\\ 0, & |\omega_{j,k}|<\lambda\end{cases}\tag{7-1}$$

$$j=0,1,2,\cdots,J\quad k=0,1,2,\cdots,n-1$$

软阈值函数：

$$\hat{\omega}_{j,k}=\begin{cases}\omega_{j,k}-\lambda, & \omega_{j,k}\geqslant\lambda\\ 0, & |\omega_{j,k}|<\lambda\\ \omega_{j,k}+\lambda, & \omega_{j,k}\leqslant-\lambda\end{cases}\tag{7-2}$$

式中：$\omega_{j,k}$ 为原小波系数值；λ 为给定的阈值；$\hat{\omega}_{j,k}$ 为小波系数估计值；n 为信号长度；j 为分解尺度；J 为最大分解尺度。

对于传统的小波阈值分解降噪，由式(7-1)可知硬阈值分解方法在阈值点处不连续，重构信号不平稳，容易引起信号振荡问题，软、硬阈值分解降噪方法虽然解决了硬阈值分解方法不连续问题，但却存在着重构信号与原信号之间的误差问题[165]。基于此，本书选用文献[166]提出的改进形态小波阈值分解降噪方法，原理函数如下。

$$\hat{\omega}_{j,k}=\begin{cases}\sqrt{\omega_{j,k}^{2}-\lambda^{2}}, & |\omega_{j,k}|\geqslant\lambda\\ 0, & |\omega_{j,k}|<\lambda\end{cases}\tag{7-3}$$

当 $|\omega_{j,k}|\geqslant\lambda$ 时，有：

$$|\omega_{j,k}|-\lambda\leqslant\sqrt{\omega_{j,k}^{2}-\lambda^{2}}\leqslant|\omega_{j,k}|\tag{7-4}$$

式(7-3)与式(7-4)给出了原小波系数值 $\omega_{j,k}$ 的值，其介于软阈值分解降噪方法和硬阈值分解降噪方法估计的值之间，这样不仅解决了硬阈值函数在阈值点处不连续问题，也避免了软阈值方法存在的偏差问题。改进形态小波阈值的具体步骤如图 7-7 所示。

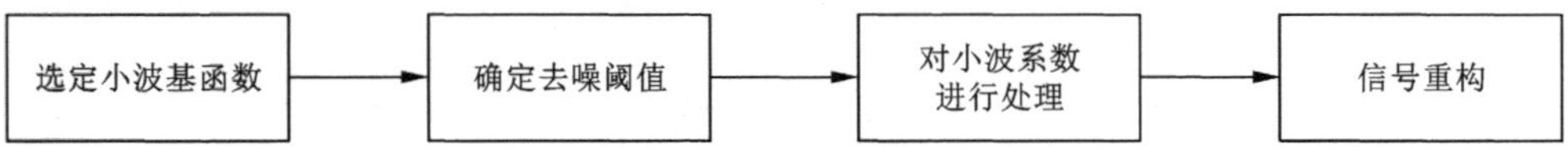

图 7-7　小波阈值信号去噪步骤

7.3.2 长标距静态应变分离结果

根据小波分解原理，本书选取 dbN10 小波，分解层数设定为 6 层，小波函数为改进形态的小波阈值函数，使用 MATLAB 编制程序语言进行处理，以其中一组数据为例，原始信号分离得到的静态长标距应变与原始信号的对比如图 7-8 所示。

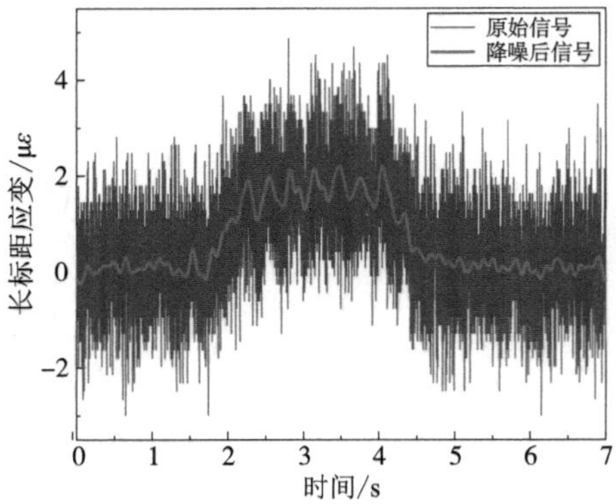

(a) 通道一　1520

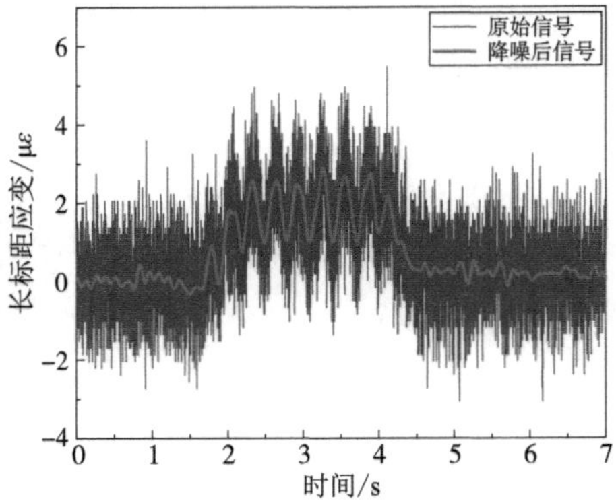

(b) 通道二　1520

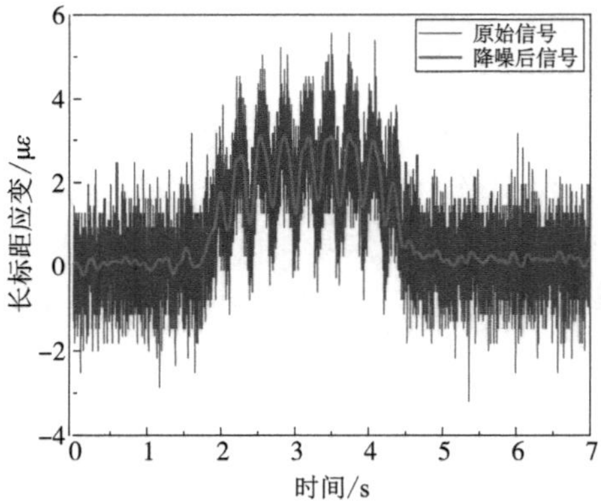

(c) 通道一　1524

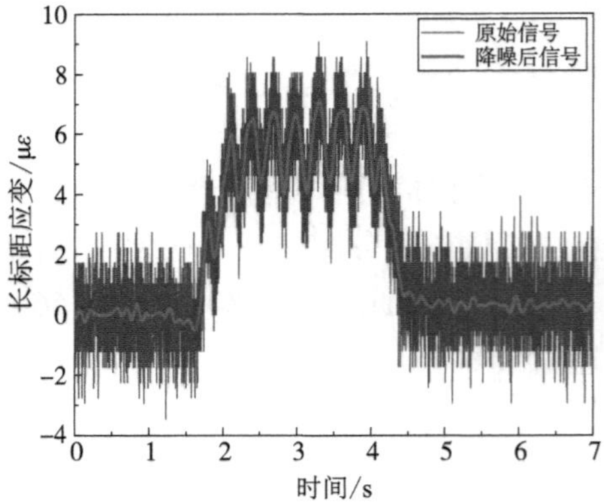

(d) 通道二　1524

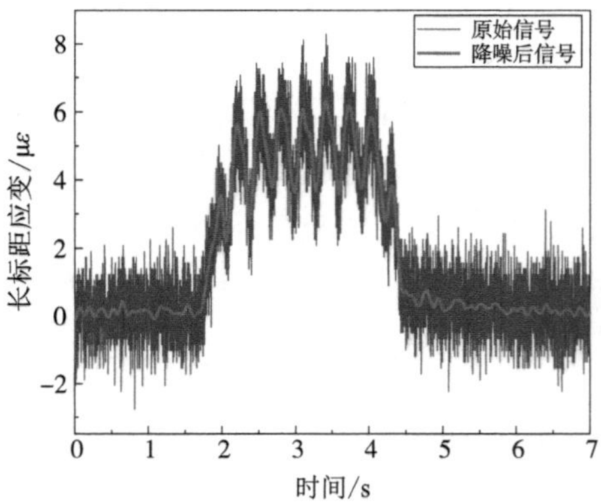

(e) 通道一　1528

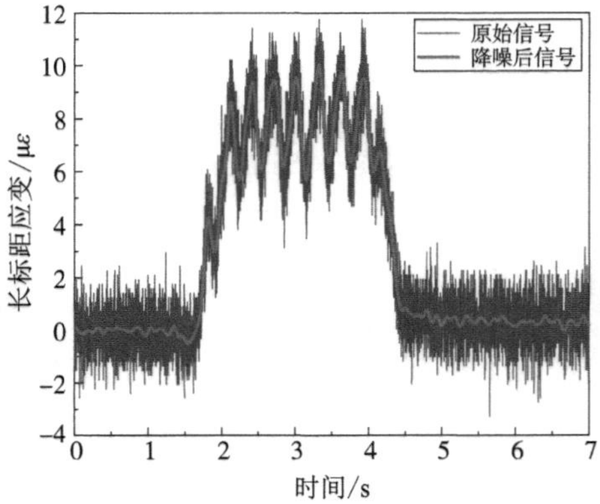

(f) 通道二　1528

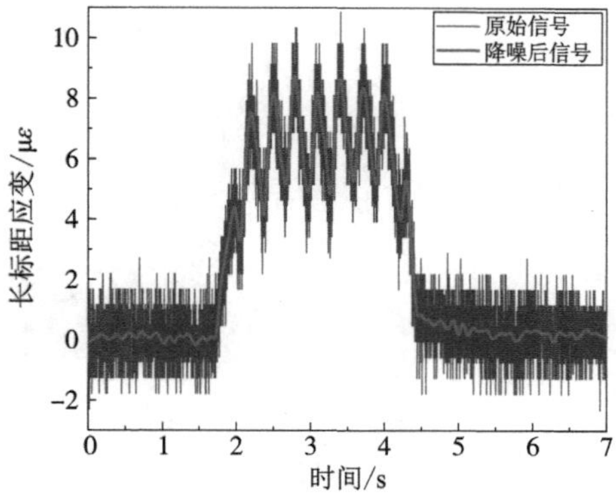

(g) 通道一 1532

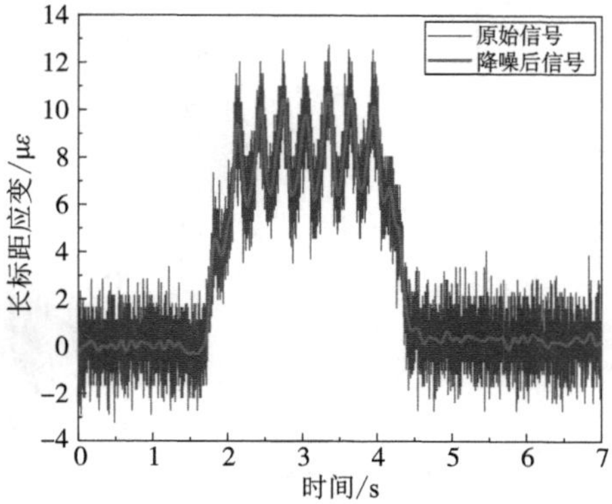

(h) 通道二 1532

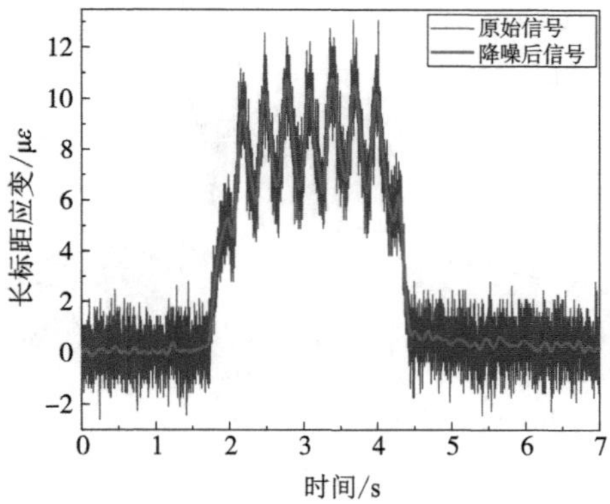

(i) 通道一 1536

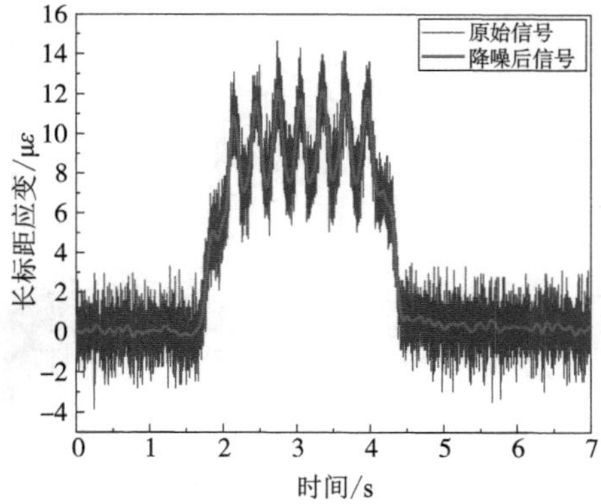

(j) 通道二 1536

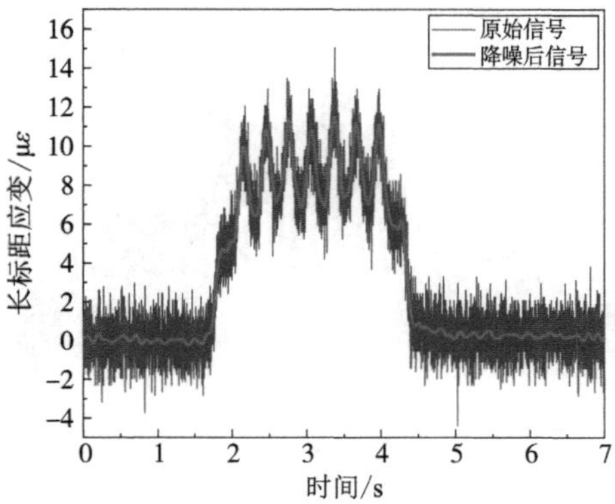

(k) 通道一 1540

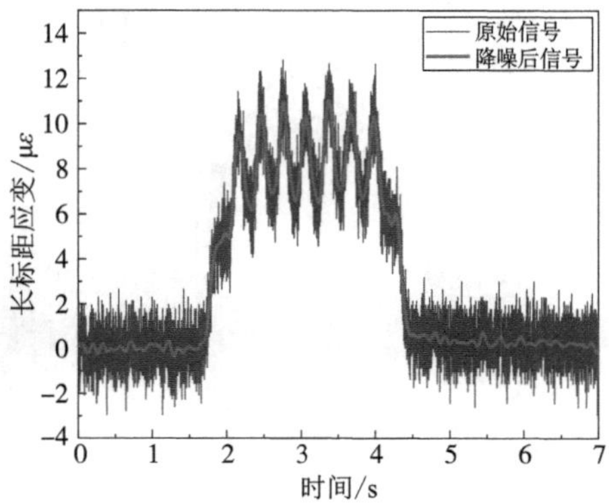

(l) 通道二 1540

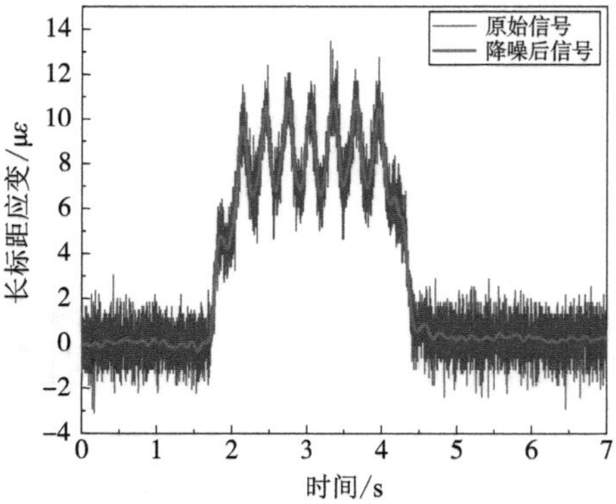

(m) 通道一　1544

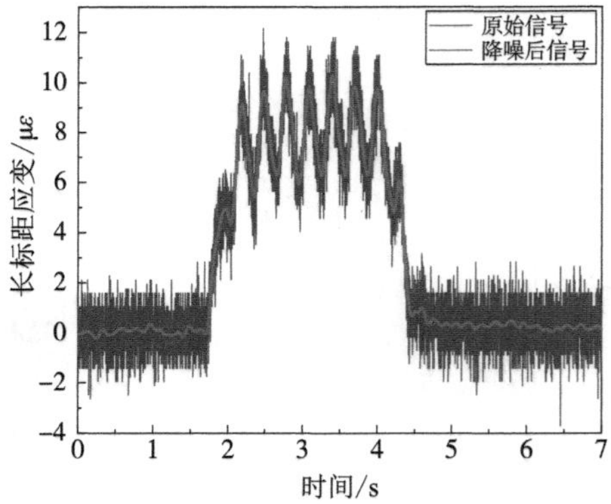

(n) 通道二　1544

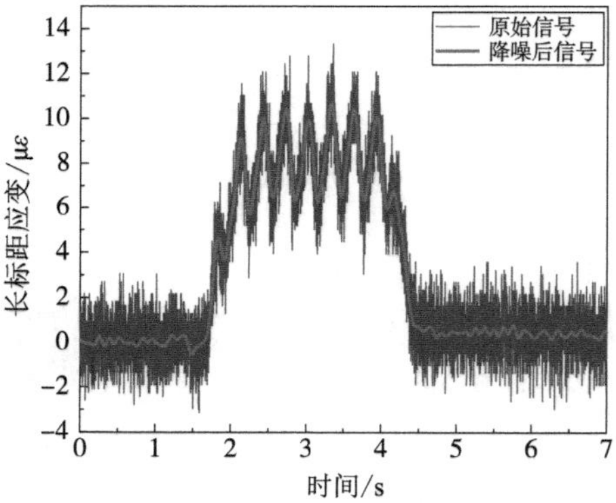

(o) 通道一　1548

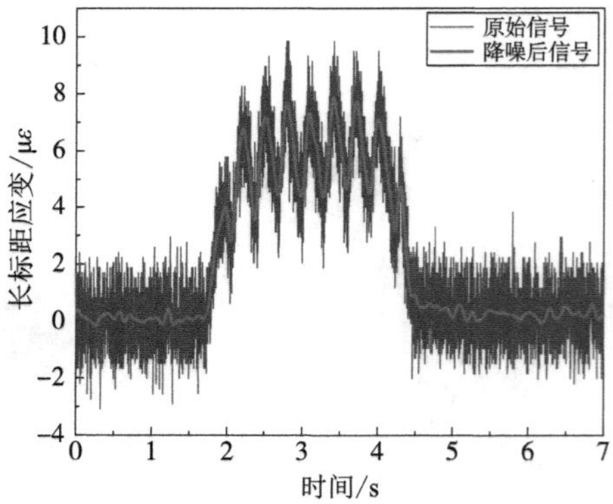

(p) 通道二　1548

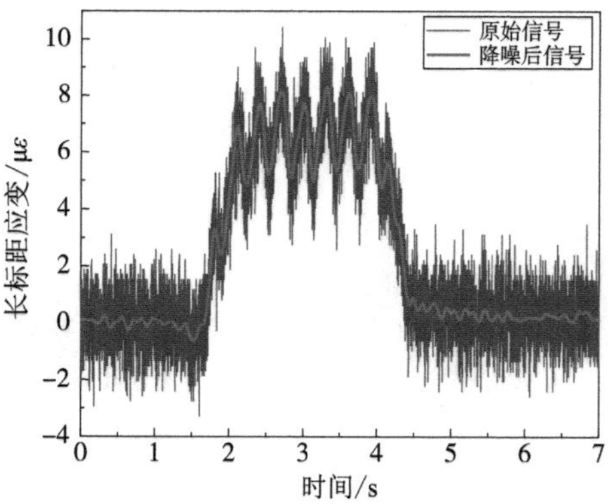

(q) 通道一　1552

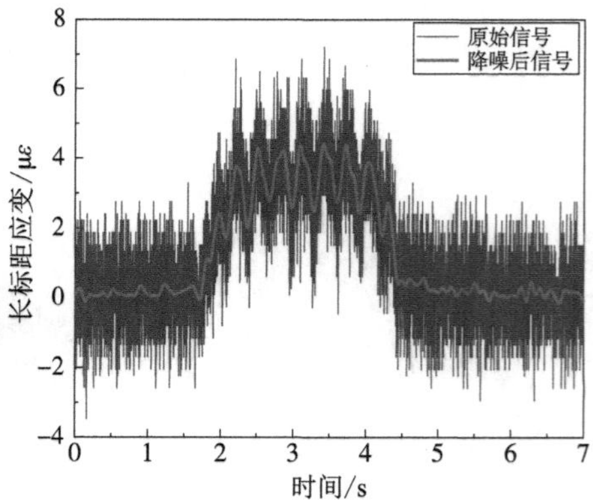

(r) 通道二　1552

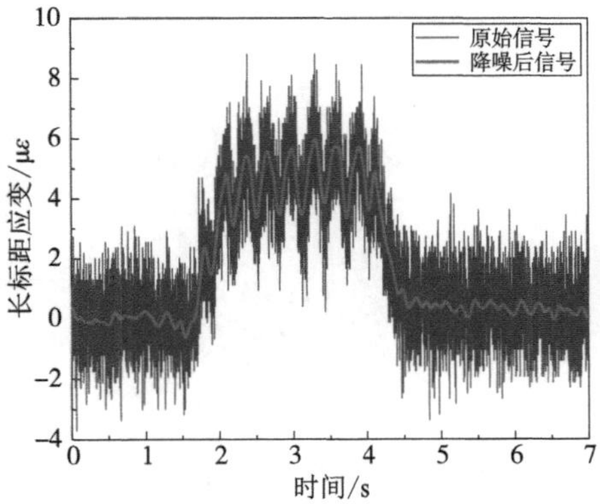

(s) 通道一　1556

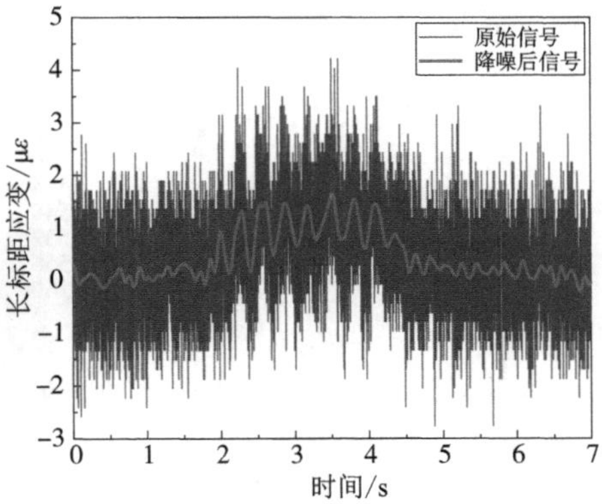

(t) 通道二　1556

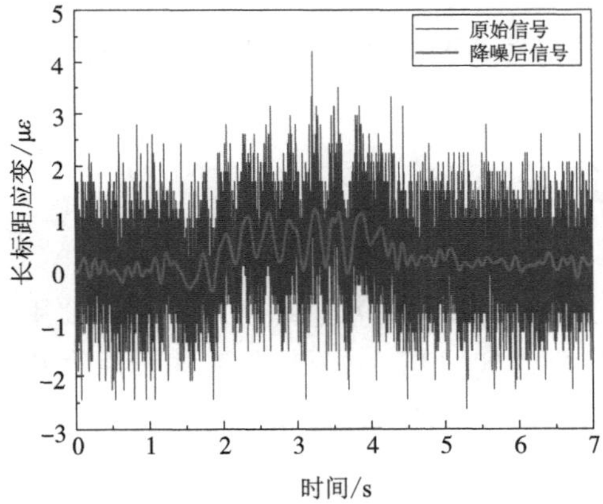

(u) 通道一　1560

图 7-8　静态长标距应变与原始信号对比图

从图 7-8 可以发现，实测 21 个长标距应变原始信号经小波阈值分解降噪后得到的曲线较为平滑，噪声信号基本去除。在降噪分解后的曲线中，同样大致有 9 个峰值波峰与 8 个峰值波谷，这与模拟得到的长标距应变时程曲线分布是符合的，同时实测的最大长标距应变峰值约为 11 με，分别是(j)通道二中心波长为 1536、(k)通道一中心波长为 1540、(l)通道二中心波长为 1540 的长标距传感器，其大致分布于简支梁跨中区域，与模拟得到的最大长标距应变分布结果一致，但比模拟得到的最大长标距应变峰值大 1 με 左右，这是由于未扣除温度的影响。将降噪分解后的曲线汇集，如图 7-9 所示。

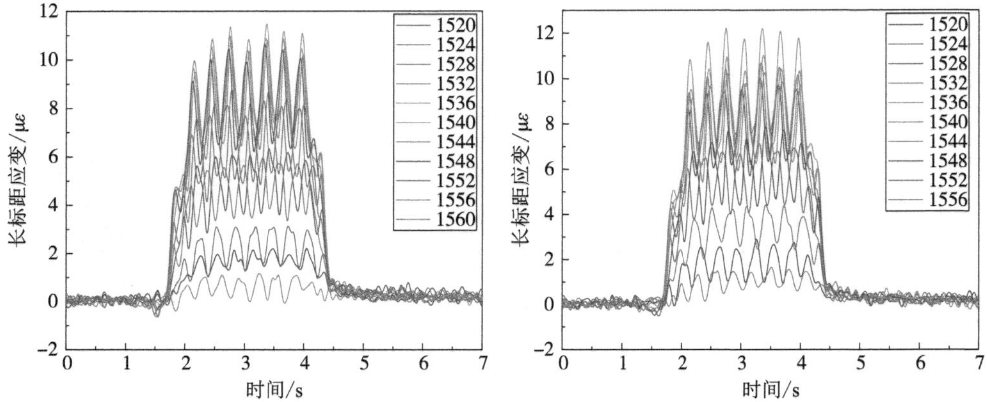

(a) 通道一　　(b) 通道二

图 7-9　降噪后长标距应变时程图

7.4　桥梁刚度退化分析

本书进行了多组数据的采集，本次选取四组数据并使用小波阈值分解降噪进行分析，根据本书第二章得到的 BFRP 材料封装的长标距 FBG 传感器波长与温度之间的关系，进行相应温度引起波长变化的扣除，得到其长标距应变时程面积分布曲线，如图 7-10 所示。

虚线为该跨桥梁理论的长标距应变时程面积分布曲线，虚线以外的点则为刚度退化区域点。根据四组长标距应变时程面积分布曲线，认为 2 号传感器区域、11 号传感器区域、17 号传感器区域、18 号传感器区域存在一定的刚度退化，通过式(6-17)求得刚度退化程度值，结果如图 7-11 所示。

从图中可以发现，四组数据计算得到的刚度退化程度值，最大为样本 4 计算得到的 11 号传感器区域的刚度退化程度值，约为 12%。最小为样本 3 计算得到的 18 号传感器区域的刚度退化程度值，约为 2%。根据四组数据的平均刚度退化程度分布结果，2 号、17 号、18 号的平均刚度退化程度值均为 6%左右，符合高铁简支梁的实测结果。11 号传感器区域的平均刚度退化程度值为 8.734%，高于其他三个区域，经检查发现，该区域两边存在两个直径约为 15 cm 的排水孔(如图 7-12 所示)，因此造成 11 号传感器区域(跨中区域)的有效面积值减小，故而刚度退化程度较其他区域更高。经过多次刚度评估，桥梁纵向刚度整体状况较好。

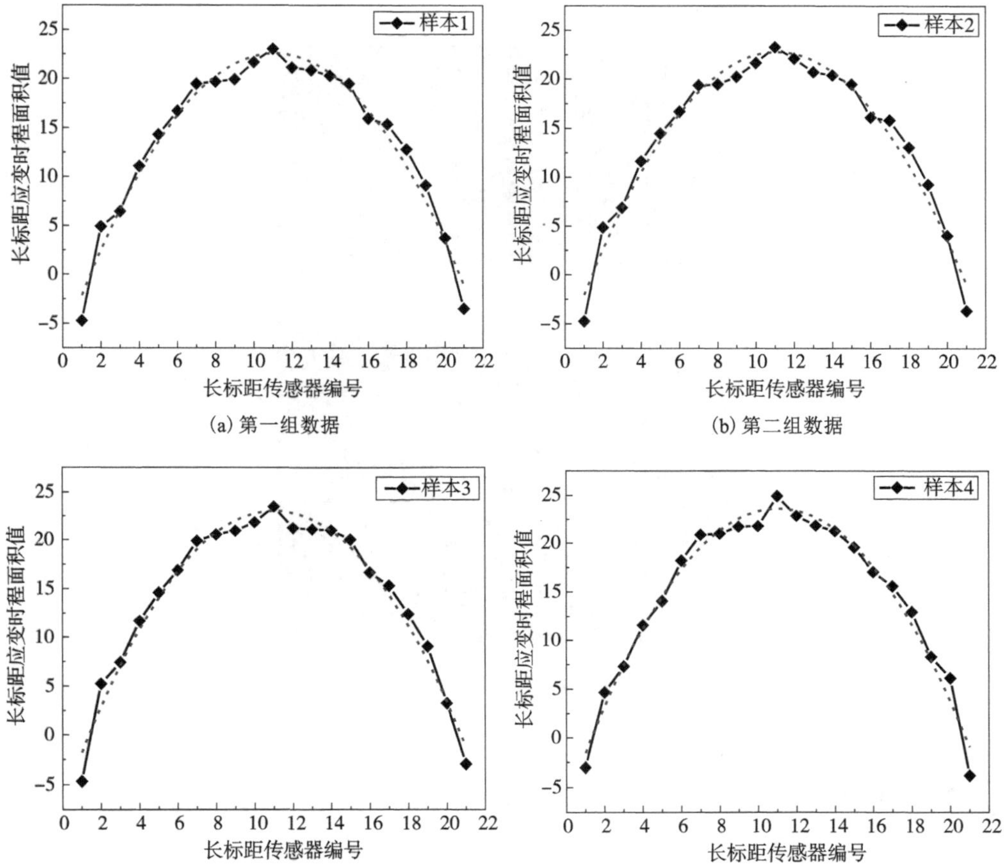

(a) 第一组数据　(b) 第二组数据

(c) 第三组数据　(d) 第四组数据

图 7-10　实测长标距应变时程面积分布曲线

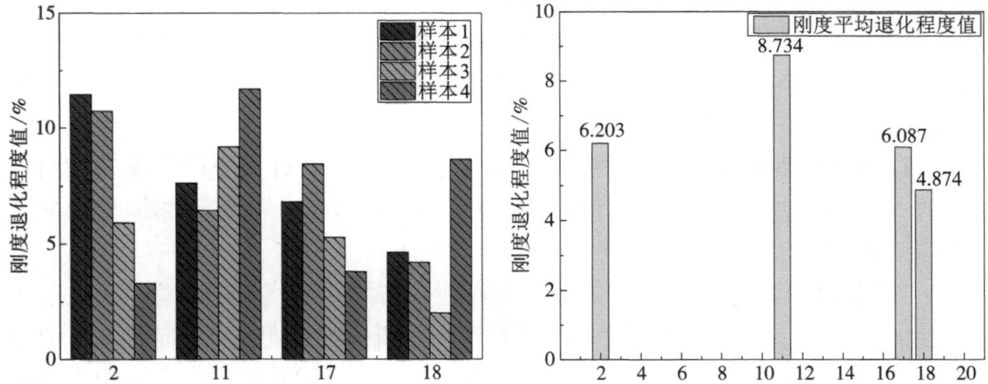

(a) 计算刚度退化　(b) 平均刚度退化

图 7-11　实测梁单元刚度退化程度分析图

图 7-12　跨中排水孔图示

7.5　本章小结

本章主要研究了基于分布式长标距 FBG 传感技术在实际高铁简支梁桥的运用，工程背景为沪昆线进贤—南昌段一跨简支梁。首先是选择了 21 个不同中心波长的 BFRP 材料封装的长标距 FBG 传感器在简支梁底建立起分布式监测网络，其次通过监测采集了多组数据，并使用小波改进阈值分解降噪法将原始信号噪声去除，得到静态长标距应变时程曲线，最后通过随机的四组数据对简支梁进行损伤及刚度评估，由此得出以下两点结论：

(1)通过小波分解降噪得到桥梁长标距时程曲线，其分布规律与模拟得到的结果一致，均有九个波峰、八个波谷，且在跨中区域(即 11 号传感器处)的长标距峰值应变最大，依次向两边递减。

(2)四组数据的长标距应变时程曲线面积分布规律与模拟的一样，大致呈二次抛物线分布。且通过对桥梁的刚度退化程度分析，很好地识别了简支梁跨中面积减小而导致刚度比其他区域退化更大的结果，进而表明基于宏应变影响线的分布式长标距传感技术不仅可用于公路桥梁的评估，在高铁桥梁同样适用。

第 8 章

基于分布式宏应变传感技术与机器学习的列车运行参数识别仿真模拟研究

铁路桥在交通运输系统中发挥着重要的作用，为人们提供安全、舒适，方便人们出行的同时，由于长期承受列车荷载作用和外界环境的侵害，以及自身材料性能的不断退化，桥梁结构会出现不同程度的损伤致使其真实的使用年限小于设计使用年限，因此，开展对既有铁路桥的健康监测研究显得尤为迫切。铁路桥承受的荷载相比于公路桥主要有荷载作用位置固定，轴距、车速长期保持在一个水平，轴重较大等特点。准确快速获悉作用于结构的实际荷载，能更为真实地了解桥梁的工作状态，也可以从荷载的特点出发通过经验或者设计规范来对桥梁的承载力、轨道的平整度及时做出分析评价。

在桥梁健康监测系统中，传感器系统实时收集数据，即使将采样频率设置在较低水平，依旧需要处理海量数据。近些年随着计算机算力和人工智能算法的显著提升，基于数据驱动的桥梁健康评估方法日趋成熟，将人为主观评判转变为结合大数据分析方法和监测数据智能处理是热门方向。传感器系统获取的宏应变信号中包含着列车荷载信息，传统建立列车-轨道-桥梁。但对于复杂的多参数问题，由于无法建立理想的数学模型，故利用机器学习方法强大地解决非线性映射问题的能力[167]，可以从宏应变信号中识别出列车运行参数。

本章研究基于机器学习的高速列车运行参数识别方法。机器学习需要庞大的学习样本数据，而现有的手段和仪器获取的车辆参数样本数量有限，李扬海等通过对车辆各参数的相关研究，发现车重、车速等都服从一定的概率分布[168]。为获得大量贴近实际列车的荷载模型，本书利用随机模拟与数值模拟相结合的方法，对现有数据统计分析列车参数的分布特征，当有了概率分布模型之后，通过蒙特卡洛法[169]对列车参数进行抽样以获得足量的列车参数样本。有了足量的列车参数样本便可通过有限元模拟出不同运行参数列车过桥时桥梁的动态响应。

本章以沪昆线进贤—南昌段 32 m 简支梁桥为工程背景，通过限元软件 ANSYS，使用位移接触法建立三维列车-轨道-桥梁耦合振动有限元仿真模型，模拟不同参数的列车过桥时的动力响应，将实桥数据与模拟数据对比，验证模型的准确性。分别利用 BP 神经网络、随机森林和支持向量机实现对列车轴距、轴重、速度及桥梁跨中最大挠度的识别，并对比各种机器学习算法的准确性和精度。最后将上述成果集合编辑成软件，一键完成对列车参数的识别。

8.1 列车参数统计分析

列车参数主要有轴距、车速、车重等。轴距即列车转向架固定轴距，指同一转向架最前位和最后位车轴中心线间的距离。轴距影响车辆的临界速度和曲线通过能力[170]，不宜过大，也不宜过小。目前我国动车组转向架依据型号可以分为 CRH1、CRH2、CRH3、CRH5 等。本书选取 CHR1 和 CRH3 为参考车辆，参考车辆转向架参数见表 8-1。

表 8-1　参考车辆转向架技术参数对比

车型	转向架固定轴距/mm	轴重/t	轴数
CRH1	2700	16	4
CRH3	2500	17	4

车速和车重这类随机性强的参数，需对其进行数理统计分析，确定其特征参数的分布类型。常用的车辆荷载分布类型有正态分布、威布尔分布、伽马分布、对数正态分布四种。在不清楚车辆参数总体信息的情况下，利用非参数检验来确定车辆参数的分布类型，常用的非参数检验方法有柯尔莫哥洛夫-斯米尔诺夫检验（K-S）和卡方检验。卡方检验主要用于类别数据，必须先将数据分组才能获得实际的观测频数，K-S 检验能直接对原始数据进行检验，不依赖均值的位置，使用方便。本书使用 K-S 检验方法对车速和车重参数进行假设检验获取其分布类型。

本章使用 K-S 检验车速和车重参数进行假设检验获取其分布类型，以车厢质量为例，具体操作过程如下[171]：

（1）根据已有的车厢质量样本绘制出样本频率分布直方图。

（2）根据直方图的走势和形状，假定一种大致贴合样本频率分布直方图形状和走势的概率分布函数，令该概率分布为 A。

（3）令 $A=\{A_1, A_2, \cdots, A_n\}$，$a=\{a_1, a_2, \cdots, a_n\}$，其中：$A$ 为（2）中所假定的概率分布；$A_1, A_2, \cdots, A_n$ 为所假定的概率分布 A 的子样本；a 为已有的车厢质量样本；$a_1, a_2, \cdots, a_n$ 为已知的车厢质量样本子集。将 $a_1, a_2, \cdots, a_n$ 按数值大小重新排序为 $a_1 \leqslant a_2 \leqslant \cdots \leqslant a_n^*$，则假定分布的子集有 $A_1 \leqslant A_2^* \leqslant \cdots \leqslant A_n^*$。假定分布

子集的数值等于已知样本子集的数值，即 $A_k^* = a_k^*$。根据数理统计分析，概率分布 A 的函数 $F_n(a)$ 为：

$$F_n(a)\begin{cases}0, & a<A_1^* \\ \dfrac{1}{n}, & A_1^*<a<a_2^* \\ \dfrac{k}{n}, & A_k^*<a<A_{k+1}^* \\ 1, & A_n^*<a\end{cases} \tag{8-1}$$

(4)根据式(8-1)计算所得的列车车厢质量实际分布和假定的分布建立统计量：

$$D_n = \max\{|F_n(A_k)-F_0(A_k)|\} \tag{8-2}$$

(5)按照规定选择显著性水平 α 的值，本章取 $\alpha=0.05$，查临界值表获取临界值 $D_{n,\alpha}$。

(6)将检验统计量 D_n 与临界值 $D_{n,\alpha}$ 进行比较。如果 $D_n \leqslant D_{n,\alpha}$，则认为列车车厢质量服从原假设，即列车车厢质量遵从(2)中假定的概率分布。否则，则拒绝原假设。若拒绝原假设，则改变假定的分布类型，然后重复步骤(2)~(5)。

8.1.1　列车车厢质量特征参数

为确定列车车重，做以下假设：①列车整体质量由车厢质量、转向架质量、轮对质量组成，车厢质量由无人车厢质量和乘客质量组成。②CRH1 和 CRH3 转向架质量为 3200 kg，无人车厢质量为 40000 kg，轮对质量为 2400 kg。根据车站统计的列车入座率和标准乘客质量得到列车车厢质量，根据已有的车厢质量样本绘制出样本频率分布直方图。假定车厢质量遵从正态分布，将车厢质量数据导入数理统计软件 SPSS 对 CRH1 和 CRH3 车厢质量样本数据进行非参数假设检验，列车车厢质量服从原假设，即列车车厢质量服从正态分布，CRH1 车厢质量平均值为 44275 kg，标准差为 1095.9；CRH3 车厢质量平均值为 44346 kg，标准差为 1106.8。列车车厢质量拟合分布如图 8-1 和图 8-2 所示。

8.1.2　列车车速特征参数

根据调研得到列车部分速度参数数据，根据已有的车速样本绘制出样本频率分布直方图，假定车速遵从正态分布，将车速数据导入数理统计软件 SPSS 对 CRH1 和 CRH3 车速样本数据进行非参数假设检验，列车车速服从原假设，即列车车速服从正态分布，拟合分布如图 8-3 和图 8-4 所示。CRH1 车速平均值为 211.3 km/h，标准差为 5.51；CRH3 车速平均值为 304.5 km/h，标准差为 8.8。

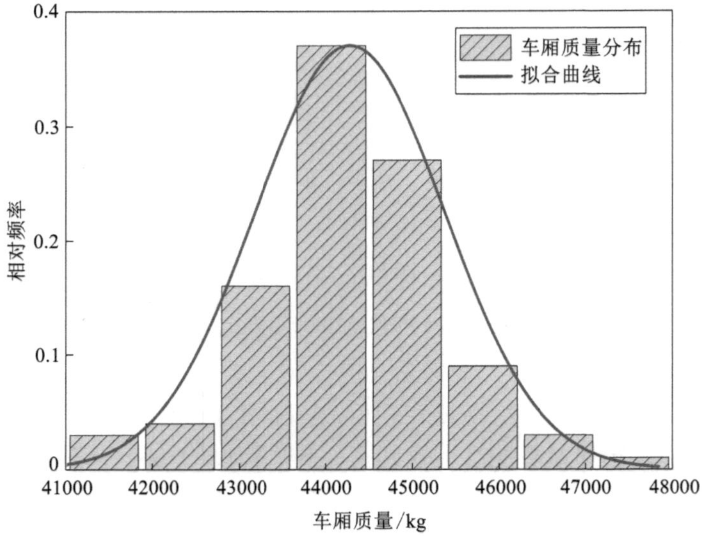

图 8-1　CRH1 车厢质量拟合分布

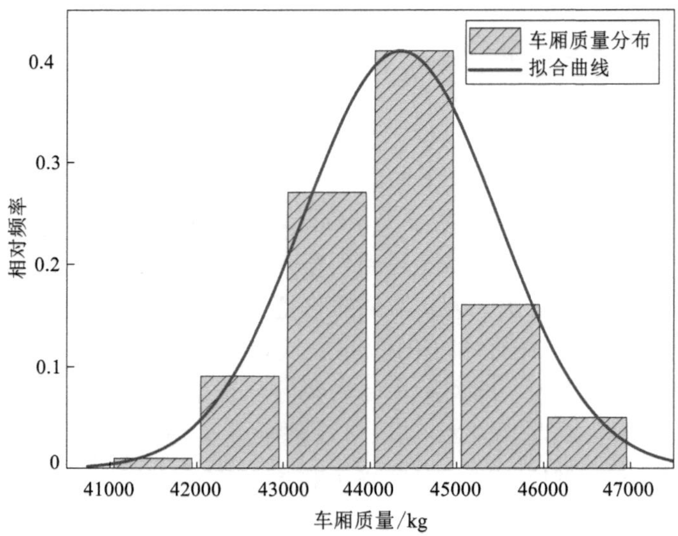

图 8-2　CRH3 车厢质量拟合分布

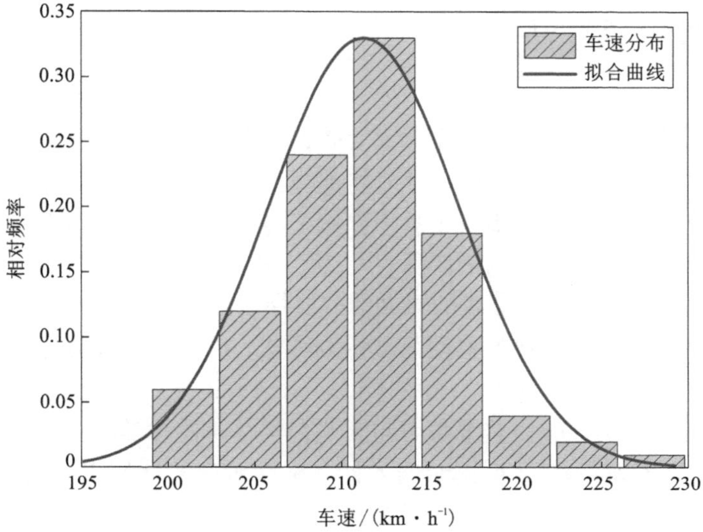

图 8-3　CRH1 车速拟合分布

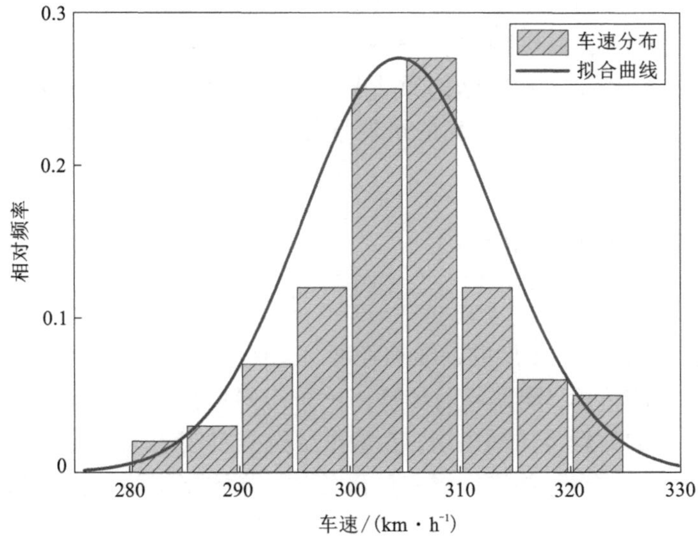

图 8-4　CRH3 车速拟合分布

8.2 机器学习算法

机器学习作为人工智能的一个分支，通过一定的模型算法对已有数据样本进行分析学习，实现对未知数据进行分类和预测。相较于传统计算方式，机器学习以其“自学习、自适应”的特点，在诸多领域中起到举足轻重的作用，如：开发新材料[172]、医学影像[173]、反电信诈骗[174]、无人驾驶[175]等。机器学习在土木工程领域同样有着诸多应用，其具有的强大的非线性拟合和特征分类能力非常适用于移动荷载识别。相较于传统的移动荷载识别方法，机器学习计算速度快，准确率高，避免了复杂的人工计算。

机器学习按算法可分为监督学习与无监督学习。监督学习在分析数据时会赋予数据对应的“正确答案”，即同时输入样本 x 和对应的标签 $F(x)$，监督学习的本质在于学习样本与标签之间的映射关系。无监督学习输入值只有样本 x，标签需算法自己“探索”。所以监督学习的学习难度和学习成本均远低于无监督学习。监督学习按学习结果可分为分类和回归，分类就是将样本按照一定的规则或者特征预测样本所属的类别，分类结果是离散的，比如按照桥梁结构动态响应特征把桥梁健康状况分成“有损伤”和“无损伤”。回归是预测样本对应的实数输出，其结果是连续的，比如输入桥梁结构的动态响应，识别出过桥车辆的车重信息。本章介绍三种近几年使用频率较高的机器学习算法：BP 神经网络、随机森林和支持向量机。

8.2.1 BP 神经网络(BPNN)

(1)网络结构。

BP 神经网络是一种多层的前馈神经网络，有输入层、隐含层、输出层三层网络结构，信号向前传播，误差反向传播。信号正向传播时，在输入层输入样本数据，经过隐含层的处理传向输出层，在输出层得到对应的标签值。若计算的标签值与期望标签值有误差，则进行误差反向传播，从输出层传回隐含层，再传回输入层，依次调整层与层之间的权值比重，减小误差。通过不断重复信号向前传播、误差反向传播这个过程，实现输出标签值与期望值的误差在可接受范围内，BP 神经网络结构如图 8-5 所示。图中：$\boldsymbol{x}=[x_1, x_2, \cdots, x_n]$为输入向量；$w_{ij}$ 为输入层与隐含层之间的权重；w_{jk} 为隐含层与输出层之间的权重；$F(x)=[y_1, y_2, \cdots, y_m]$为输出向量；$\Delta_i$ 为输出标签值与期望标签值的误差。

(2)神经元模型。

一个完整的 BP 神经网络由一系列的人工神经元按照不同的权重相互连接，

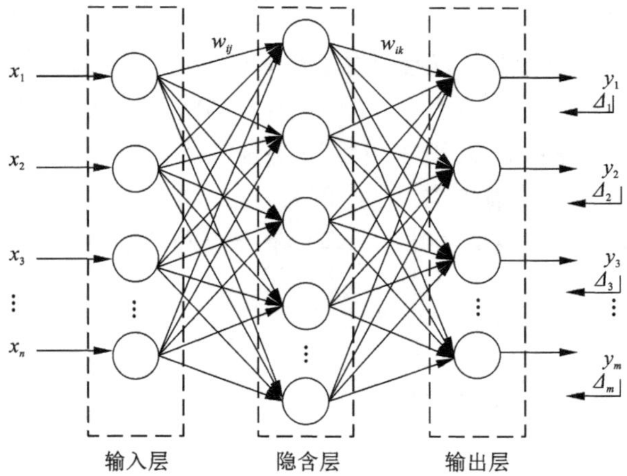

图 8-5　BP 神经网络结构图

人工神经元是生物神经元的抽象表现形式，它与生物神经元相似，都可以通过学习来对未知数据进行预测分类[167]。人工神经元通常只有一个输出，而生物神经元有多个输出。生物神经元之间通过突触相互连接，连接强弱受外部激励信号影响从而发生变化。人工神经元之间的连接强弱由预先分配的权重决定，权重通过训练数据调整。以第 j 个神经元为例，单个神经元结构如图 8-6 所示。

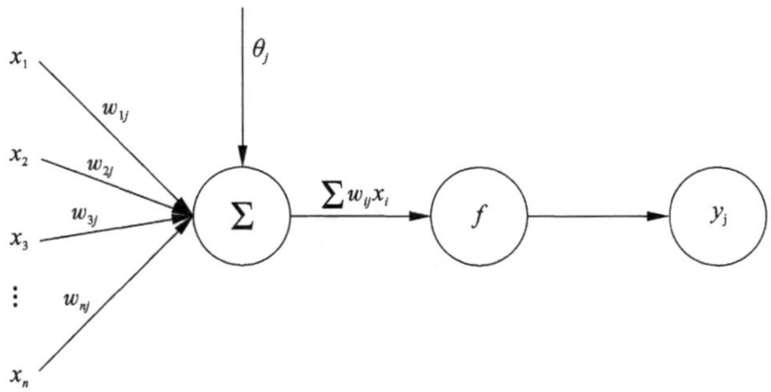

图 8-6　人工神经元结构图

图中：$\boldsymbol{x}=[x_1, x_2, \cdots, x_n]$为第 j 个神经元 n 个输入信号；$\boldsymbol{w}=[w_{1j}, w_{2j}, \cdots, w_{nj}]$为每个输入信号与神经元之间的权重；$\theta_j$ 为神经元阈值；f 为激活函数；y_j 为神经元的输出。神经元输出与输入的映射关系可以表示为：

$$y_j = f\left[\sum_{i=0}^{n} w_{ij}x_i + \theta_j\right] \tag{8-3}$$

第 j 个神经元与下一个神经元连接，输出值 y_j 即为下一个神经元的输入信号矩阵 x 中的一个子信号。

(3)激活函数。

激活函数也叫传递函数、连接函数，用来模拟神经元输出与其激活状态之间的联系。当输入达到阈值时被激活，否则为抑制状态，BP 神经网络激活函数必须可微。BP 神经网络一般采用非线性激活函数 *Sigmoid* 函数，定义域为(-∞，+∞)，值域为(0，1)，单调连续，处处可微。随着定义域取值的增大，函数值无限趋近于 1；随着定义域取值的减小，函数值无限趋近于 0。

$$Sigmoid(x)=\frac{1}{1+e^{-x}} \tag{8-4}$$

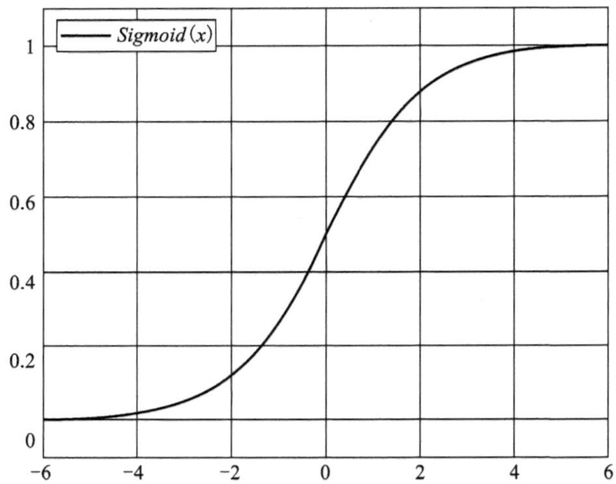

图 8-7　*Sigmoid* 函数图像

(4)传递算法。

信号正向传递时，以只有一个隐含层的 BP 网络为例。输入层神经元以 i 为编号，隐含层神经元以 j 为编号，输出层神经元以 k 为编号，则隐含层第 j 个神经元的输入为：

$$\text{net}_j=\sum_i w_{ij}y_i \tag{8-5}$$

第 j 个神经元的输出为：

$$y_j=f(\text{net}_j) \tag{8-6}$$

输出层第 k 个神经元的输入为：

$$\text{net}_k=\sum_j w_{jk}y_j \tag{8-7}$$

相应的输出为：

$$y_k=f(\text{net}_k) \tag{8-8}$$

式中：f 为传递函数。

设此处的传递函数为 S 型函数，则有：

$$f(x)=\frac{1}{1+e^{-(x+\theta)}} \tag{8-9}$$

式中：θ 为阈值。

在学习过程中，设第 k 个输出神经元的期望输出是 t_k，而网络的实际输出为 y_k，则网络的误差为：

$$E=\frac{1}{2}\sum_k (t_k-y_k)^2 \tag{8-10}$$

式中：E 为目标函数。

误差反向回传时，权值沿着网络逐层反向进行调整。根据梯度下降法，权值(包括阈值)的变化项 Δw_{jk} 与 $\partial E/\partial w_{jk}$ 成正比，即：

$$\Delta w_{jk}=-\eta\frac{\partial E}{\partial w_{jk}} \tag{8-11}$$

故有：

$$\Delta w_{jk}=-\eta\frac{\partial E}{\partial w_{jk}}=\eta\left(-\frac{\partial E}{\partial \mathrm{net}_k}\right)\frac{\partial \mathrm{net}_k}{\partial w_{jk}}=\eta\left(-\frac{\partial E}{\partial y_k}\right)\frac{\partial y_k}{\partial \mathrm{net}_k}\frac{\partial \mathrm{net}_k}{\partial w_{jk}}=\eta(t_k-y_k)y_k(1-y_k)y_j \tag{8-12}$$

记 $\delta_k=-\frac{\partial E}{\partial \mathrm{net}_k}=(t_k-y_k)y_k(1-y_k)$，隐含层神经元亦可写成：

$$\Delta w_{ij}=-\eta\frac{\partial E}{\partial w_{ij}}=\eta\left(-\frac{\partial E}{\partial y_j}\right)\frac{\partial y_j}{\partial \mathrm{net}_j}\frac{\partial \mathrm{net}_j}{\partial w_{ji}}=-\eta\frac{\partial E}{\partial y_j}y_j(1-y_j)y_i \tag{8-13}$$

记 $\delta_j=-\frac{\partial E}{\partial y_j}y_j(1-y_j)$，又：

$$-\frac{\partial E}{\partial y_j}=\sum_k\frac{\partial E}{\partial \mathrm{net}_k}\frac{\partial \mathrm{net}_k}{\partial y_j}=\sum_k\left(-\frac{\partial E}{\partial \mathrm{net}_k}\right)\left[\frac{\partial\left(\sum_j w_{jk}y_j\right)}{\partial y_j}\right]=\sum_k\left(-\frac{\partial E}{\partial \mathrm{net}_k}\right)w_{jk}=\sum_k\delta_k w_{jk} \tag{8-14}$$

则可推导各个权值系数的调整量为：

$$\Delta w_{jk}=\eta(t_k-y_k)y_k(1-y_k)y_j \tag{8-15}$$

$$\Delta w_{ij}=\eta\delta_k w_{jk} \tag{8-16}$$

$$\delta_j=y_j(1-y_j)\sum_k\delta_k w_{jk} \tag{8-17}$$

$$\delta_k=(t_k-y_k)y_k(1-y_k) \tag{8-18}$$

式中：η 为学习效率。

(5)拓扑结构

网络拓扑结构设计主要包括输入层和输出层单元个数和输入输出向量的选

择，隐含层层数选择，输入层、隐含层与输出层之间传递函数的选择等。其中，输入层和输出层单元个数和输入输出向量的选择由学习内容决定。如下文选择21个传感器的影响线面积作为输入，列车质量作为输出，则输入单元数量为21，输入值为影响线面积值，输出单元数量为1，输出值为列车质量。本书传递函数在输入层与隐含层之间选择 *Sigmoid* 函数，在隐含层与输出层之间选择 purelin 函数。隐含层设计包括隐含层层数和单元数量，随着隐含层层数的增加，神经网络处理复杂数据的能力提升，但同时训练时间也会增加[176]。对于本书列车运行参数识别问题，单隐含层足够解决。隐含层单元数量的确定没有明确公式，本书使用经验公式：

$$j=\sqrt{m+n}+a \tag{8-19}$$

式中：j 为隐含层单元数量；m 为输出层单元数量；n 为输入层单元数量；a 为 1～10 的常数。

8.2.2 支持向量机(SVM)

支持向量机(SVM)是一种二分类模型，基于核函数把低维样本映射到高维空间，在高维空间构造超平面，将原本线性不可分的样本实现线性可分。精髓在于使到超平面距离最近的样本点间隔最大，使绝大多数样本位于决策边界外侧。支持向量回归(SVR)是一种回归模型，输出是任意实数。SVR 在于找到一个回归平面，让一个集合的所有样本点到该平面的距离最近。精髓在于使到超平面距离最远的样本点间隔最大，使绝大多数样本位于决策边界内侧。

(1)支持向量机(SVM)

在二维空间中，如果存在一条直线将两种不同类别的样本数据分开，则这个样本集是线性可分的。如果不存在这样的直线将两种不同类别的样本数据分开，则这个样本集是线性不可分的。在 N 维空间中，需要 $N-1$ 维曲面对样本 $\{(x_i, y_i), i=1, 2, \cdots, n\}$ 进行分割，该曲面称为分隔超平面，超平面公式为：

$$\boldsymbol{w}^{\mathrm{T}}x+b=0 \tag{8-20}$$

式中：$\boldsymbol{w}^{\mathrm{T}}=[w_1, w_2, \cdots, w_n]$ 为 n 维超平面的法向量；x 为任意实数；y 为分类标签值。通常选用 1 和−1、b 为偏置值。

超平面有下式的性质：

$$\exists w, b \quad s.t. \begin{cases} y_i=1 \text{ 时}, \boldsymbol{w}^{\mathrm{T}}x_i+b \geqslant 0 \\ y_i=-1 \text{ 时}, \boldsymbol{w}^{\mathrm{T}}x_i+b<0 \end{cases} \tag{8-21}$$

式(8-21)等价于：

$$\exists w, b \quad s.t. (\boldsymbol{w}^{\mathrm{T}}x_i+b) \geqslant 1 \tag{8-22}$$

简化为：

$$y_i(\boldsymbol{w}^{\mathrm{T}}x_i+b)\geqslant \quad i=1,\ 2,\ \cdots,\ n \tag{8-23}$$

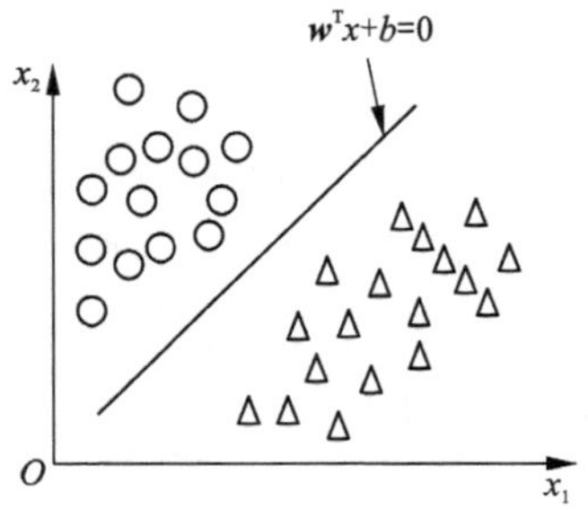

图 8-8　线性可分

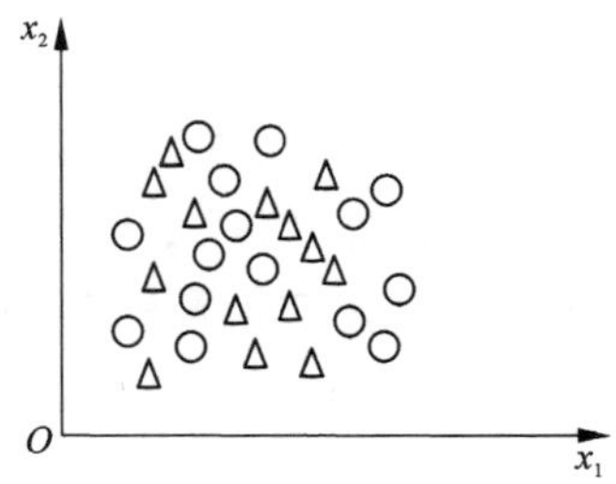

图 8-9　线性不可分

距离超平面最近的点称为支持向量。当支持向量与超平面之间的距离 d 最大时，该超平面分割效果最好。

$$d=\frac{|\boldsymbol{w}^{\mathrm{T}}x_i+b|}{\|\boldsymbol{w}\|} \tag{8-24}$$

式中：$\|\boldsymbol{w}\|$ 为所有元素的平方和的开平方。最大分类间隔 $\gamma=\frac{2}{\|\boldsymbol{w}\|}$。

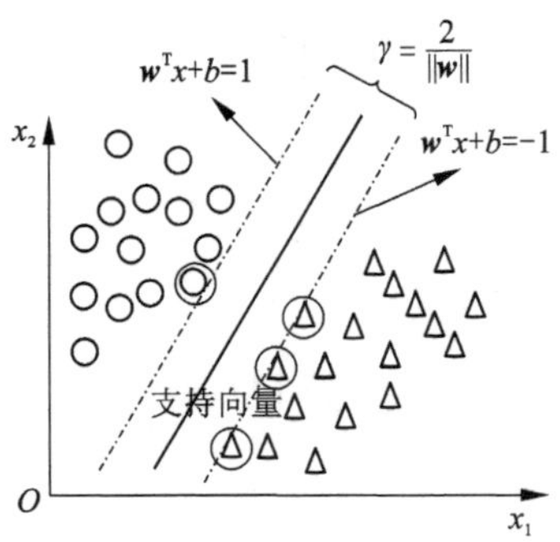

图 8-10　SVM

求解最大距离 d 的问题转化为：

$$\begin{cases}\underset{\boldsymbol{w},\ b}{\operatorname{argmin}}\ \dfrac{\|\boldsymbol{w}\|^2}{2} \\ s.\ t.\quad y_i(\boldsymbol{w}^{\mathrm{T}}x_i+b)\geqslant 1 \quad i=1,\ 2,\ \cdots,\ n\end{cases} \tag{8-25}$$

当样本数据线性不可分时，通过核函数将低维样本映射到高维空间，当维度趋近无穷的时候，必定存在一个超平面将样本分割。假设 x、y 为二维空间的变量，对应的高维空间映射函数为 $\varphi(x)$ 和 $\varphi(y)$，它们的内积为 $\langle\varphi(x),\ \varphi(y)\rangle$，令

$k(x, y)=\langle \varphi(x), \varphi(y) \rangle$，则称 $k(x, y)$ 为核函数。常用的核函数有高斯核、多项式核、拉普拉斯核、径向基核函数等。核函数的选择没有统一标准，本书选用径向基核函数。

(2)支持向量回归(SVR)。

在回归模型中，要求到回归超平面最远样本点的间隔最大以包含更多的样本点。以回归超平面为中心，构造一个宽度为 2ε 的间隔带。SVR 允许期望标签值与实际计算标签值之间存在偏差 ε。当期望标签值与实际计算标签值之间绝对值大于 ε 时才计算损失，即样本点在间隔带内时不计算损失。

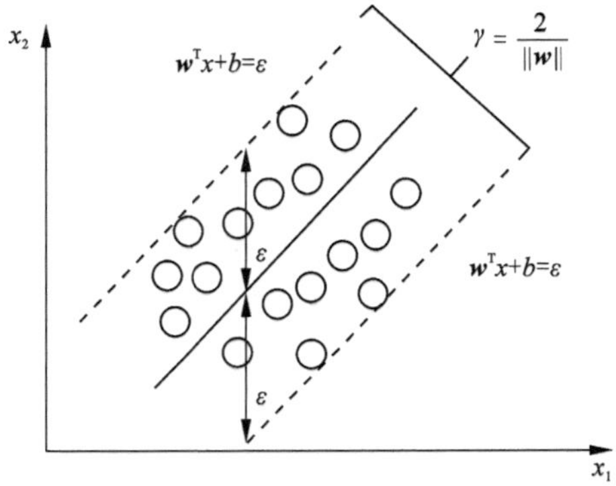

图 8-11　SVR

SVR 优化问题转化为：

$$\begin{cases} \underset{w,\ b}{\operatorname{argmin}} \dfrac{\| \boldsymbol{w} \|^2}{2} \\ s.\ t. \quad |y_i-(\boldsymbol{w}^{T}x_i+b)| \geqslant \varepsilon \quad i=1, 2, \cdots, n \end{cases} \tag{8-26}$$

8.2.3　随机森林(RF)

随机森林是由多个决策树模型组合构成的 bagging 算法集成学习。多棵决策树组成随机森林，每棵决策树之间相互独立，从样本全集中随机抽取样本子集训练每棵决策树模型，每棵决策树都会计算出一个独立的输出结果，随机森林输出结果由每棵决策树共同决定。决策树分为回归树和分类树，所以随机森林算法既可以数据回归也可以数据分类。当执行分类任务时，RF 采用“少数服从多数”的原则，输出结果采用分类树分类最多的结果。当执行回归任务时，采用所有回归树输出结果的均值。随机森林结构如图 8-12 所示，图中黑色框线内为决策树模型。

如图 8-13 所示，决策树模型结构包含根节点、中间节点、叶子节点，决策始于根节点，终于叶子结点，叶子结点是决策结果，决策树模型实质上是不断地进

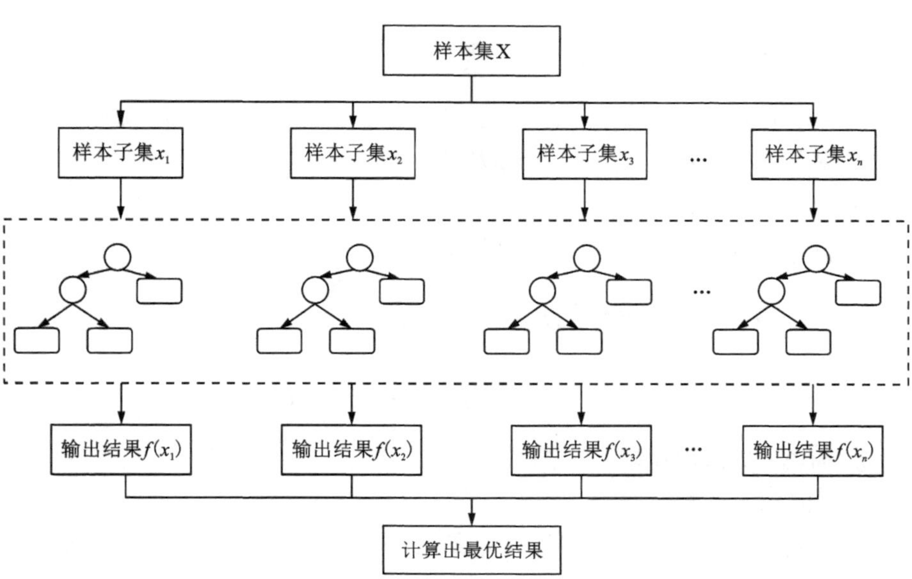

图 8-12　随机森林模型结构图

行节点的分裂过程[177]。决策树有三种分裂算法：ID3(以信息增益为准则)、C4.5(以信息增益率为准则)和 CART(以基尼系数为准则)。

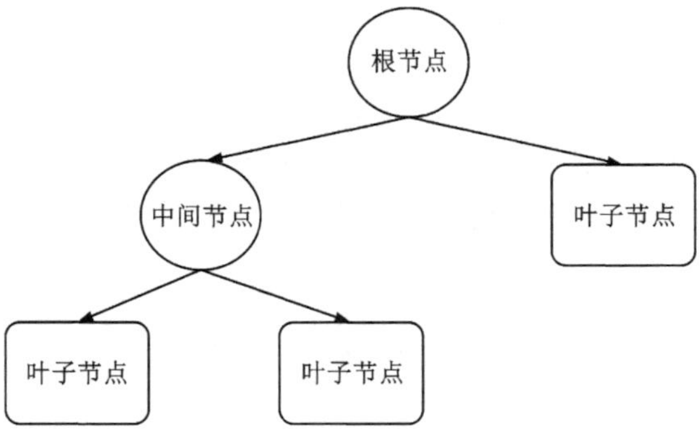

图 8-13　决策树模型结构图

(1)以信息增益为准则。

以信息熵 H(X)作为度量样本集合纯度的指标，H(X)越小则纯度越高，H(X)用下式表示。

$$H(X) = -\sum_{i=1}^{n} p_i \log_2 p_i \tag{8-27}$$

式中：X 为样本集；n 为样本类别数；p_i 为第 i 类样本在样本集 X 的占比。

当样本集按属性 A 划分，以条件熵 H(X|A)作为度量样本集合纯度的指标，H(X|A)越大则纯度越高，用下式表示。

$$H(X|A)=\sum_{j=1}^{m}\frac{|X_j|}{|X|}H(X_j) \tag{8-28}$$

式中：$|X|$为样本集 X 的样本总数；$|X_j|$为第j个子样本的样本数；m为属性 A 划分后的样本子集数；$H(X_j)$为第j个子样本的信息熵。

则信息增益 G(X, A)为：

$$\begin{aligned}G(X,A)&=H(X)-H(X|A)\\&=-\sum_{i=1}^{n}p_i\log_2 p_i-\sum_{j=1}^{m}\frac{|X_j|}{|X|}H(X_j)\\&=-\sum_{i=1}^{n}p_i\log_2 p_i-\sum_{j=1}^{m}\frac{|D_j|}{|D|}\left(\sum_{i=1}^{n}p_{ij}\log_2 p_{ij}\right)\end{aligned} \tag{8-29}$$

式中：p_{ij}为第i类样本在第j个子样本X_j的占比。

(2)以信息增益率为准则

用 I(A)作为度量样本 A 属性分布是否均匀的指标，I(A)越大则分布越均匀。I(A)用下式表示。

$$I(A)=\sum_{j=1}^{m}\frac{|X_j|}{|X|}\log_2\frac{|X_j|}{|X|} \tag{8-30}$$

则信息增益率 Gr(X, A)可表示为：

$$Gr(X,A)=\frac{Gr(X,A)}{I(A)} \tag{8-31}$$

(3)基尼指数准则

以基尼指数(Gini 指数)作为度量数据划分的不纯度的指标。Gini 指数表示样本集中随机抽取样本被分类错误的概率，Gini 指数越小，样本集纯合度越高。Gini 值用下式表示。

$$\mathrm{Gini}(X)=\sum_{i=1}^{n}p_i(1-p_i)=1-\sum_{i=1}^{n}p_i^2 \tag{8-32}$$

则 Gini 指数为：

$$\mathrm{Gini}(X,A)=\sum_{j=1}^{m}\frac{|X_j|}{|X|}\mathrm{Gini}(X_j) \tag{8-33}$$

8.2.4 机器学习识别精度评价

当机器学习模型训练好后，需对模型进行识别测试，测试合格后才可使用，否则需重新训练，本书采用相对输出误差δ和正确识别率A作为机器学习是否合格的测试指标[178]。相对输出误差用下式表示。

$$\delta_k=\frac{|y_k-t_k|}{t_k} \tag{8-34}$$

式中：δ_k 为第 k 个样本的相对输出误差；y_k 为第 k 个样本的实际输出；t_k 为第 k 个样本的期望输出。

网络正确识别率：相对输出误差小于等于 10%的样本的个数在所有测试样本中的占比。可用下式表示。

$$A = \frac{N_{\mathrm{T}}}{N} \times 100\% \tag{8-35}$$

式中：N_{T} 为相对输出误差小于等于 10%的样本的个数；N 为测试样本总数。

当 $A \geqslant 60\%$时，可以认为机器学习模型是合格的。模型训练合格后，便可进行识别任务。对于训练合格的机器学习模型，本书引入均方误差(MSE)衡量模型识别结果。MSE 用下式表示。

$$\mathrm{MSE} = \frac{1}{N}\sum_{k=1}^{N}(y_k - t_k)^2 \tag{8-36}$$

本书使用网络正确识别率和均方误差作为机器学习模型精度的评价指标，当一种机器学习模型正确识别率最高且均方误差最低时，认为该机器学习模型精度最高。

8.3　机器学习样本库构建

8.3.1　样本集预处理

识别列车运行时不同的参数，不同样本输入和输出物理量的量纲显然不同，数据的数量级也不同。在神经网络中一般需要对样本数据进行预处理，避免数据存在数量级上的差别而影响网络训练时间和识别精度。考虑到运用的传递函数为非线性传递函数，该函数在横坐标绝对值较大时导数趋近于 0，导致学习效率低，难收敛。将数据通过归一化的方法转化到-1 至 1 之间。需要注意的是，在使用训练完毕的网络进行识别参数时，网络输出的是归一化后的数据，需要反归一化恢复到原数量级数据。

8.3.2　样本集数量选择

作为神经网络的样本集，其中一定比例作为训练集，其余作为验证集和测试集。训练集的选择对神经网络的泛化能力具有重要影响，是整个训练过程的基础，甚至比寻找合适的网络结构、训练参数等更重要。在实际情况下考虑到训练时间成本、电脑算力和精度要求，不可能寻找成千上万的样本去训练函数，相对较低的精度要求也没必要收集冗余的样本。为验证本书 200 次列车荷载跑车样本集是否能训练出满足精度的网络。本书以 *BP* 神经网络为参考，仅取 100 次列车荷载跑车样本集进行训练，分别以 25%、50%、75%的样本集作为训练集样本的数量，进行列车车厢质量参数训练。

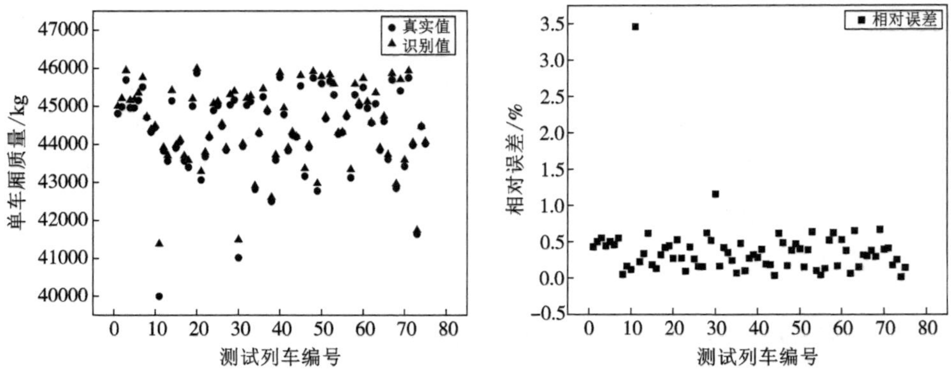

(a) 25%的样本集为训练集

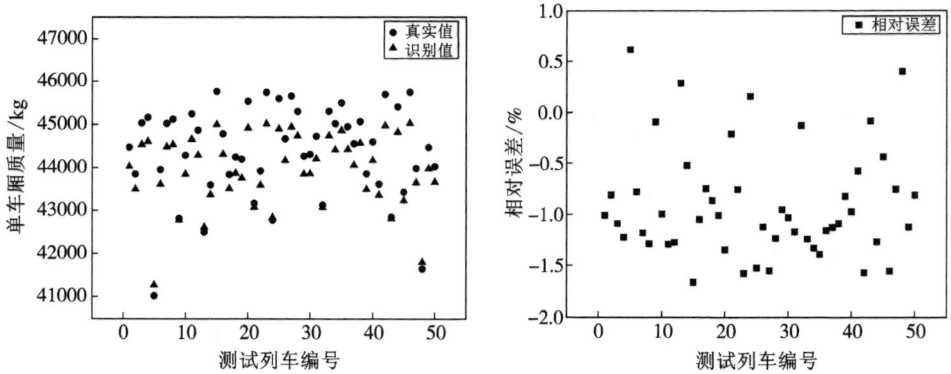

(b) 50%的样本集为训练集

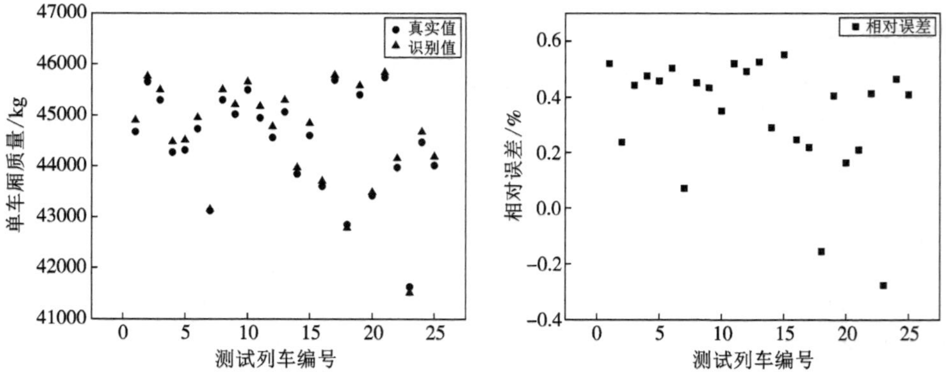

(c) 75%的样本集为训练集

图 8-14　25%、50%、75%的样本集网络训练效果对比

如图 8-14，从单个车厢质量参数识别结果可以看出，训练相对误差在 25%的时候有最大值 3.5%，其余大部分样本识别结果均最多与真实值相差 1%。还可以发现训练集样本数量越多，相对误差更稳定且有减小的趋势，识别的精度越高。因此，后面的小节均采用 200 次列车荷载跑车样本集数据作为样本集，90%的样本集作为训练集。

8.4　列车轴距和速度识别

如图 8-15 所示，简支梁 AB 上一高速列车从 A 端匀速运动到 B 端，m、n 为梁上任意两个长标距光纤光栅传感器，$f_m(x)$、$f_n(x)$ 分别为传感器 m、n 测得的应变时程曲线，传感器 m、n 之间的距离为 Δs，$f_m(x)$ 到达第一个极值点的时间点为 t_1，到达第二个极值点的时间点为 t_2，$f_n(x)$ 到达第一个极值点的时间点为 t_3，则

$$\Delta t = t_2 - t_1 \tag{8-37}$$

$$\Delta T = t_3 - t_1 \tag{8-38}$$

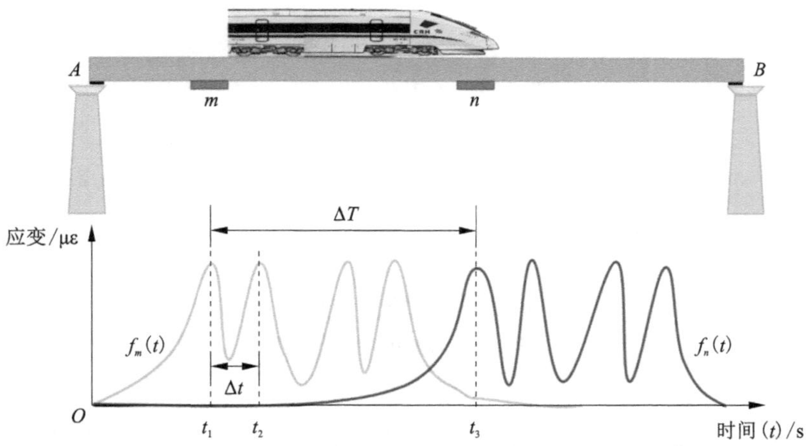

图 8-15　列车过桥时的应变时程曲线

则列车车速 v 和转向架固定轴距 d 可用下式计算。

$$v = \frac{\Delta s}{\Delta T} = \frac{\Delta s}{t_3 - t_1} \tag{8-39}$$

$$d = v \cdot \Delta t = v(t_2 - t_1) \tag{8-40}$$

式(8-39)、式(8-40)中，Δs 已知，列车车速 v 和轴距 d 可通过 t_1、t_2、t_3 计算得到，t_1、t_2、t_3 的值为应变时程曲线极值点的横坐标，v 和 d 对应变时程曲线敏感，

因此本书选用应变时程面积作为机器学习的输入向量。

国内外高速铁路列车轴距形成了系列化轴距，本书选取 CHR1 和 CRH3 为参考车辆，其轴距分别为 2700 mm 和 2500 mm，输出结果是 2 个离散的数值，轴距识别是数据分类任务。本书选取梁底 21 个宏应变时程面积作为输入向量，以轴距作为输出向量，将数值仿真前 180 组样本作为训练集，后 20 组样本作为测试集。识别结果如图 8-16 所示，图中横坐标为测试集样本编号，纵坐标为机器学习输出结果。图中黑色为机器学习标签值，即真实值；红色、蓝色、绿色分别为 BP 神经网络、RF、SVM 分类值。图中显示分类值与标签值完全重合，BP 神经网络、RF 和 SVM 都能有效对列车轴距进行分类，且识别准确率均为 100%。BP 神经网络、RF 和 SVM 均有良好的分类能力。

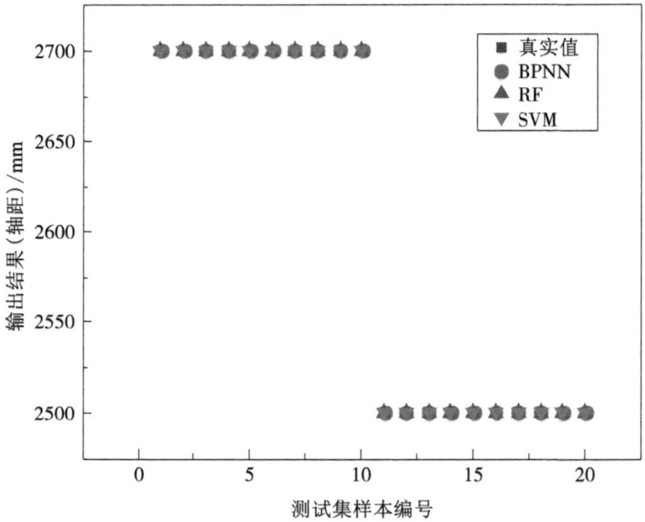

图 8-16　轴距识别结果图

对于列车车速识别任务，同样取数值仿真前 180 组样本作为训练集，后 20 组样本作为测试集，选取梁底 21 个宏应变时程面积作为输入向量，列车速度作为输出向量。图 8-17 为列车速度识别结果图，横坐标为测试集样本编号，纵坐标为机器学习输出结果。图中黑色为机器学习标签值，即真实值：红色、蓝色、绿色分别为 BP 神经网络、RF、SVM 回归值。图中显示回归值和标签值基本重叠，表示拟合效果较好。

图 8-18 为速度识别相对输出误差图，横坐标为测试集样本编号，纵坐标为回归值与标签值的相对误差。图中显示误差都在 5%以内，拟合效果较好。BP 神经网络、RF 和 SVM 识别准确率均为 100%。图 8-19 为速度识别均方误差图，横

坐标为机器学习算法类型，纵坐标为横坐标对应算法的回归值与标签值的均方误差，BP 神经网络、RF、SVM 识别均方误差分别为 24.7、27.5、28.4，BP 神经网络识别均方误差最小，SVM 识别均方误差最大。BP 神经网络精度高于 RF 和 SVM，但差距不大。

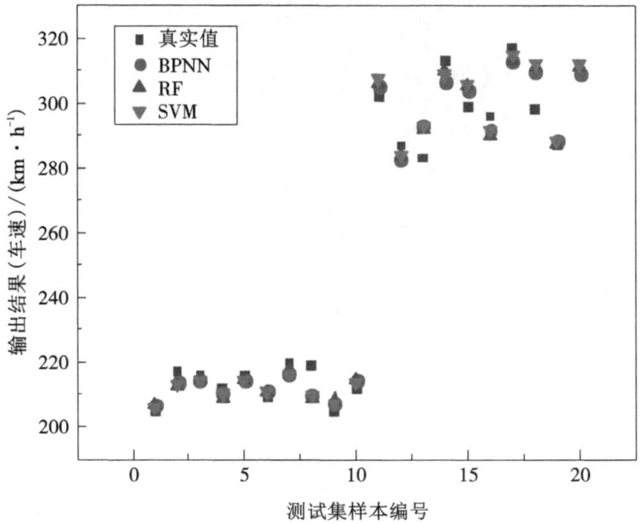

图 8-17　列车速度识别结果

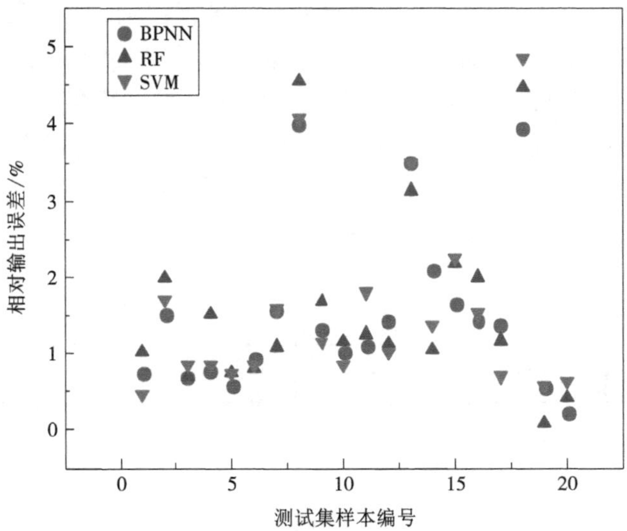

图 8-18　速度识别相对输出误差

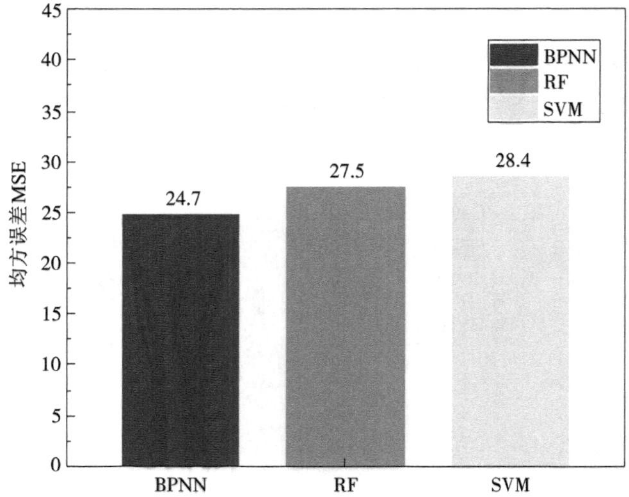

图 8-19 速度识别均方误差

8.5 列车轴重识别

8.5.1 宏应变影响线理论

Ojio 最早利用应变影响线对车辆移动荷载进行识别[179]，但由于以往的“点式”传感器只能对桥梁局部监测，无法获取桥梁整体结构的应变，本书采用新型 BFRP 封装的长标距 FBG 传感器(耐腐蚀、抗电磁干扰、精度高)，将长标距 FBG 传感器串联布置对全桥监测，每个传感器测得的应变数据为标距内的平均应变，即宏应变[180]。图 8-20 所示存在一简支梁 AB，下文开始介绍在单位移动力 P 作用下简支梁 AB 的应变影响线计算过程。

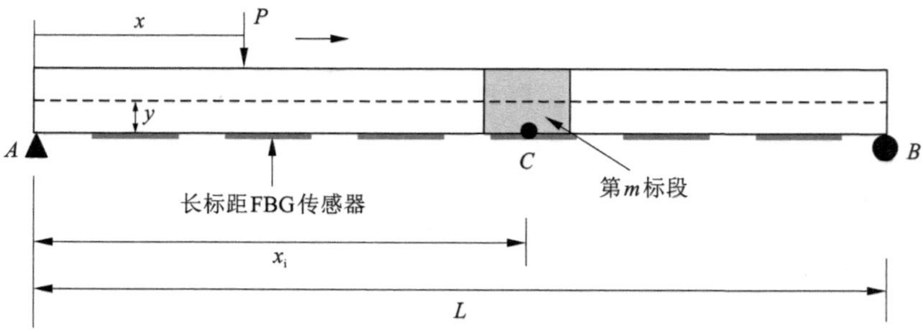

图 8-20 单位移动力 P 荷载作用示意图

梁上一单位移动荷载 P 从 A 端运动到 B 段，梁下串联布置 n 个长标距 FBG 传感器。标距为 l_e；桥梁全长为 L；第 m 个传感器左侧与 A 的距离为 x_{m-1}；右侧与 A 的距离为 x_m，即 $x_m-x_{m-1}=l_e$；梁上任意一点 C 与 A 的距离为 x_i；中和轴高度为 y，截面刚度为 EI。根据材料力学，C 处的弯矩影响线可表示为：

$$M(x)=\begin{cases}\dfrac{(L-x_i)x}{L} & 0\leqslant x<x_i\\[2ex] \dfrac{(L-x)x_i}{L} & x_i\leqslant x\leqslant L\end{cases} \tag{8-41}$$

根据材料力学，公式 $\sigma=\dfrac{My}{I}$ 和胡克定律 $\varepsilon=\dfrac{\sigma}{E}$ 可得 C 处应变影响线为：

$$\varepsilon(x)=\begin{cases}\dfrac{(L-x_i)yx}{EIL} & 0\leqslant x<x_i\\[2ex] \dfrac{(L-x)yx_i}{EIL} & x_i\leqslant x\leqslant L\end{cases} \tag{8-42}$$

将式(8-42)在 $x_{m-1}\leqslant x_i\leqslant x_m$ 区间内积分，并取平均值，得到第 m 个 FBG 传感器标距内的宏应变影响线，表示为：

$$\begin{aligned}\bar{\varepsilon}_m(x) &= \frac{1}{l_e}\int_{x_{m-1}}^{x_m}\varepsilon(x_i)\,\mathrm{d}x_i\\ &=\begin{cases}\dfrac{1}{l_e}\displaystyle\int_{x_{m-1}}^{x_m}\frac{(L-x_i)yx}{(\overline{EI})_mL}\mathrm{d}x_i & 0\leqslant x<x_{m-1}\\[3ex] \dfrac{1}{l_e}\left[\displaystyle\int_{x_{m-1}}^{x}\frac{(L-x)yx_i}{(\overline{EI})_mL}\mathrm{d}x_i+\int_{x}^{x_m}\frac{(L-x_i)yx}{(\overline{EI})_mL}\mathrm{d}x_i\right] & x_{m-1}\leqslant x\leqslant m_m\\[3ex] \dfrac{1}{l_e}\displaystyle\int_{x_{m-1}}^{x_m}\frac{(L-x)yx_i}{(\overline{EI})_mL}\mathrm{d}x_i & x_m<x\leqslant L\end{cases}\end{aligned} \tag{8-43}$$

解上式定积分并化简，得到第 m 标段内的宏应变影响线，表示为：

$$\bar{\varepsilon}_m(x)=\begin{cases}\dfrac{y(2L-2x_{m-1}-l_e)}{2(\overline{EI})_mL}x & 0\leqslant x<x_{m-1}\\[3ex] \dfrac{y}{2(\overline{EI})_mLl_e}[-Lx^2+x(x_{m-1}^2-x_m^2+2Lx_m)-Lx_{m-1}^2] & x_{m-1}\leqslant x\leqslant x_m\\[3ex] \dfrac{y(2x_m-l_e)}{2(\overline{EI})_mL}(L-x) & x_m<x\leqslant L\end{cases} \tag{8-44}$$

式中：$(\overline{EI})_m=\dfrac{1}{l_e}\int_{(m-1)l_e}^{ml_e}(EI)_i\mathrm{d}x_i$ 为第 m 个传感器标距内桥梁结构的等效平均抗弯刚度。

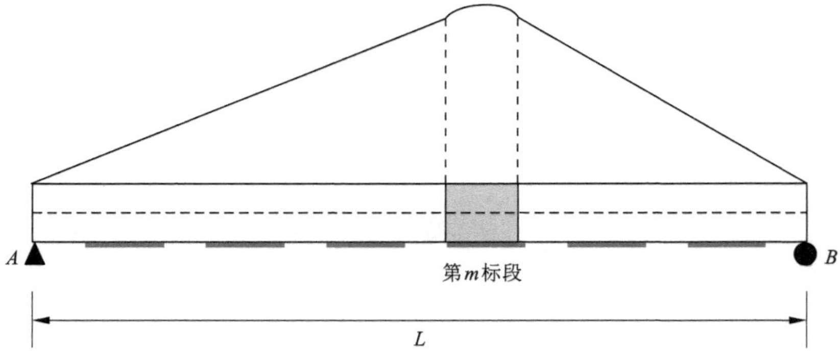

图 8-21　宏应变影响线

8.5.2　基于宏应变影响线理论的列车轴重识别

在单位移动荷载 P 的作用下，将应变影响线对横轴积分，得到宏应变影响线面积 A，则

$$A=\int_0^L\overline{\varepsilon}_m(x)\mathrm{d}x=\frac{y}{2(\overline{EI})_mL}\left\{\frac{(2L-2x_{m-1}-l_e)x_{m-1}^2}{2}-\frac{1}{l_e}\left[-\frac{L(x_m^3-x_{m-1}^3)}{3}+\frac{(x_{m-1}^2-x_m^2+2Lx_m)}{2}(x_m^2-x_{m-1}^2)-Lx_{m-1}^2(x_m-x_{m-1})\right]+(2x_m-l_e)\left(\frac{L^2}{2}-Lx_m+\frac{x_m^2}{2}\right)\right\}\tag{8-45}$$

令：

$$g(L,l_e,x_m,x_{m-1})=\frac{1}{2L}\left\{\frac{(2L-2x_{m-1}-l_e)x_{m-1}^2}{2}-\frac{1}{l_e}\left[-\frac{L(x_m^3-x_{m-1}^3)}{3}+\frac{(x_{m-1}^2-x_m^2+2Lx_m)}{2}(x_m^2-x_{m-1}^2)-Lx_{m-1}^2(x_m-x_{m-1})\right]+(2x_m-l_e)\left(\frac{L^2}{2}-Lx_m+\frac{x_m^2}{2}\right)\right\}\tag{8-46}$$

则

$$A=\int_0^L\overline{\varepsilon}_m(x)\mathrm{d}x=g(L,l_e,x_m,x_{m-1})\frac{y}{(\overline{EI})_m}\tag{8-47}$$

式中：$\frac{y}{(\overline{EI})_m}$为简支梁 AB 的结构参数，为固定值。$g(L,\ l_e,\ x_m,\ x_{m-1})$为单位移动荷载作用下宏应变影响线面积的参数函数，其值的大小与梁长 L、传感器标距 l_e、传感器左侧与左侧梁端距离 x_{m-1} 有关。当梁长 L、传感器标距 l_e、传感器左侧与左侧梁端距离 x_{m-1} 确定后，$g(L,\ l_e,\ x_m,\ x_{m-1})$也为固定值，那么单位移动荷载 P 作用下的宏应变影响线面积 A 可以通过计算得出、令任意大小移动荷载 $P_k=kP$，则 P_k 作用下宏应变影响线面积 A_k 为：

$$A_k=k\int_0^L\overline{\varepsilon}_m(x)\,\mathrm{d}x=kg(L,\ l_e,\ x_m,\ x_{m-1})\frac{y}{(\overline{EI})_m}=kA \tag{8-48}$$

可以得到以下关系：

$$\begin{cases}\dfrac{P_k}{P}=\dfrac{A_k}{A}=k\\[2ex] P_k=kP=\dfrac{A_k}{A}P\end{cases} \tag{8-49}$$

式中：A、P 为已知值，则只需知道 P_k 作用下宏应变影响线面积，便可计算得到任意移动荷载 P_k，即移动荷载值的大小与宏应变影响线面积存在比例关系。在实际求解未知荷载 P_k 时，P 和 A 可以是任意已知荷载和该已知荷载作用下的宏应变影响线面积。假设移动荷载 P 做匀速直线运动，进桥至出桥所花时间为 T，移动速度为 v，则

$$A=\int_0^L\overline{\varepsilon}_m(x)\,\mathrm{d}x=v\int_0^T\overline{\varepsilon}_m(t)\,\mathrm{d}x \tag{8-50}$$

式中：$\overline{\varepsilon}_m(x)$为宏应变位移曲线；$\overline{\varepsilon}_m(t)$为宏应变时间曲线，即应变时程曲线。

8.5.3　机器学习识别结果

做轴重识别时，做以下假设：①列车匀速过桥；②桥梁刚度处处相等；③列车各轴承担相同的重量。机器学习输入向量需对输出向量敏感，即进行列车移动荷载识别时需选择对列车移动荷载敏感的特征参数作为输入向量[181]。本书选取桥梁 21 个传感器标距内宏应变影响线面积作为输入向量，列车轴重作为输出向量，前 180 组样本作为机器学习训练样本，后 20 组样本作为测试样本。

图 8-22 为列车轴重识别结果图，BP 神经网络、RF 和 SVM 回归值与标签值基本重合，识别效果较好。对于列车轴重识别任务，BP 神经网络、RF 和 SVM 识别准确率均为 100%。图 8-23 为列车轴重相对输出误差图，BP 神经网络、RF、SVM 样本相对输出误差都在 1.5%以内，并且绝大部分测试样本相对输出误差在 0.5%以内，回归值与标签值之间的误差极低。本书提出的方法能够对列车轴重

做出准确的识别。图 8-24 为列车轴重识别均方误差图，BP 神经网络、RF、SVM 识别均方误差分别为 228.1、2879.7、1650.6。在小误差的前提下，BP 神经网络识别均方误差最小，RF 识别均方误差最大。

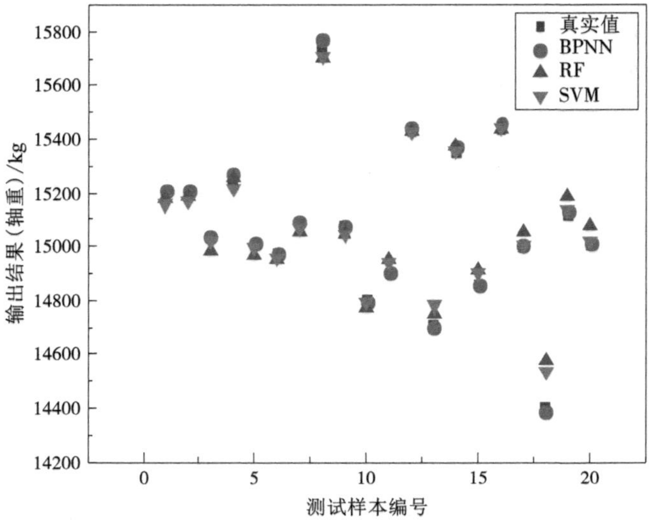

图 8-22　列车轴重识别结果

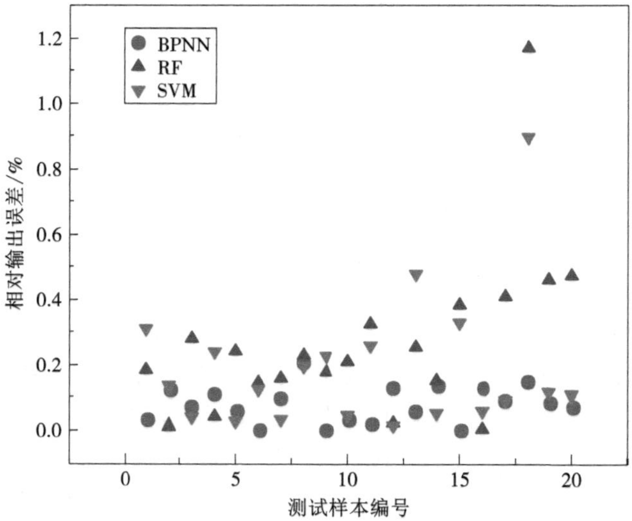

图 8-23　列车轴重相对输出误差

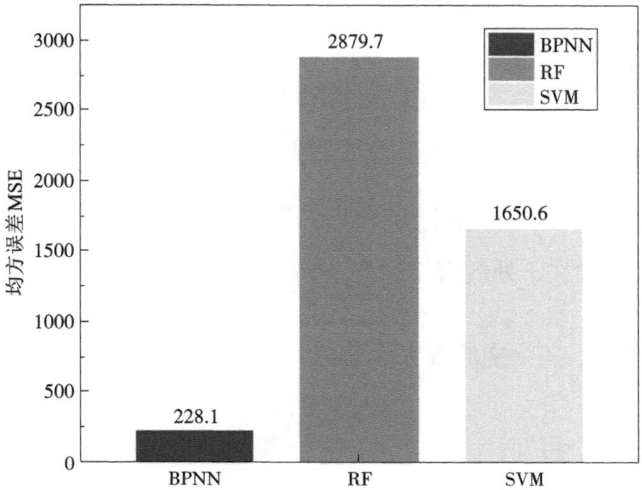

图 8-24　列车轴重识别均方误差

8.6　桥梁跨中最大挠度识别

8.6.1　输入参数确定

国内外研究发现，桥梁跨中持续下挠及挠度过大已成为世界大跨径预应力混凝土梁桥的通病[182]。桥梁跨中挠度过大会降低乘客的乘坐舒适感，严重的可能会导致桥梁结构疲劳破坏，影响列车运行安全，增加事故发生的风险。对桥梁挠度监测与识别也是一个热点研究课题。为选择对挠度敏感的输入参数，本书引入共轭梁法[183]计算桥梁指定点的竖向挠度。

根据材料力学，梁的弯矩函数 $M(x)$ 和荷载密度函数 $q(x)$ 用下式表示。

$$M(x)=EIy'' \tag{8-51}$$

$$q(x)=M''(x) \tag{8-52}$$

假设一虚有的梁(虚梁)与实际存在梁(实梁)长度相同(均为 L)，在坐标轴中的位置相同，且作用在虚梁上的分布荷载在梁上任意一点的荷载密度 $\overline{q}(x)$ 数值上等于实梁相同点截面处的弯矩值 $M(x)$，即虚梁的荷载密度图与实梁的弯矩图相同。则对于虚梁，有如下关系：

$$\overline{M''}(x)=\overline{q}(x) \tag{8-53}$$

将式(8-53)两边同乘 dx 并积分，得到：

$$\int_L \overline{M''}(x)\,\mathrm{d}x = \int_L \bar{q}(x)\,\mathrm{d}x \tag{8-54}$$

等式两边求解化简，得到：

$$\overline{M'}(x) = \int_L \bar{q}(x)\,\mathrm{d}x + \overline{Q_0} \tag{8-55}$$

将式(8-55)两边同乘 dx 并积分，得到：

$$\overline{M}(x) = \int_L \left[\int_L \bar{q}(x)\,\mathrm{d}x\bar{q}(x)\right]\mathrm{d}x + \overline{Q_0}L + \overline{M_0} \tag{8-56}$$

式中：$\overline{M}(x)$为虚梁在 x 处的弯矩；$\overline{M_0}$ 和 $\overline{Q_0}$ 分别为虚梁在坐标原点的虚弯矩和虚剪力。

根据材料力学，实梁挠曲线方程为：

$$EIy'' = \overline{M}(x) \tag{8-57}$$

根据材料力学，可知：

$$EIy' = EI\theta = \int_L M(x)\,\mathrm{d}x + EI\theta_0 \tag{8-58}$$

$$EIy = EI\theta = \int_L \left[\int_L M(x)\,\mathrm{d}x\right]\mathrm{d}x + EI\theta_0 L + EIy_0 \tag{8-59}$$

由于实梁的弯矩值 $M(x)$ 在数值上等于虚梁的荷载集度 $\bar{q}(x)$，则可以得到：

$$\int_L \bar{q}(x)\,\mathrm{d}x = \int_L M(x) \tag{8-60}$$

$$\int_L \left[\int_L \bar{q}(x)\,\mathrm{d}x\right]\mathrm{d}x = \int_L \left[\int_L M(x)\,\mathrm{d}x\right]\mathrm{d}x \tag{8-61}$$

当式(8-62)成立时：

$$\overline{M_0} = EIy_0 \tag{8-62}$$

则式(8-56)与式(8-57)等式右端相等。

根据材料力学、实梁支承情况来选择对应的虚梁支承情况，使式(8-62)成立，则可以得到：

$$EIy = \overline{M} \tag{8-63}$$

根据式(8-63)，只需计算虚梁任意点的截面弯矩值就可得到该点实梁的竖向挠度。

根据共轭梁理论截面弯矩对桥梁竖向挠度敏感、结构力学，截面弯矩值的大小与桥梁结构作用力的大小有关。根据上节内容，应变影响线面积对结构作用力敏感，因此本书选取 21 个宏应变影响线面积作为输入向量，以桥梁跨中最大竖向挠度作为输出向量，取前 180 组样本作为训练样本，后 20 组样本作为测试样本。

8.6.2 机器学习识别结果

图 8-25 为桥梁跨中最大挠度识别结果图，BP 神经网络、RF 和 SVM 回归值

与真实值相较于轴重识别结果离散较大。根据图 8-26 桥梁跨中最大挠度相对输出误差，BP 神经网络、RF 和 SVM 识别准确率均为 100%，BP 神经网络、RF 和 SVM 回归值与真实值的相对误差都在 6%以内，RF 与 SVM 有 95%的样本相对输出误差在 5%以内，BP 神经网络识别相对误差均在 2%以内。图 8-27 为桥梁跨中最大挠度识别均方误差图，BP 神经网络、RF、SVM 识别均方误差分别为 0.00002、0.00018、0.00024，识别均方误差 BP 神经网络最小，SVM 最大，BP 神经网络识别精度高于 RF 和 SVM。

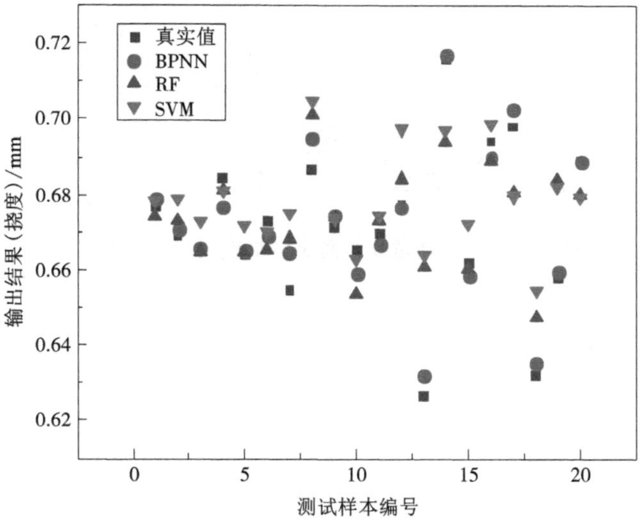

图 8-25　桥梁跨中最大挠度识别结果

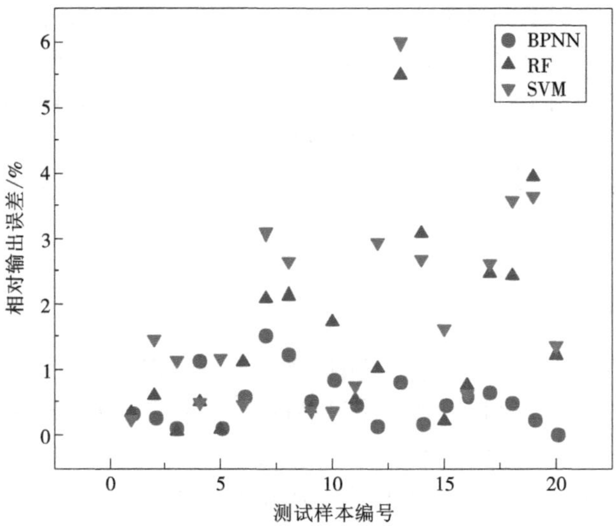

图 8-26　桥梁跨中最大挠度相对输出误差

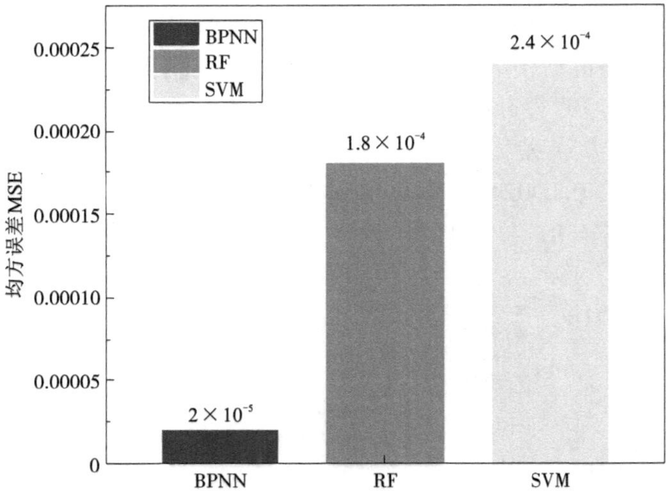

图 8-27 桥梁跨中最大挠度识别均方误差

8.7 软件开发

8.7.1 软件介绍

基于本章内容，开发了基于机器学习的高速列车运行参数识别软件，实现了高速列车运行参数识别的简单化、快速化、高效化。将长标距光纤光栅传感器获取的原始波长信号进行信号处理后，转换成机器学习的输入向量，通过机器学习的方式实现对高速列车轴重、轴距、车速等运行参数快速识别。本软件平台的最终目的是建立简单、快速、基于机器学习的高速列车运行参数识别软件。该软件基于 WINDOWS 64 位操作系统采用 MATLAB 语言编程开发。该软件已获得软件著作权。

8.7.2 软件结构

软件主要包括数据导入模块、绘图模块和列车参数识别模块，本软件将长标距光纤光栅传感器获取的原始波长信号进行信号处理后，转换成机器学习的输入向量，通过机器学习的方式实现对高速列车轴重、轴距、车速等运行参数快速识别。该软件有三种机器学习方式，分别为 BP 神经网络(BPNN)、随机森林(RF)和支持向量机(SVM)。

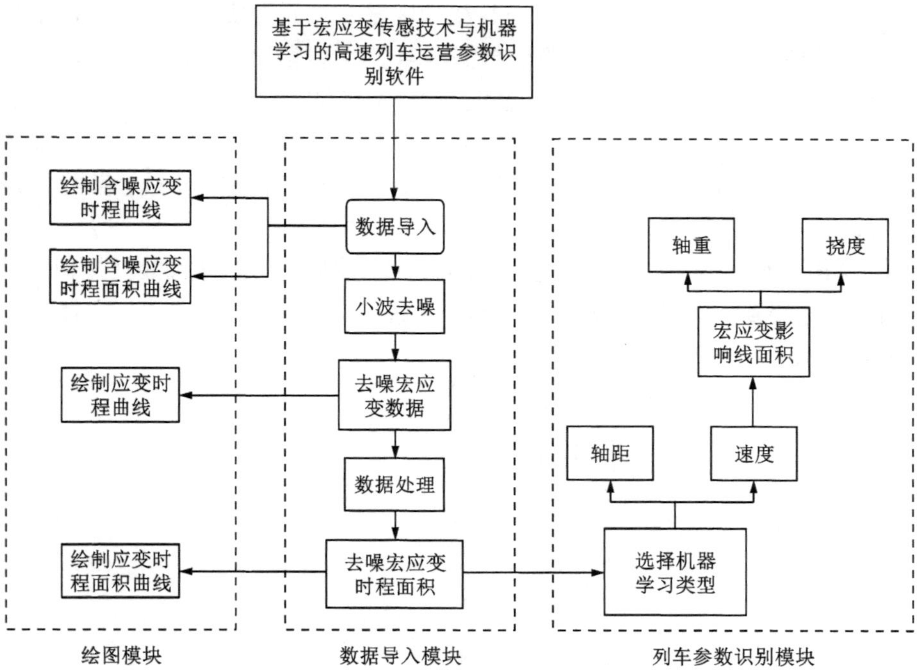

图 8-28　软件主题框架

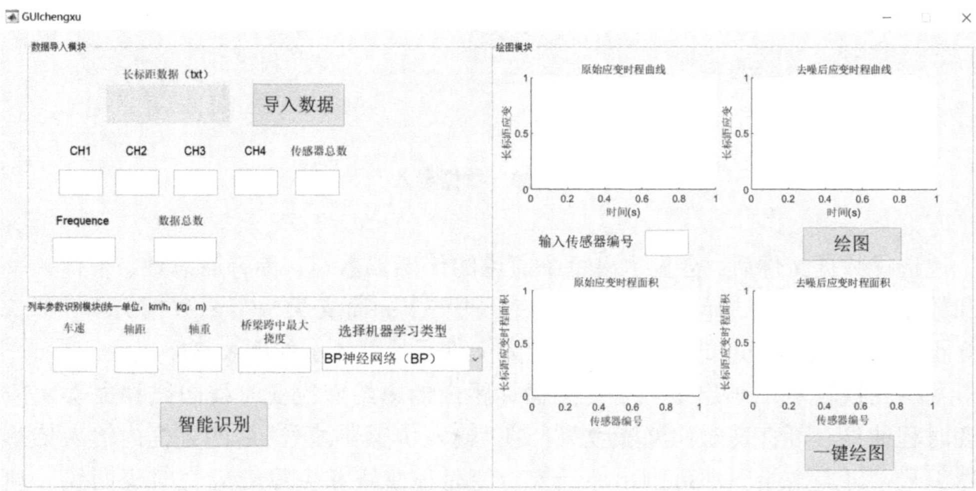

图 8-29　软件界面

本软件共有三种模块，分别为数据导入模块、绘图模块、列车参数识别模块。其中数据导入模块为用户导入长标距数据的区域。在此模块，软件对长标距数据进行降噪处理，获得去噪后的宏应变数据，接着对去噪后的宏应变数据进行数据处理得到宏应变时程面积。绘图模块将原始宏应变数据、去噪宏应变数据和处理后的宏应变时程面积数据画成曲线图。列车参数识别模块将处理好的宏应变数据转换成机器学习的输入向量，通过机器学习识别出列车轴重、车速、轴距等列车运行参数。

数据导入模块用于导入用户已测得的长标距数据，点击导入数据按钮，弹出对话框“请选择要导入的 txt 文本”，选择“数据文件”导入数据文件。选择文件如图 8-30 所示。

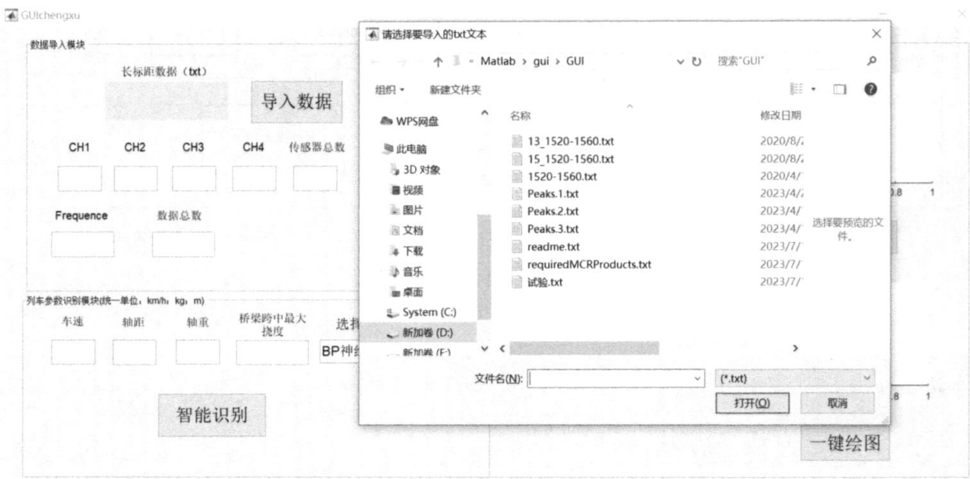

图 8-30　数据导入

选择数据文件后，会显示出每个通道的传感器数目、传感器总数、采样频率和数据总数。本次选择沪昆线进贤—南昌段 32 m 简支梁桥实测数据文本，即长标距 FBG 传感器获取的原始信号。导入文件后界面显示如图 8-31。

绘图模块可以画出每一个传感器标距内的原始宏应变时程曲线和去噪宏应变时程曲线，可直观对比降噪效果。在“输入传感器编号”后的方框内输入传感器编号，再点击绘图即可画出原始宏应变时程曲线和去噪宏应变时程曲线。注意：输入的传感器编号需在实测数据时所贴的传感器数目范围内。假设实桥监测时在梁底贴 21 个传感器，则此处的输入范围在[0，21]区间内。当输入的传感器编号超出范围时，则会弹出提醒框“请输入正确的传感器编号”。提示框如图 8-32 所示。

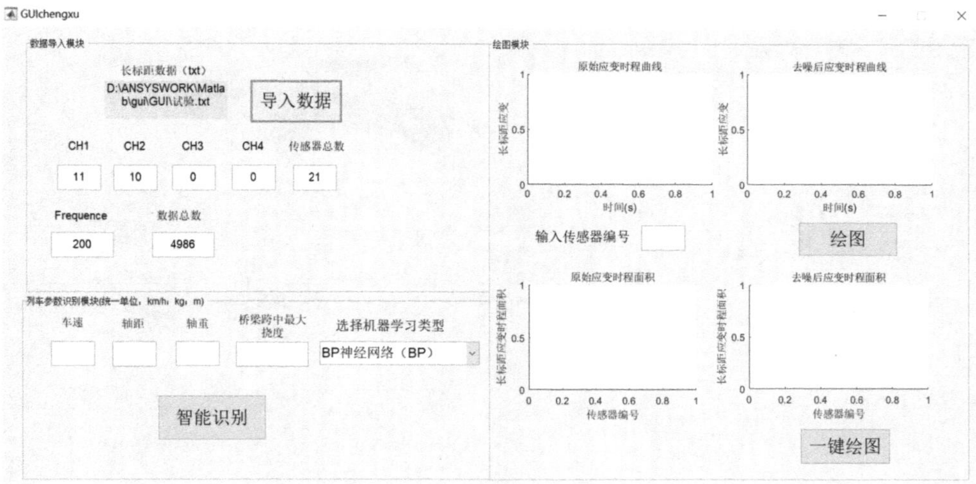

图 8-31　导入数据后界面显示

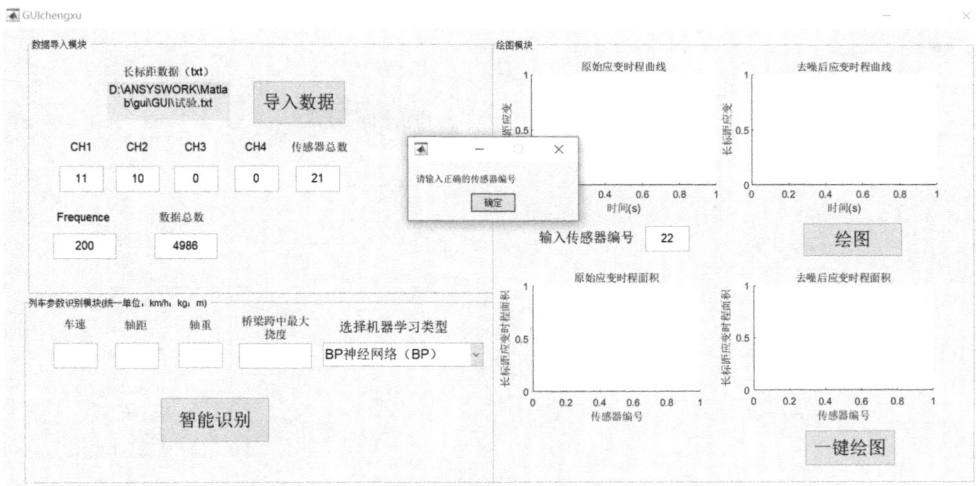

图 8-32　报错提示

点击右下方“一键绘图”即可画出原始应变面积曲线和去噪应变面积曲线。绘图结果如图 8-33 所示。

列车参数识别是通过机器学习方式实现的。本软件共有三种机器学习方式可供选择，分别为 BP 神经网络(BPNN)、随机森林(RF)、支持向量机(SVM)，各自识别结果相互独立、互不相同。根据第三章和第四章的结论，实际进行移动荷载识别时，可以选择 BP 神经网络的拟合结果。根据本次试验导入的长标距数据，三种机器学习识别结果如图(8-34)～图(8-36)所示。

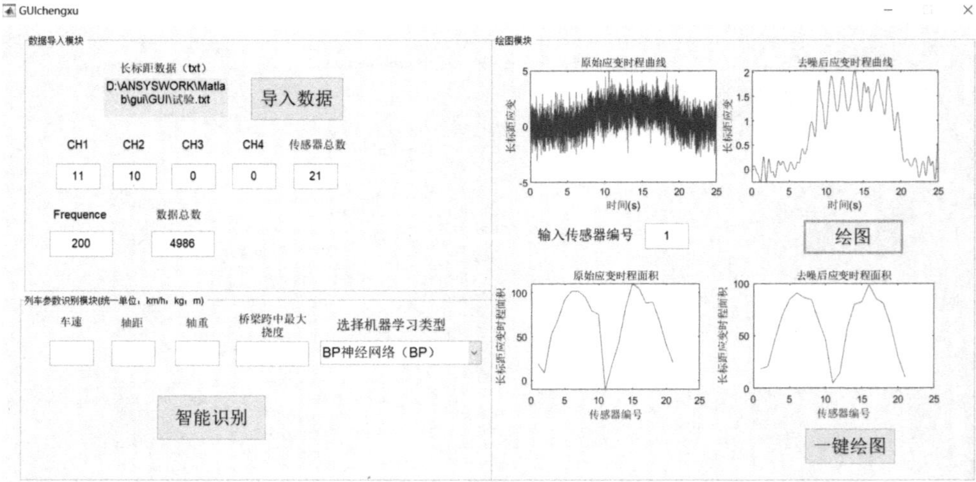

图 8-33　绘图结果

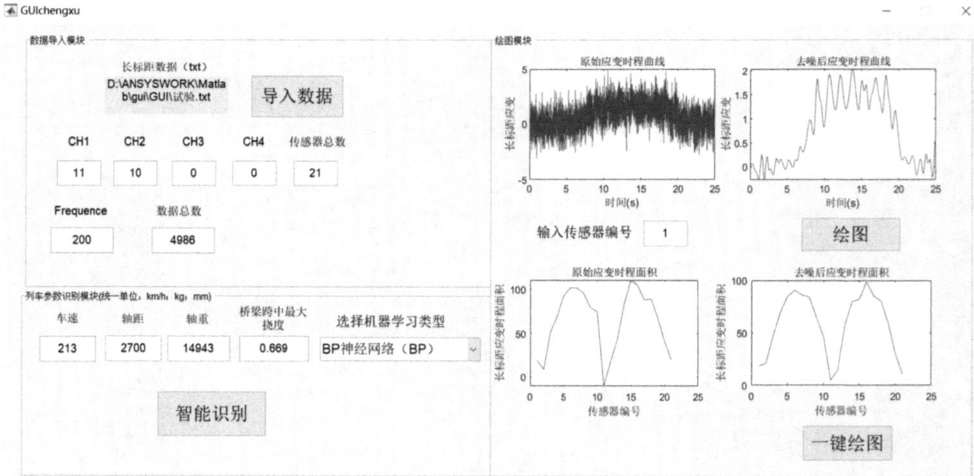

图 8-34　BP 神经网络识别结果

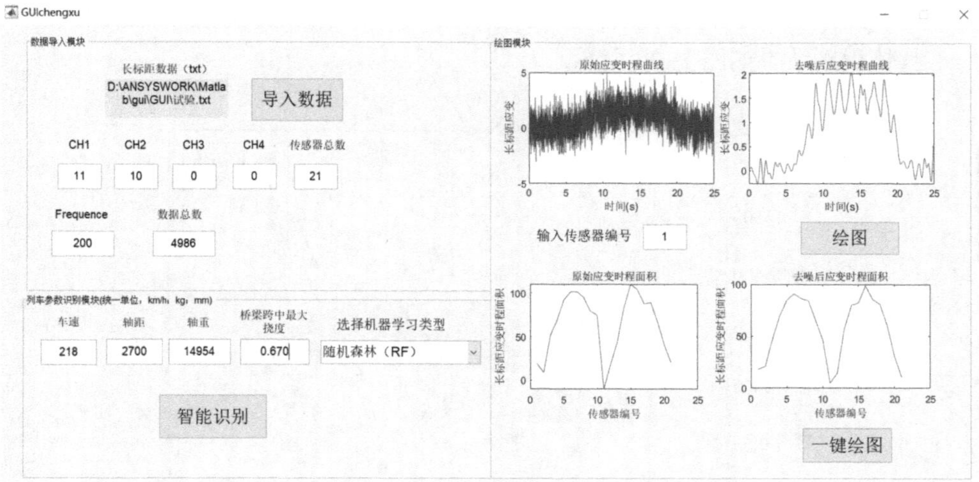

图 8-35　RF 识别结果

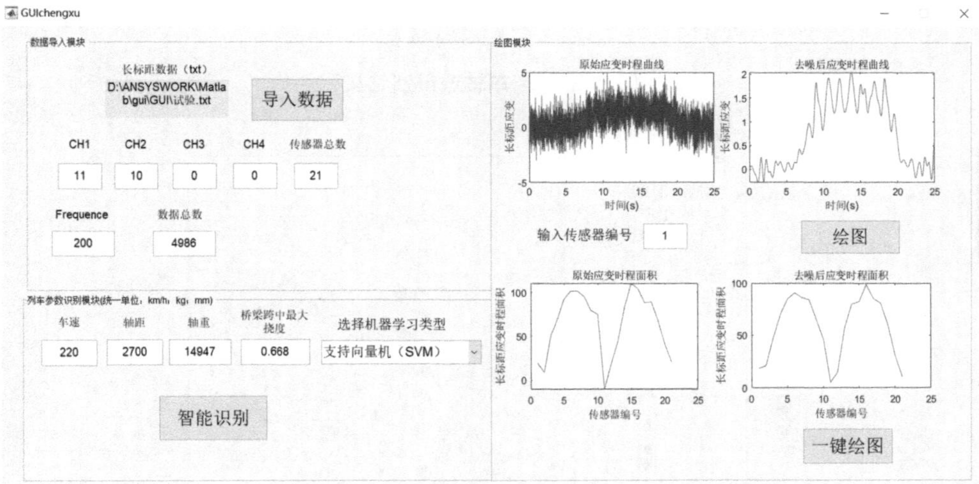

图 8-36　SVM 识别结果

8.7.3　分步识别精度

本章基于机器学习的轴重、挠度识别的研究前提是已知列车速度和长标距宏应变，而本软件导入文本为原始长标距数据，即已知长标距宏应变数据。为此，本章提出分步识别方法，具体操作如下：

(1)根据原始信号数据，利用本章方法识别出速度。

(2)根据式(8-50)计算得到宏应变影响线面积。

(3)根据得到的宏应变影响线面积，利用机器学习识别出轴重和挠度。具体识别结果如图 8-37 所示。

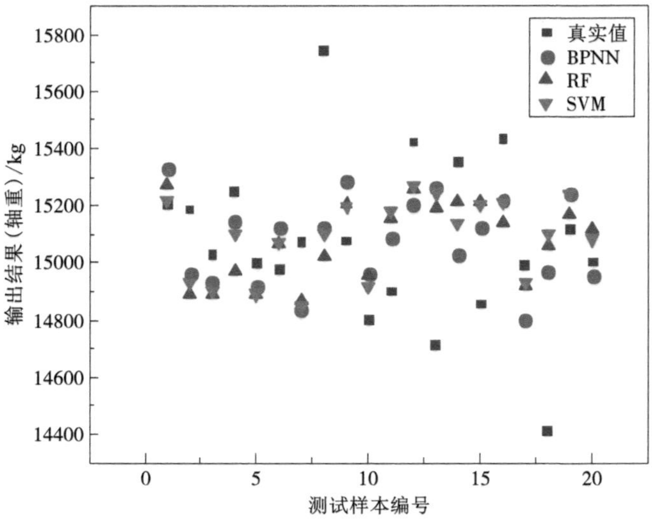

图 8-37 列车轴重识别结果

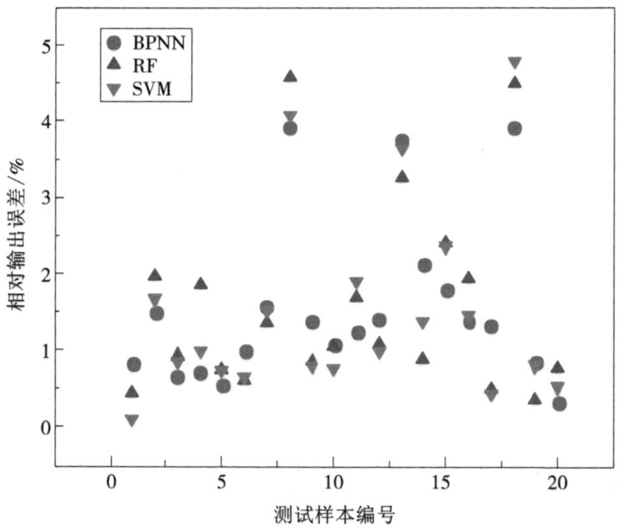

图 8-38 列车轴重相对输出误差

未知速度情况下的轴重识别相对输出误差相较于已知速度情况下的轴重识别相对输出误差较大，但也均在5%以内，满足机器学习的精度要求，所以分步识别

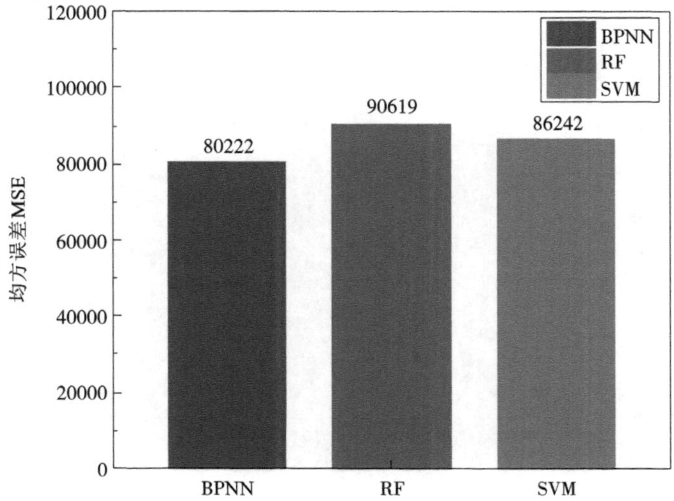

图 8-39　列车轴重识别均方误差

方法可以用于列车轴重识别。BP 神经网络、RF、SVM 识别均方误差分别为 80222、90619、86242，回归值与标签值的均方误差远高于速度已知时的情况，可见速度对轴重的识别结果影响较大，分步识别时 BP 神经网络识别均方误差小于 RF 和 SVM，但差距不大。

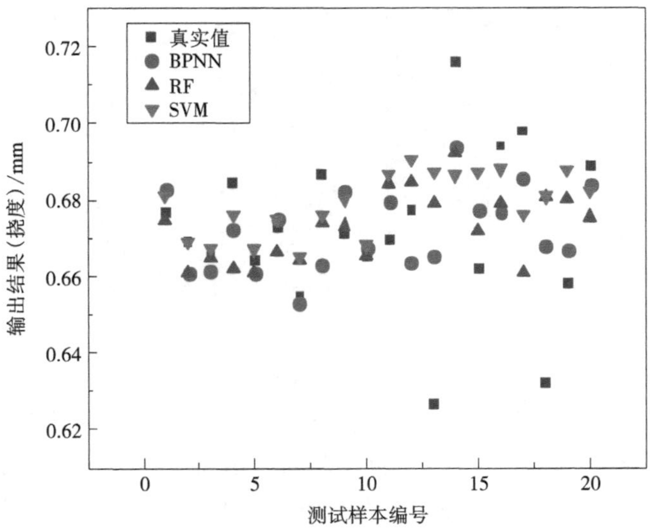

图 8-40　桥梁跨中最大挠度识别结果

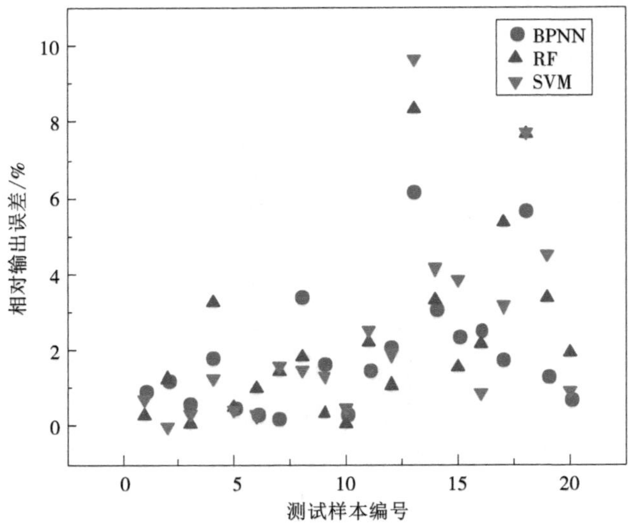

图 8-41　桥梁跨中最大挠度相对输出误差

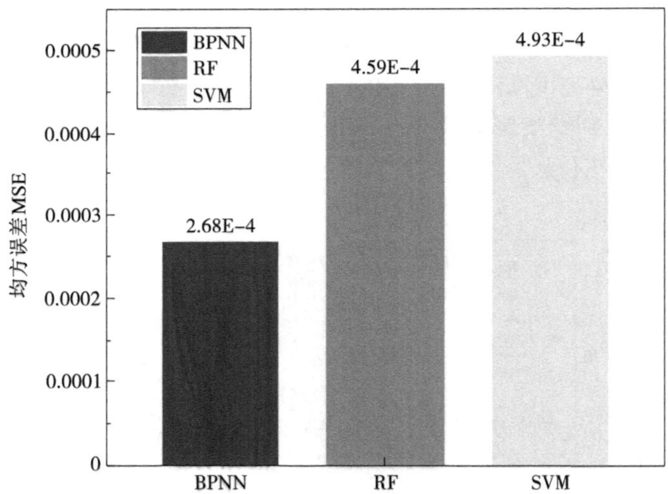

图 8-42　桥梁跨中最大挠度识别均方误差

未知速度情况下的挠度识别相对输出误差相较于已知速度情况下的挠度识别相对输出误差较大，RF 和 SVM 回归值与标签值之间的相对输出误差均在 10%以内，BP 神经网络回归值与标签值之间的相对输出误差在 7%以内，满足机器学习的精度要求，所以分步识别方法可以用于桥梁挠度识别。分步识别时 BP 神经网络、RF、SVM 识别均方误差分别为 0.000268、0.000459、0.000493，BP 神经网络识别均方误差小于 RF 和 SVM，BP 神经网络识别精度高于 RF 和 SVM。

本节研究表明，该软件所用分步识别方法可以用于高速铁路列车速度、轴重以及铁路桥梁跨中最大挠度的识别，BP 神经网络依旧是精度最高的机器学习模型。

8.7.4　实桥识别结果

随机抽取五组沪昆线进贤—南昌段 32 m 简支梁桥的原始数据导入软件识别，识别结果见表 8-2。

表 8-2　BPNN 识别结果表

序号	BPNN 识别结果			
	轴距/mm	速度/(km·h^{-1})	轴重/kg	挠度/mm
1	2700	213	14943	0.669
2	2700	203	14731	0.651
3	2500	301	15237	0.690
4	2700	209	14848	0.667
5	2500	312	14977	0.677

表 8-3　RF 识别结果表

序号	BPRF 识别结果			
	轴距/mm	速度/(km·h^{-1})	轴重/kg	挠度/mm
1	2700	218	14954	0.670
2	2700	209	14749	0.668
3	2500	304	15251	0.692
4	2700	211	14863	0.669
5	2500	315	14984	0.672

表 8-4　SVM 识别结果表

序号	SVM 识别结果			
	轴距/mm	速度/(km·h^{-1})	轴重/kg	挠度/mm
1	2700	220	14947	0.668

续表 8-4

序号	SVM 识别结果			
	轴距/mm	速度/(km · h^{-1})	轴重/kg	挠度/mm
2	2700	208	14744	0.661
3	2500	307	15237	0.690
4	2700	214	14948	0.671
5	2500	318	15047	0.681

该软件识别结果符合实际情况。根据第三章和第四章的结论，可以选取 BP 神经网络的识别结果作为软件最终结果。

8.8　本章小结

本章主要研究了基于机器学习的高速列车运行参数识别方法，介绍了长标距传感理论和机器学习算法的基本原理。长标距 FBG 传感器安装方便、抗腐蚀，能够获取更准确的桥梁动态响应，适用于桥梁长期监测。首先应用非参数假设检验，根据已有数据统计出列车车速和轴重的概率分布模型。其次根据已有的列车参数概率分布，采用蒙特卡罗抽样得到 200 组随机列车参数。最后建立列车-轨道-桥梁耦合振动模型，模拟 200 组随机列车过桥时的桥梁动力响应，获得 200 组模拟梁底宏应变数据与挠度数据。提出基于机器学习的列车参数识别方法，并用数值仿真数据验证该方法的可行性，得出以下结论。

(1) BP 神经网络有较强的非线性映射能力以及较好的容错率，个别神经元权值的错误对最终识别影响较小，实际工程应用中人为或者自然因素导致传感器位置发生偏移或传感器发生故障，故 BP 神经网络对于实际工程的适应性更强，第四章的试验也证明了这一点。随机森林能够有效处理高维度数据并引入了随机性避免过度拟合，但是处理小样本数据时可能会产生过度拟合的问题。支持向量机处理小样本数据时也能表现出优良的性能，非常适用于小样本数据处理。

(2) BP 神经网络、RF 和 SVM 都能有效对列车轴距进行分类，且识别准确率均为 100%。

(3) 对于列车速度识别任务，BP 神经网络、RF 和 SVM 识别准确率均为 100%，三种机器学习样本相对输出误差都在 5%以内，BP 神经网络识别均方误差最小，为 24.7；SVM 识别均方误差最大，为 28.4。

(4) 对于列车轴重识别任务，BP 神经网络、RF 和 SVM 三种机器学习识别准确率均为 100%，样本相对输出误差都在 1.5%以内。BP 神经网络识别均方误差最小，为 228.1；RF 识别均方误差最大，为 2879.7。

(5)对于桥梁跨中最大挠度识别任务，BP 神经网络、RF 和 SVM 识别准确率均为 100%，其中 BP 神经网络识别相对输出误差均在 5%以内，RF 与 SVM 有 95%的样本相对输出误差在 5%以内。识别均方误差 BP 神经网络最小，为 0.00002；SVM 最大，为 0.00024。

(6)速度的准确程度对分步识别法影响较大。分步识别法识别精度较低，但也满足识别精度要求，在未知速度的前提下可以选择分步识别法。

三种机器学习模型相较于速度识别与挠度识别，均为轴重识别相对输出误差最小，误差最大仅为 1.5%。对于列车速度识别、轴重识别、挠度识别这三种识别任务，BP 神经网络相较于 RF 和 SVM 都有着最高的准确率与最低的识别均方误差。我们可以认为，对于车速、轴重、桥梁跨中最大挠度等识别任务，相较于 RF 和 SVM，BP 神经网络识别精度最高。

第 9 章

基于分布式宏应变传感技术与机器学习的列车运行参数识别试验研究

本章进行了列车运行参数识别的跑车试验，验证第三章基于宏应变影响线的列车移动荷载识别方法的可行性，试验桥梁为一座 3 跨简支梁桥，取中间跨为研究对象，在中间跨梁底布置长标距 FBG 传感器。试验车辆共设置 3 种配重，4 种配速，共 12 个工况，收集车辆过桥时的波长数据并去除噪声得到静态长标距数据，将 FBG 传感器获取的动力响应建立机器学习样本库，通过试验验证基于机器学习的高速列车运行参数识别可行性。通过试验数据使用机器学习对车辆轴重、速度进行识别，并对比不同机器学习算法的正确识别率和识别均方误差。

9.1 试验概况

9.1.1 车桥模型概况

本次试验桥梁模型选用 3 跨热轧 H 型钢梁简支梁，钢梁牌号为 Q235B，梁高 200 mm，上下翼缘宽度均为 200 mm，翼缘厚度为 12 mm，腹板厚度为 8 mm，单跨梁长 4 m，桥梁模型如图 9-1 所示。钢梁上表面焊接角钢作为模拟列车轨道。为防止车辆在边跨行驶时对中间跨造成影响，中间跨与边跨分别焊接角钢，中间跨单独焊接 4 m 长角钢。

车辆模型采用 4 轴车，用弹簧模拟列车一系、二系弹簧，用钢板模拟车体和转向架，车体上放置配重块来改变车辆轴重。车辆模型如图 9-2 所示。车辆空车质量为 18 kg，转向架固定轴距为 14 cm，车辆定距为 40 cm。

以在车体放置配重块的方式改变车辆轴重，有三块配重块，车辆配重分为三个等级，一级配重为空车加一块配重块，二级至三级逐级增加一块配重块。对每一块配重块称重，车辆配重信息见表 9-1。本次试验采用电机牵引车辆在轨道上匀速行驶，电机配有调频器，可调节电机转速。本次试验共设置四种小车牵引速度，电机固定在桥梁第三跨末端，电机如图 9-3 所示，调频器如图 9-4 所示。

图 9-1　现场桥梁模型

图 9-2　车辆模型

表 9-1　车辆配重信息表

配重等级	配重块质量/kg	空车质量/kg	车辆总重/kg	轴重/kg
一	18.85	18	36.85	9.21
二	25.40	18	43.40	10.85
三	33.75	18	51.75	12.94

图 9-3　电机

图 9-4　调频器

9.1.2　传感器测点布置和数据采集

本次试验以中跨作为研究对象，采用新型 BFRP 封装的长标距 FBG 传感器获取桥梁动力响应，长标距 FBG 传感器标距为 30 cm，串联布置，共布置 7 个，编号为 F1～F7，长标距 FBG 传感器应设置温度补偿器以排除温度对试验的影响[184]，温度补偿器编号为 F8，具体布置位置如图 9-5 所示。

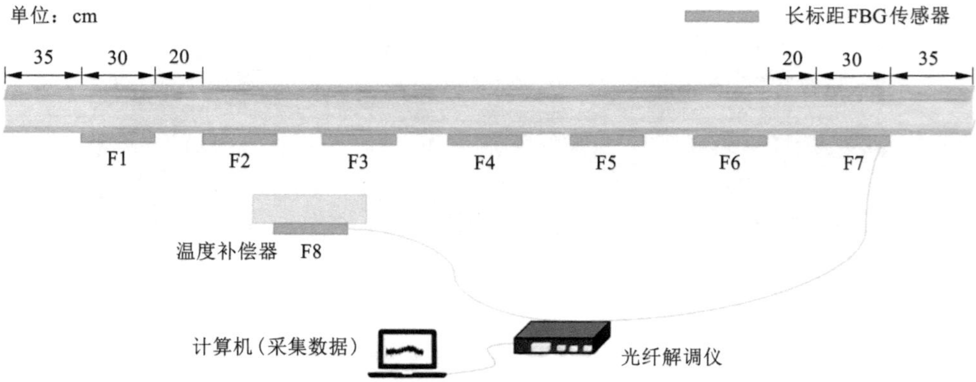

图 9-5　中间跨梁底传感器布置图

长标距传感器的数据采集仪器采用 MOIsi-155 光纤解调仪。由于本次试验小车行驶速度较慢，为避免单次跑车试验收集数据过于庞大，采样频率选择 200 Hz。当车辆即将进入中间跨时，数据采集仪器开始采集数据。车辆从中间跨进入第三跨时停止采集。每模拟跑车一次，数据采集一次。

(a) 梁底打磨

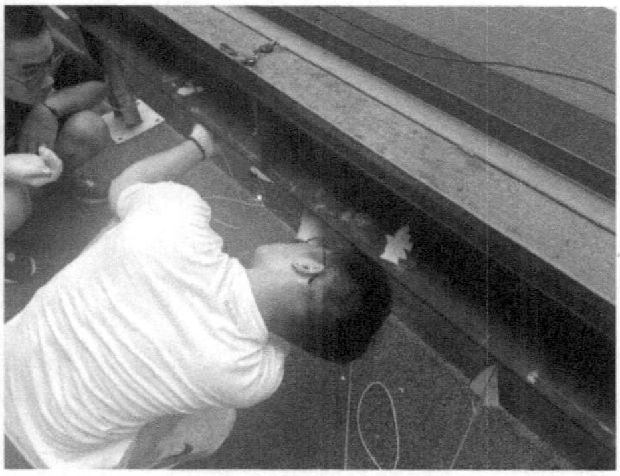

(b) 粘贴传感器

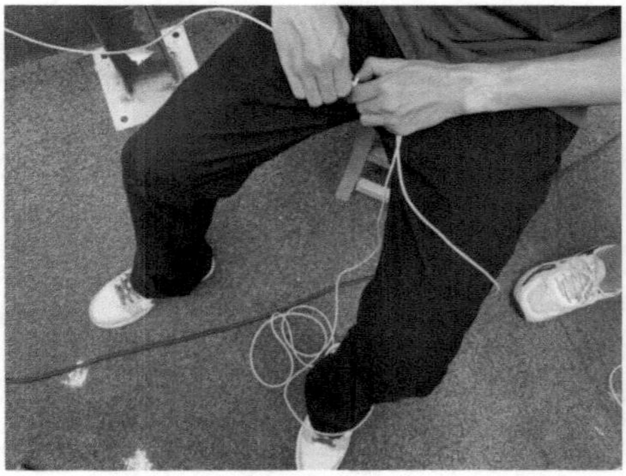

(c) 连接通道

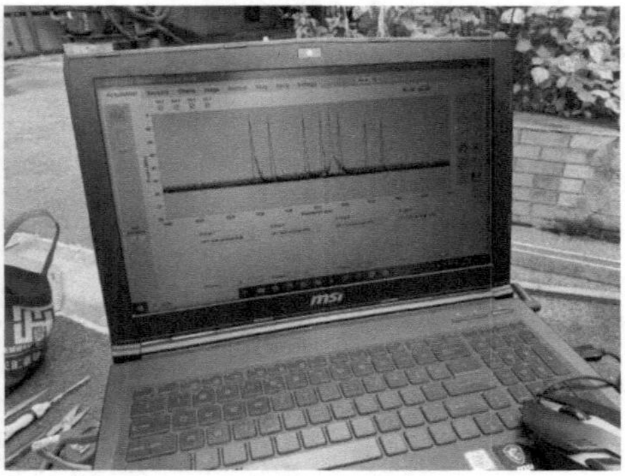

(d) 数据采集

图 9-6　现场传感器安装

9.1.3　试验方案

车辆有 3 种配重，4 种配速，共 12 种试验工况，每种工况跑车 15 次，共计 180 组样本数据。试验工况见表 9-2。

表 9-2　试验工况表

工况	轴重/kg	速度/(km · h^{-1})	工况	轴重/kg	速度/(km · h^{-1})
1	9.21	0.40	7	10.85	0.60
2	9.21	0.50	9	10.85	0.69
3	9.21	0.60	9	12.94	0.40
4	9.21	0.69	10	12.94	0.50
5	10.85	0.40	11	12.94	0.60
6	10.85	0.50	12	12.94	0.69

每种工况取前 12 次跑车样本数据作为训练集，后 3 次跑车样本数据作为测试集，即 144 组训练样本，36 组测试样本。

启动电机拉动绳索，小车起步的同时光纤解调仪开始采集长标距应变数据，绳索拉动小车做匀速直线运动，小车前轴进入中间跨的同时开始计时，前轴驶出中间跨的同时结束计算，通过中间跨的长度和行驶时间计算出小车的速度。当小车行驶到边跨中间时停止计时，一组长标距应变数据采集完成。将长标距应变数据导入 MATLAB，通过小波阈值去噪后查看应变时程曲线和应变幅值包络线，小波阈值去噪下文介绍。若长标距宏应变数据符合图 9-9 和图 9-10 中的规律，则试验继续。每个工况完成后改变小车配重块的质量和调频器的频率，即改变小车轴重和车速，重复实验步骤开始下一个工况的试验。

9.2 动静态应变分离

9.2.1 基于小波分解的信号处理方法

试验现场采集到的原始信号中包括不同频率成分的时域信号，既有由外界噪声引起的高频信号，也有由车辆过桥时引起的低频宏应变信号，其中低频分量是本书需要的宏应变，即静态应变，因此需要对原始信号进行分解降噪处理，常用的去噪方法有傅里叶变换法[185]、经验模态分解法[186]、小波分析法[187]等。其中小波分析法简单快捷，是目前认为比较好的方法，在工程实践中得到广泛运用[188]。本试验运用小波阈值分解法对原始信号进行去噪处理。

原始信号经小波分解后，宏应变信号的小波系数要大于噪声的小波系数，小波阈值去噪即对小波变换系数取一个合适的阈值，将低于阈值的小波系数调为 0，保留大于阈值的小波系数并重构，以实现去噪目的。具体实现方法如下：

（1）选择合适的小波函数将原始信号分解成不同尺度和频率的子信号，得到原始含噪信号的小波系数；

（2）选择合适的阈值进行阈值处理，将宏应变信号与噪声信号分离；

（3）重构经阈值处理后的小波系数，得到宏应变信号。

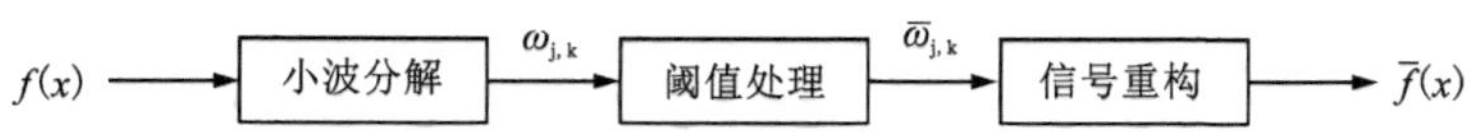

图 9-7　小波阈值去噪流程

图 9-7 中：$f(x)$ 为原始信号；$\omega_{j,k}$ 为原始小波系数；$\overline{\omega}_{j,k}$ 为处理后的小波系数，$\bar{f}(x)$ 为去噪后信号。

9.2.2　信号处理结果

本书选用 dbN10 小波函数，分解层数设为 10 层，通过 MATLAB 编程语言实现对试验数据的处理，去噪后得到的长标距传感器宏应变与原始数据对比如下：

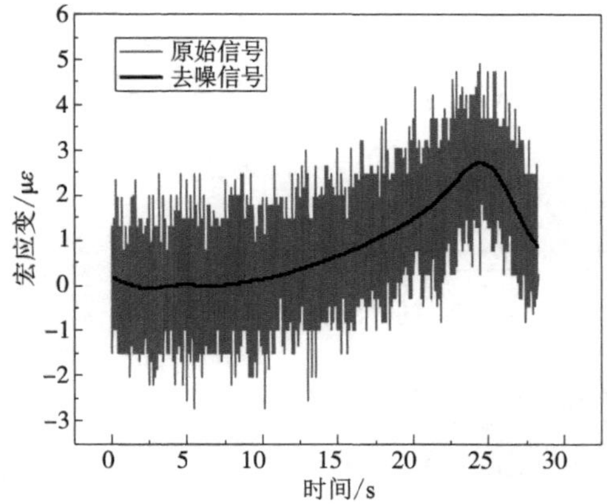

(a) 1#传感器

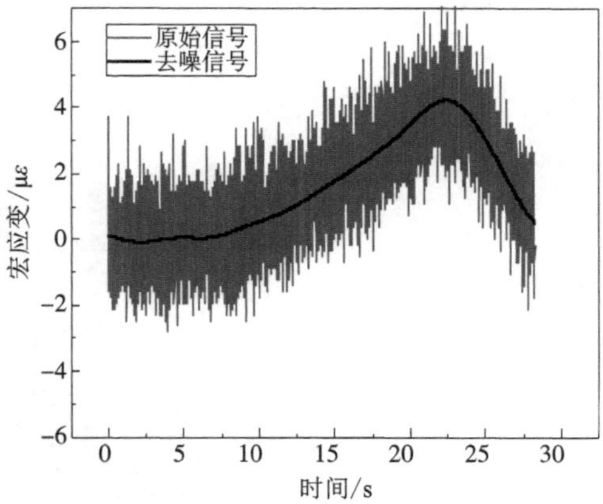

(b) 2#传感器

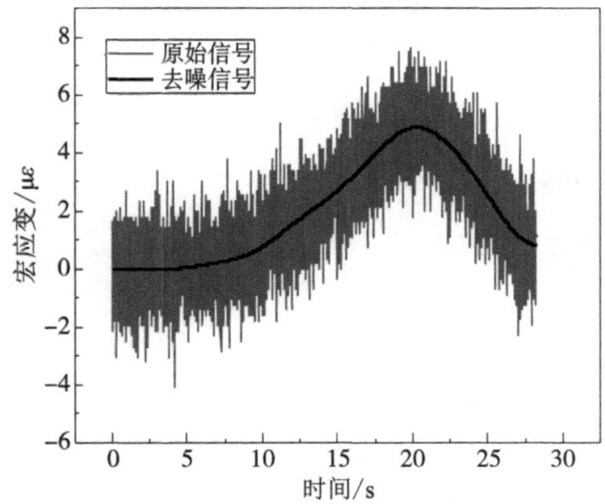

(c) 3#传感器

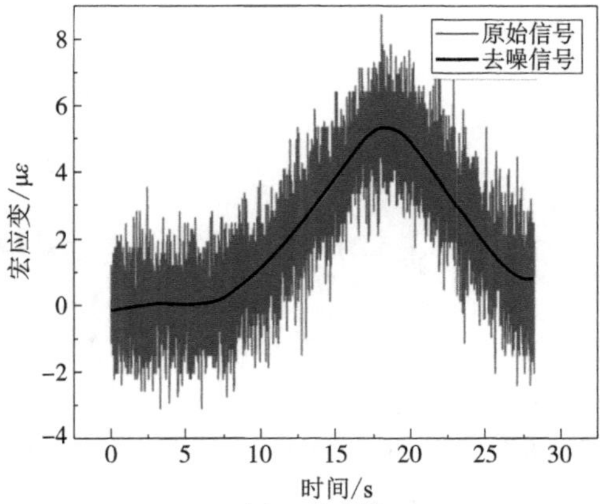

(d) 4#传感器

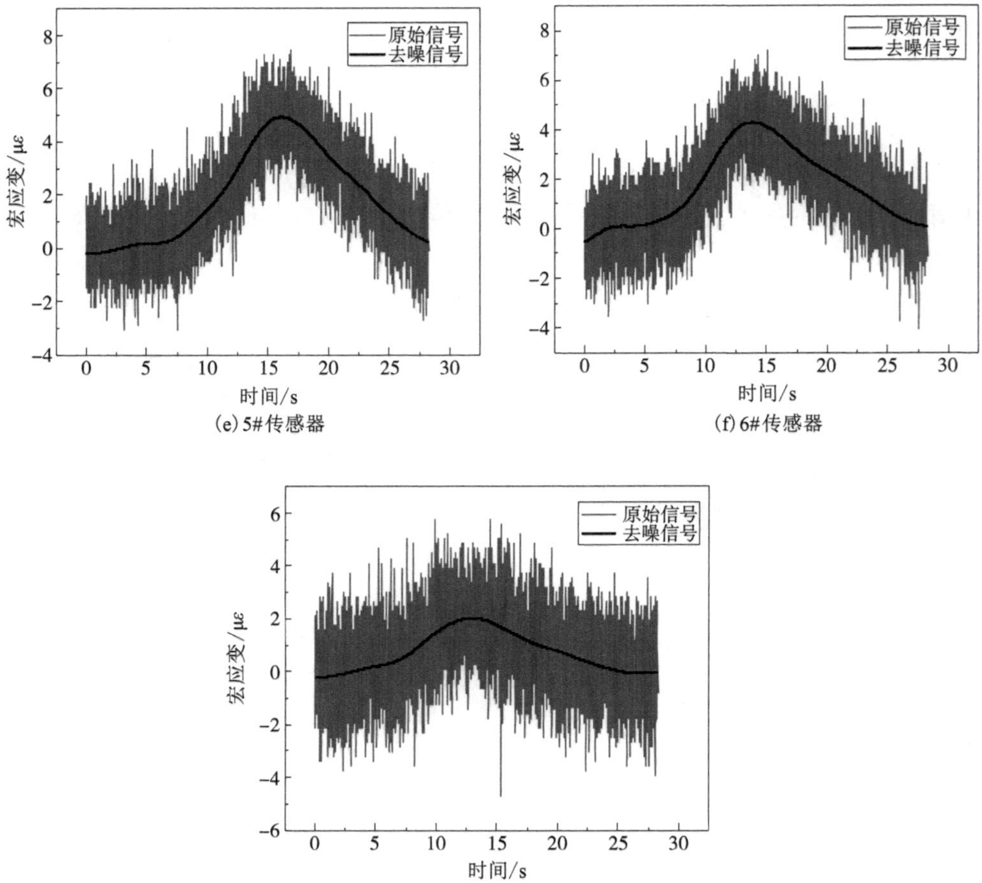

(e) 5#传感器

(f) 6#传感器

(g) 7#传感器

图 9-8　去噪前后宏应变对比

图 9-8 为 1#~7#传感器测得的原始宏应变与去噪后宏应变时程对比图。从图 9-8 可以发现，经去噪处理后的宏应变曲线较为平滑，噪声信号基本去除。提取 1#至 7#静态长标距宏应变曲线(如图 9-9 所示)，曲线光滑，1#和 7#、2#和 6#、3#和 5#传感器获取的宏应变时程曲线呈轴对称，并将各传感器的静态长标距应变时程曲线的最大值即宏应变幅值绘制成幅值包络线(如图 9-10 所示)。从图 9-9 与图 9-10 可以看到，4#传感器位置处宏应变幅值最大，且宏应变幅值由跨中向两端递减，应变时程曲线图和应变幅值包络线图均左右对称，与理论所述的简支梁应变、宏应变幅值分布规律相符。

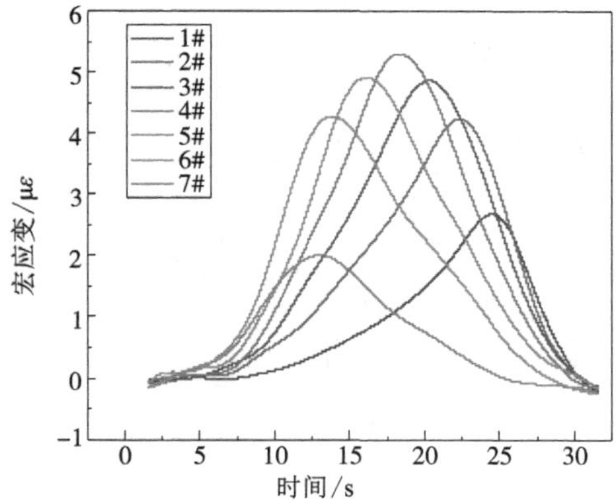

图 9-9　静态长标距应变时程

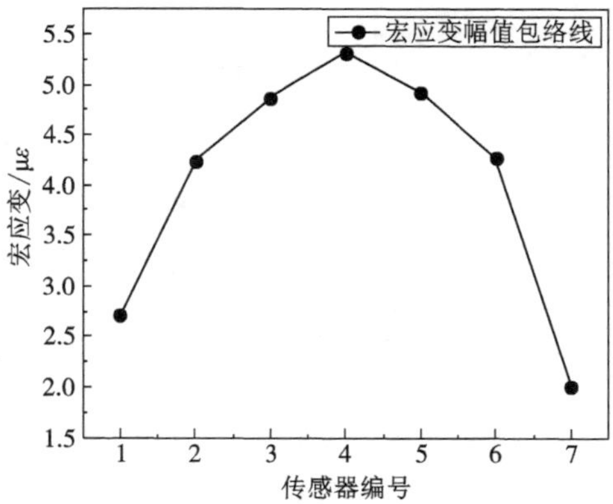

图 9-10　宏应变幅值包络线

9.3　有限元建模

9.3.1　有限元模型概况

本次试验桥梁模型选用 ANSYS APDL 建立列车-轨道-桥梁耦合有限元模型，具体建模方法同第三章，每节列车模型由 4 个轮对、2 个转向架以及 1 个车体组成，共有 10 个自由度。轮对与转向架之间通过一系悬挂连接，转向架与车体之间通过二系悬挂连接，列车模型组成见图 9-11。M_c、M_t、M_w 分别为车体、转向架、轮对的质量；J_c、J_t 分别为车体、转向架的转动惯量；K_{s1}、K_{s2} 分别为一系悬挂、二系悬挂的纵向刚度；C_{s1}、C_{s1} 分别为一系悬挂、二系悬挂的纵向阻尼；L_1 为转向架上两系悬挂中心之间的距离；L_2 为车体上两转向架之间的距离；K_w 为轮轨接触弹簧刚度。

列车-轨道-简支梁桥系统由列车、轨道、桥梁三个部分组成，列车车轮与轨道表面建立接触对，轨道节点与桥梁轨道板上部的扣件建立节点自由度耦合方程，列车荷载通过接触对和节点耦合方程实现系统之间荷载和位移的传递，列车模型结构数据见表 9-3。

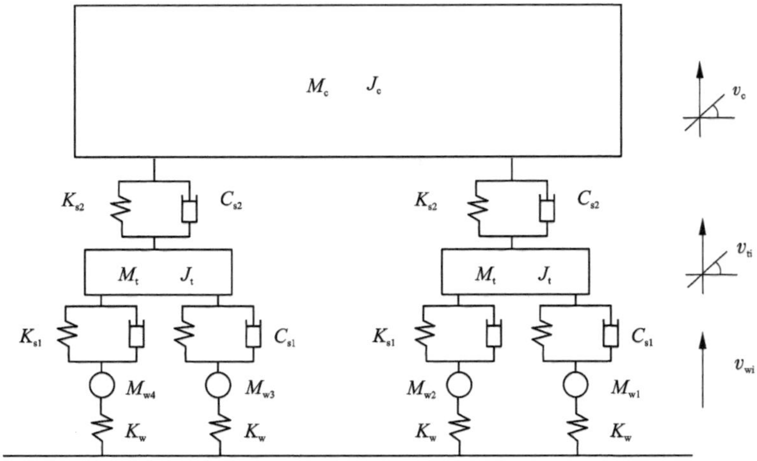

图 9-11　列车车体组成图

表 9-3　列车模型结构参数

参数	取值	参数	取值
车体质量 M_c/kg	29. 75	一系阻尼系数 $C_{s1}/(\mathrm{kN\cdot s\cdot m^{-1}})$	100
转向架质量 M_t/kg	3	二系阻尼系数 $C_{s2}/(\mathrm{kN\cdot s\cdot m^{-1}})$	120
轮对质量 M_w/kg	2	固定轴距 L_1/cm	14
一系弹簧刚度 $K_{s1}/(\mathrm{kN\cdot m^{-1}})$	2080	转向架中心距 L_2/cm	40
二系弹簧刚度 $K_{s2}/(\mathrm{kN\cdot m^{-1}})$	800	轮轨接触刚度 $K_c/(\mathrm{kN\cdot m^{-1}})$	1.325×10^6

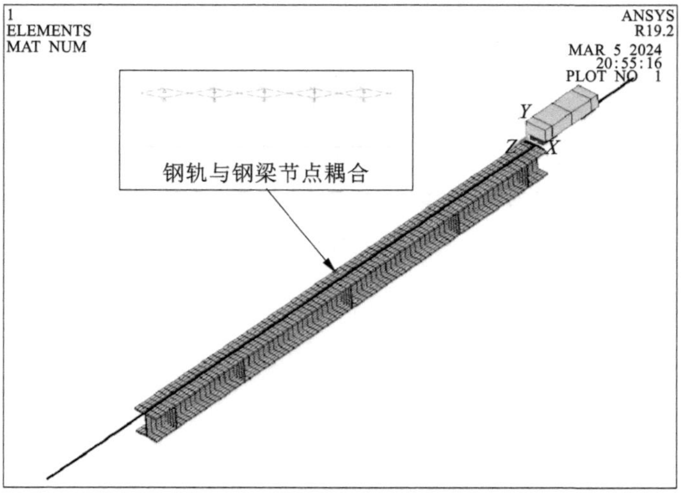

图 9-12　有限元模型示意图

9.3.2　模型验证

提取试验桥梁 1/4L、1/2L、3/4L 处去噪处理后的宏应变数据，与仿真模型计算的 1/4L、1/2L、3/4L 处宏应变对比，宏应变时程曲线对比如图 9-13 所示。

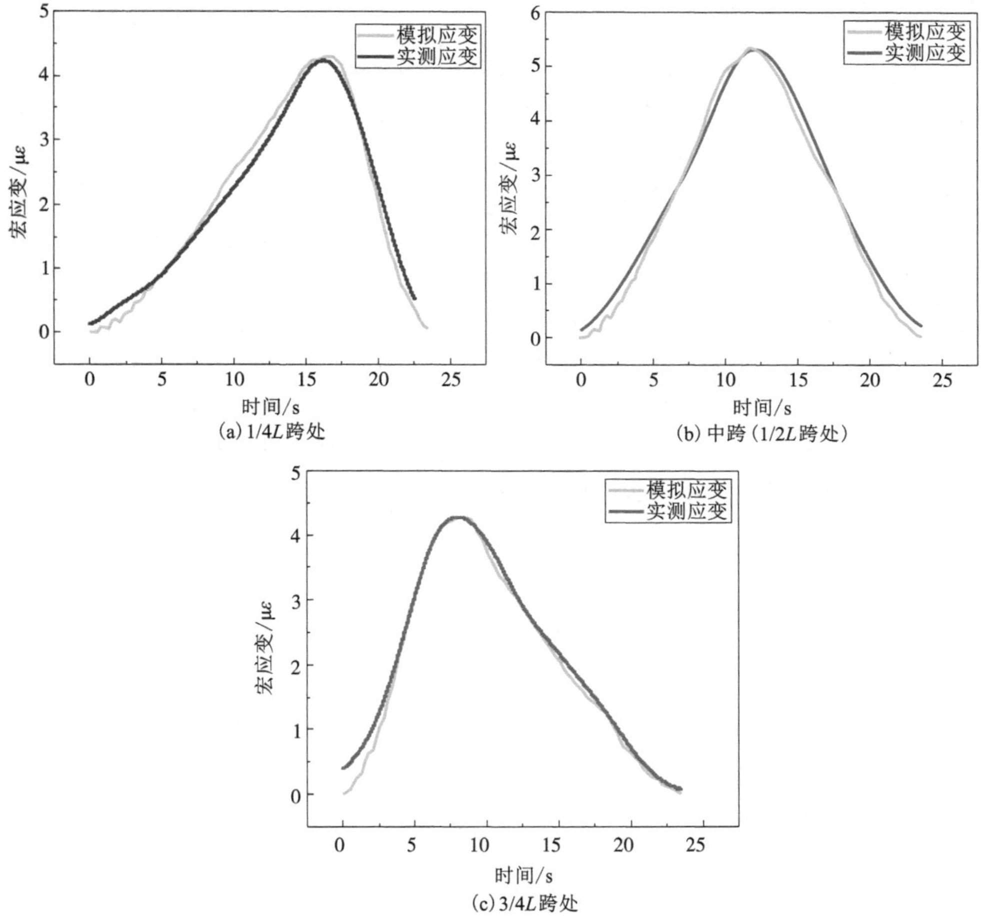

图 9-13　实测宏应变与模拟宏应变对比

1/4L 跨处宏应变大小为 4. 5 με 左右，1/2L 跨处宏应变大小为 5. 5 με 左右，3/4L 跨处宏应变大小为 4. 5 με 左右。跨中(1/2L 跨处)宏应变峰值最大，1/4L 跨处和 3/4L 跨处宏应变峰值相等。实测宏应变与模拟宏应变均有一个波峰，且波峰出现的时间点相同。波峰出现前后宏应变时程曲线斜率、实测与模拟的宏应变幅值大小也相同。可以认为本次试验获取的宏应变数据是相对准确的，可以进行下一步机器学习识别。

9.4 机器学习识别结果

9.4.1 车速识别结果

取前12次跑车样本数据作为训练集，后3次跑车样本数据作为测试集，即144组训练样本，36组测试样本。对于速度识别任务，以7个长标距传感器的应变时程面积值作为输入向量，以小车速度作为输出向量，识别结果、相对输出误差和均方误差如图9-14~图9-16所示。

对于跑车试验速度识别任务，根据图9-14和图9-15，BP神经网络、RF、SVM回归值与标签值离散较大，支持向量机有3个测试样本回归结果与样本标签值误差在30%以上，试验实测长标距应变数据的识别结果较差。BP神经网络、RF、SVM识别准确率分别为75%、75%、61.1%，但也满足机器学习的合格要求。识别均方误差分别为0.0023、0.0024、0.0038，BP神经网络识别均方误差最小，RF识别均方误差中等，SVM识别均方误差最大。与数值模拟的识别结果相对比，试验的识别结果精度远小于数值模拟的识别精度，可能原因如下。

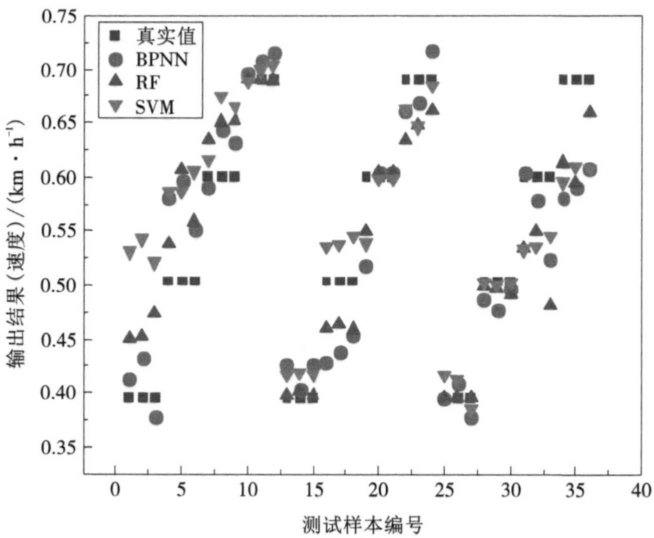

图9-14 速度识别结果

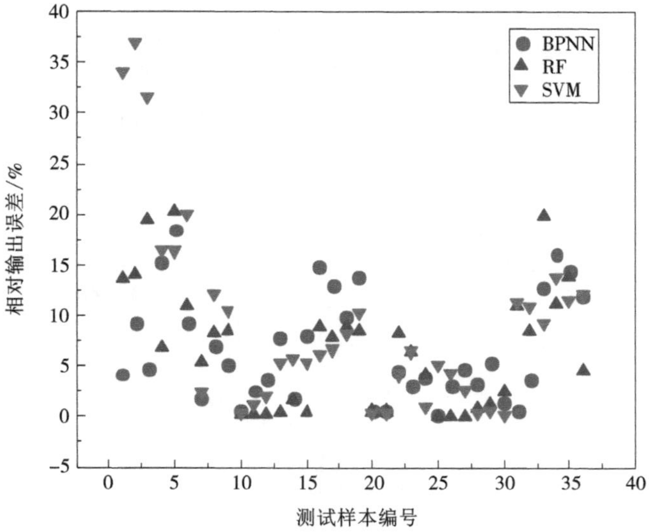

图 9-15　速度识别相对输出误差

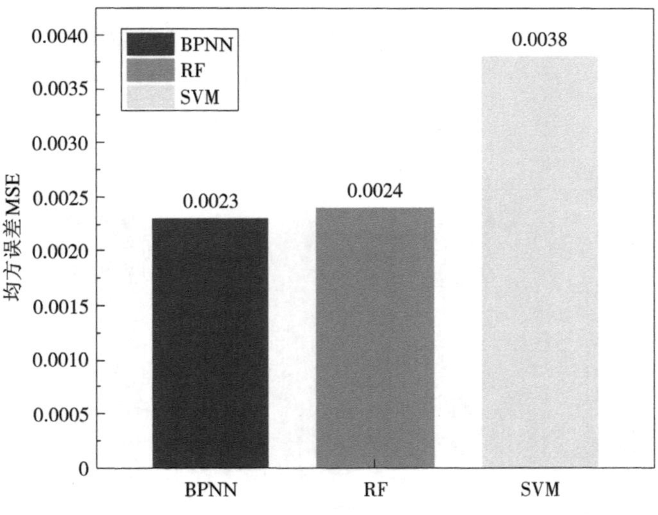

图 9-16　速度识别均方误差

(1)计时误差、绳索在张拉过程中会产生回弹等，导致试验小车并非匀速行驶，与本书假定小车匀速行驶相悖。

(2)传感器粘贴位置和理想位置有偏移，导致采集的数据和理论数据有偏差。

(3)有个别传感器传感效果不理想。

9.4.2 轴重识别结果

对于轴重识别任务，以 7 个长标距传感器的应变时程面积值作为输入向量，以小车轴重作为输出结果，识别结果、相对输出误差和均方误差如图 9-17～图 9-19 所示。

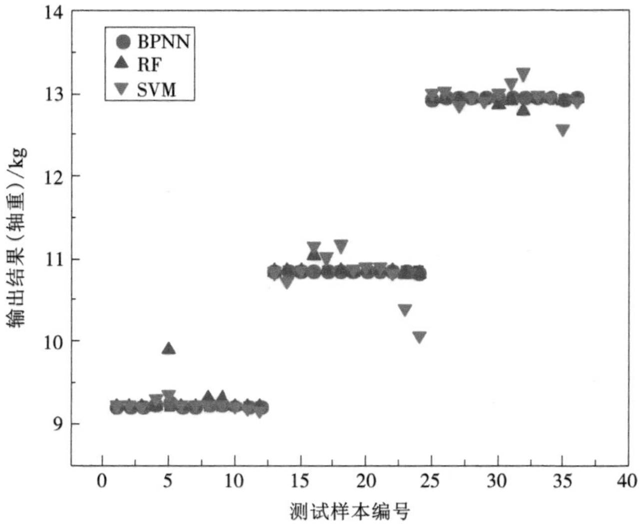

图 9-17　轴重识别结果

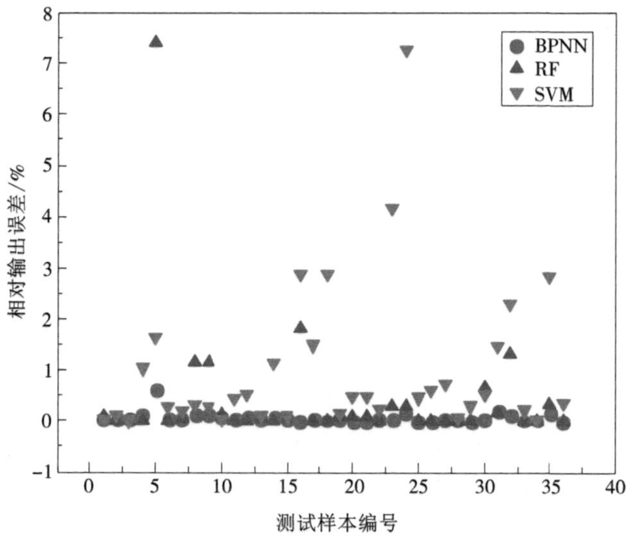

图 9-18　轴重识别相对输出误差

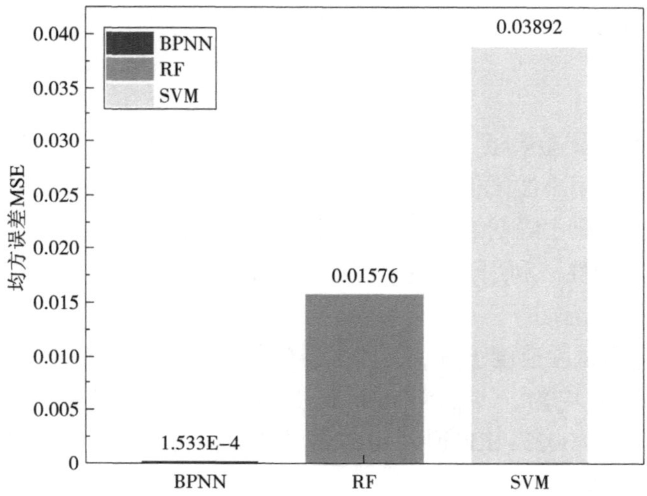

图 9-19　轴重识别均方误差

根据图 9-17 和图 9-18，BP 神经网络、RF、SVM 回归效果较好，三种机器学习模型回归值与标签值之间的误差均在 10%以内，识别准确率均为 100%。其中 BP 神经网络所有测试样本误差均在 1%以内，RF 和 SVM 均有 97%的测试样本相对输出误差在 5%以内，识别效果较好。BP 神经网络、RF、SVM 输出均方误差分别为 0.0001533、0.01576、0.03892，其中 BP 神经网络输出均方误差最低，RF 输出均方误差中等，SVM 输出均方误差最高。

对比本次试验的速度识别与轴重识别，得到以下结论：

(1)本次试验小车轴重识别结果明显好于速度识别，不管是数值仿真还是跑车试验，轴重识别均保持着较高的精度，原因可能是应变影响线面积对列车轴重敏感性较高，应变时程面积对行车速度敏感性较低。基于宏应变影响线和机器学习的列车轴重识别方法有一定的工程应用价值。

(2)BP 神经网络识别精度明显高于 RF 和 SVM，数值仿真和试验中 BP 神经网络均保持着最高的识别正确率和最低的均方误差。在本书研究中，BP 神经网络的非线性拟合精度高于 RF 和 SVM，尤其在执行列车轴重识别这种输入向量和输出向量敏感性高的识别任务时，BP 神经网络展现出极高的适用性。

9.5 本章小结

本章主要通过试验验证了基于宏应变传感技术与机器学习的列车速度和轴重识别的可行性，利用小波阈值分解法对采集到的试验数据进行去噪处理，得到静态宏应变数据，对比去噪前后的宏应变时程曲线，建立车-桥耦合有限元模型验证试验数据的准确性。利用试验数据训练 BP 神经网络、RF、SVM 模型，对比回归结果得到以下结论：

(1)对于跑车试验速度识别，三种机器学习模型均能完成任务。BP 神经网络和 RF 识别准确率均为 75%，SVM 最低为 61.1%，BP 神经网络识别均方误差 MSE 最小，为 0.0023；RF 识别均方误差中等，为 0.0024；SVM 识别均方误差 MSE 最大，为 0.0038。

(2)对于跑车试验轴重识别，三种机器学习模型均能完成任务。相对输出误差均在 10%以内，识别准确率均为 100%。其中 BP 神经网络 100%的测试样本相对输出误差在 1%以内，RF 和 SVM 均有 97%的测试样本相对输出误差在 5%以内。BP 神经网络相对输出均方误差最小，为 0.0001533；RF 相对输出误差中等，为 0.01576；SVM 相对输出均方误差最大，为 0.03892。

(3)对于试验数据，三种机器学习模型的轴重识别任务正确识别率均高于速度识别任务，与数值仿真数据结果保持一致。BP 神经网络相较于 RF 和 SVM，速度识别和轴重识别任务，正确识别率最高，识别均方误差最低，可以认为 BP 神经网络相较于 RF 和 SVM，对试验车速识别与轴重识别效果最好。

第 10 章

总　结

10.1　主要工作回顾

本书以研究团队基于分布式宏应变的铁路桥健康监测系统为研究对象。首先，采用位移接触法建立了列车-轨道-桥梁耦合振动有限元模型，进行了轨道与轨道板耦合的验证和桥梁宏应变求解方法的验证；进一步比选研究了长标距 FBG 传感器获取的列车-轨道-桥梁耦合振动下宏应变时程信号动静态分离方法。针对仿真信号，分别采取小波分解、EMD 法和改进 EMD 法进行信号处理，比较各方法优劣，选出最快捷准确的信号处理方法并用于桥梁健康监测系统实测信号处理；其次，研究了基于宏应变影响线的桥梁纵向抗弯刚度监测方法，并在随机列车荷载的作用下，在单处、多处和全桥范围刚度退化三类工况下进行了纵向抗弯刚度监测方法验证，并将该方法用于实际桥梁的纵向抗弯刚度监测评估；最后，研究了基于宏应变影响线和 BP 神经网络的列车运行参数识别方法，探究了样本集划分和识别参数类型对网络识别效果的影响。主要内容及结论如下：

(1)研究了列车-轨道-桥梁耦合振动下桥梁宏应变求解方法。在 ANSYS 环境下利用 APDL 编制程序，用位移接触法建立求解列车-轨道-桥梁耦合振动的有限元模型，研究车轨桥耦合方法。根据列车、轨道、桥梁三个组成部分的动力学原理，通过车轮-钢轨之间建立接触对的方法，在列车与轨道-桥梁之间建立联系，采用逆傅里叶变换法得到轨道不平顺样本并导入轨道节点中，最后进行了轨道与轨道板耦合和桥梁宏应变求解方法的验证，证明了本书建立求解模型的可靠性，为后面的内容奠定了研究基础。

(2)研究了列车-轨道-桥梁耦合振动下的宏应变信号处理方法，提出了在 EMD 算法基础上的改进算法。在 MATLAB 软件仿真平台中，分别采用小波分解、EMD 法、改进 EMD 法进行宏应变信号动静态分离处理，以信噪比(SNR)、均方根误差(RMSE)、皮尔逊相关系数(R)为指标进行对比，发现分离出的拟静态信号质量小波分解最优，其次为改进 EMD 法和 EMD 法。处理时间和稳定性则是改进 EMD 法最有优势，小波分解过度依赖人工选择。

(3)进行了基于 BFRP 复合材料封装与增敏的长标距 FBG 传感器自然环境温度试验，并进行了传感器中心反射波长与温度的差值拟合线性分析，研究了温度对长标距 FBG 传感器的中心波长的影响。通过室内与室外的温度试验表明，BFRP 材料封装的长标距 FBG 传感器的中心波长变化与温度呈一次线性相关，拟合得到的斜率(即传感器的温度灵敏度)比普通光纤光栅传感器高 2~6 pm/℃。使用该类传感器组建监测系统时，长期监测需考虑温度的影响问题。

(4)分析了不同锚固段长度对长标距应变传感器应变系数的影响，然后通过疲劳试验对比验证了长标距应变传感器在 200 万次列车荷载下的监测精度。疲劳试验后，测光纤传感器能稳定地监测整个疲劳试验过程，传感器在承受 200 万次列车荷载仍然具有良好的监测精度。对疲劳试验后的传感器锚固段和传感段进行电子显微镜观察。总体说明当锚固段长度大于 5 cm，长标距传感器具有胜任监测铁路桥梁的能力。

(5)研究了列车-轨道-桥梁耦合振动下基于宏应变的桥梁刚度评估与预警方法。首先介绍了某跨高速铁路简支梁桥健康监测系统；其次对列车车厢质量和车速两个特征参数进行统计并构建随机列车荷载模型；最后研究了基于宏应变影响线的桥梁纵向抗弯刚度评估方法，建立桥梁与随机列车荷载相匹配的健康置信区间，通过各传感器宏应变影响线面积增量进行刚度退化定位和定量分析，结合数值模拟算例对此方法的可行性进行验证，效果明显，结合桥梁健康监测数据识别出传感器标距覆盖位置箱梁截面出现突变，导致截面纵向抗弯刚度突变。

(6)研究了基于分布式长标距 FBG 传感技术在实际高铁简支梁桥的运用，工程背景为沪昆线进贤—南昌段一跨简支梁。首先选择了 21 个不同中心波长的 BFRP 材料封装的长标距 FBG 传感器在简支梁底建立起分布式监测网络，其次通过监测采集了多组数据，最后通过随机的四组数据对简支梁进行损伤及刚度评估，由此得出以下结论：通过小波分解降噪得到的桥梁长标距时程曲线的分布规律与模拟得到的结果一致，均有九个波峰、八个波谷，且在跨中区域(即 11 号传感器处)的长标距峰值应变最大，依次向两边递减。通过对桥梁的刚度退化程度分析，很好地识别了简支梁跨中面积减小从而导致刚度比其他区域退化更大，进而表明基于宏应变影响线的分布式长标距传感技术不仅可用于公路桥梁的评估，在高铁桥梁同样适用。

(7)研究了基于机器学习的高速列车运行参数识别方法。采用 BP 神经网络、随机森林(RF)与支持向量机(SVM)三种机器学习模型对列车运行参数进行识别。分别对列车轴距与速度、列车轴重和桥梁最大挠度进行识别，研究结果表明：相较于速度识别与挠度识别，均为轴重识别相对输出误差最小，误差最大的仅为 1.5%。对于列车速度识别、轴重识别、挠度识别这三种识别任务，BP 神经网络相较于 RF 和 SVM，都有着最高的准确率与最低的识别均方误差。我们可以认为，对于车速、轴重、桥梁跨中最大挠度等识别任务，相较于 RF 和 SVM，BP 神经网络精度最高。

(8)设计了三跨简支梁桥缩尺实验，对上述参数识别方法进行验证。利用小波阈值分解法对采集到的试验数据进行去噪处理，得到静态宏应变数据。对比去噪前后的宏应变时程曲线，建立车-桥耦合有限元模型验证数据的准确性。利用试验数据训练 BP 神经网络、RF、SVM 模型，实验结果表明：对于试验数据，三种机器学习模型的轴重识别任务正确识别率均高于速度识别任务，与数值仿真数据结果保持一致，验证了该方法在实际桥梁监测中的可行性。

10.2 展望

(1)在列车-轨道-桥梁耦合振动模型中，采用的车辆模型需进一步优化，求解的宏应变逼近真实情况。桥梁模型增加模拟预应力束，桥梁损伤用实际情况的混凝土裂缝模拟。

(2)进一步研究信号处理方法类别，对比分析更多降噪方法。本书中仅添加高斯白噪声，与实际情况不符，可进一步研究信号中其他干扰因素，获取实桥的静态宏应变并对比各方法优劣。

(3)在试验场地进行列车过桥试验，改变车辆参数，获取真实轮轨力曲线，结合 BP 神经网络对实桥列车运行参数进行识别。优化网络结构和网络类型，扩大样本库数量，增加网络泛化能力。

参考文献

[1] 帅宗义. 高速铁路桥梁健康监测系统中传感器优化布置的研究[D]. 成都：西南交通大学，2011.

[2] 在加快建设交通强国新征程上建新功——《2021 年交通运输行业发展统计公报》评读[J]. 交通财会，2022，419(6)：96-97.

[3] 赵健业，胡所亭，王巍. 既有 250 km/h 高速铁路 32 m 简支箱梁提速至 300 km/h 适应性分析[J]. 铁道建筑，2022，62(7)：74-76.

[4] 刘勇，戴公连，康崇杰. 中国高速铁路简支梁综述[J]. 铁道科学与工程学报，2015，12(2)：242-249.

[5] 孟鑫，刘鹏辉，姚京川，等. 高速铁路 32m 简支箱梁动力特性试验分析[J]. 铁道建筑，2016，(1)：10-15.

[6] 章浩. 高速铁路桥梁管养技术研究[D]. 广州：广州大学，2018.

[7] 徐智刚. 铁路桥梁病害检测及分析研究[D]. 兰州：兰州交通大学，2018.

[8] 孙敬乐. 高铁桥梁健康检测中惯性阵列传感器技术研究[D]. 西安：西安工业大学，2022.

[9] 施洲，蒲黔辉，岳青. 基于健康监测的高铁大型桥梁运营性能评定[J]. 铁道工程学报，2017，34(1)：67-74.

[10] LI S, WU Z. Development of Distributed Long-gage Fiber Optic Sensing System for Structural Health Monitoring [J]. Structural Health Monitoring, 2007, 6(2): 133-143.

[11] 战家旺，夏禾，安宁. 基于列车动力响应的铁路桥梁损伤诊断方法[J]. 中国铁道科学，2012，33(3)：35-39.

[12] 张晶晶，聂洪玉，喻强. 基于多尺度输入图像渗透模型的桥梁裂缝检测[J]. 计算机工程，2017，43(2)：273-279.

[13] 陈晓伟. 基于贝叶斯理论的既有铁路桥梁可靠度综合评估方法的研究[D]. 哈尔滨：哈尔滨工业大学，2021.

[14] 李义娟. 常用跨度铁路桥梁状态预警技术研究[D]. 石家庄：石家庄铁道大学，2013.

[15] 刘晓光. 基于运营性能的高速铁路大跨度桥梁健康管理探讨[J]. 铁道建筑，2020，60(4)：17-22.

[16] 盛文达. 高速铁路桥梁结构安全监测与预警技术[D]. 长安：长安大学，2022.

[17] 史康，何旭辉，邹云峰，等. 大跨度高速铁路桥梁健康监测系统研发[J]. 铁道科学与工程学报，2015，12(4)：737-742.

[18] 付春雨. 基于车致振动响应的铁路桥梁损伤识别方法研究[D]. 成都：西南交通大学，2011.

[19] 付春雨，单德山，李乔. 基于车致振动响应的铁路桥梁损伤位置识别[J]. 西南交通大学学报，2011，46(5)：719-725，769.

[20] ZHAN J W，XIA H，CHEN S Y，et al. Structural damage identification for railway bridges based on train-induced bridge responses and sensitivity analysis [J]. Journal of Sound & Vibration，2011，330(4)：757-770.

[21] 卢朝辉，闵欢，余志武. 既有铁路桥梁状态评估指标体系和方法研究[J]. 铁道科学与工程学报，2015，12(5)：1103-1110.

[22] 辛学忠，苏木标，陈树礼，夏禾. 大跨度铁路桥梁健康状态评估的统计对比诊断方法研究[J]. 铁道学报，2006(2)：116-121.

[23] 赵虎，蒲黔辉. 基于动力参数的高速铁路桥梁多层次损伤识别与性能评定[D]. 成都：西南交通大学，2010.

[24] 赵维刚，王新敏，杜彦良，李云栋. 常用跨度铁路桥梁运行状态分布式监测与预警技术[J]. 上海交通大学学报，2015，49(7)：1046-1051.

[25] 史康，何旭辉，邹云峰，等. 大跨度高速铁路桥梁健康监测系统研发[J]. 铁道科学与工程学报，2015，12(4)：737-742.

[26] AZIM M R，GÜL M. Damage Detection Framework for Truss Railway Bridges Utilizing Statistical Analysis of Operational Strain Response [J]. Structural Control and Health Monitoring，2020，27(8)：e2573.

[27] CARNEVALE M，COLLINA A，PEIRLINCK T. A Feasibility Study of the Drive-By Method for Damage Detection in Railway Bridges [J]. Applied Sciences，2019，9(1).

[28] BESKHYROUN S，OSHIMA T，MIKAMI S. Wavelet-based technique for structural damage detection [J]. Structural Control & Health Monitoring，2010，17(5)：473-494.

[29] MINARDO A，PORCARO G，GIANNETTA D，et al. Real-time monitoring of railway traffic using slope-assisted Brillouin distributed sensors [J]. Applied Optics，2013，52 (16)：3770-3776.

[30] KAROUMI R，WIBERG J，LILJENCRANTZ A. Monitoring traffic loads and dynamic effects using an instrumented railway bridge [J]. Engineering Structures，2005，27(12)：1813-1819.

[31] KALOOP M，HU J W，ELBELTAGI E. Evaluation of High-speed Railway Bridge based on Nondestructive Monitoring System [J]. Applied Sciences，2016，Accept (1).

[32] MOREU F，KIM R E，SPENCER JR. B F. Railroad bridge monitoring using wireless smart sensors[J]. Structural Control and Health Monitoring，2017，24(2)：e1863.

[33] AZIM M R, GÜL M. Damage detection framework for truss railway bridges utilizing statistical analysis of operational strain response[J]. Structural Control and Health Monitoring, 2020, 27(8): e2573.

[34] ROSAFALCO L, TORZONI M, MANZONI A, et al. Online structural health monitoring by model order reduction and deep learning algorithms[J]. Computers & Structures, 2021, 255: 106604.

[35] REN Y, OBRIEN E J, CANTERO D, et al. Railway Bridge Condition Monitoring Using Numerically Calculated Responses from Batches of Trains [J]. Applied Sciences, 2022, 12(10): 4972.

[36] ANASTASOPOULOS D. Structural health honitoring hased on hperational modal analysis from long gauge dynamic strain measurements[D]. Leuven:KU Leuven, 2020.

[37] ALEXAKIS H, FRANZA A, ACIKGOZ S, et al. Structural health monitoring of a masonry viaduct withfibre Bragg grating sensors[J]. 2019: 1560-1567.

[38] PARISI F, MANGINI A M, FANTI M P, et al. Automated location of steel truss bridge damage using machine learning and raw strain sensor data[J]. Automation in Construction, 2022, 138: 104249.

[39] 王普, 李天垚, 高学金, 等. 分层自适应小波阈值轴承故障信号降噪方法[J]. 振动工程学报, 2019, 32(3): 548-556.

[40] 杨正益, 刘博文, 任山, 等. 一种改进的形态-小波阈值降噪方法[J]. 计算机科学, 2018, 45(5): 300-302.

[41] 孟乾泰, 张玉登, 王玉磊, 等. 基于小波阈值去噪的煤粉静电信号参数的研究[J]. 国外电子测量技术, 2020, 39(5): 138-142.

[42] 朱豪坤, 陈国光, 闫小龙, 等. 基于小波分析的磁通门信号数字处理方法[J]. 弹箭与制导学报, 2019, 39(5): 9-12.

[43] 吴艳, 张蓉竹. 小波阈值降噪算法在光电探测器信号处理中的应用[J]. 光子学报, 2019, 48(10): 156-163.

[44] LU H X, GAO Z C, WU B T, et al. Dynamic and quasi-static signal separation method for bridges under moving loads based on long-gauge FBG strain monitoring[J]. Journal of Low Frequency Noise Vibration and Active Control, 2019, 38(2): 388-402.

[45] BOUDRAA A O, CEXUS J C. EMD-Based signal filtering [J]. Ieee Transactions on Instrumentation and Measurement, 2007, 56(6): 2196-2202.

[46] KOMATY A, BOUDRAA A O, AUGIER B, et al. EMD-Based Filtering Using Similarity Measure Between Probability Density Functions of IMFs[J]. Ieee Transactions on Instrumentation and Measurement, 2014, 63(1): 27-34.

[47] 贾永峰, 曾金, 黎春源, 等. 基于宏应变监测的桥梁动静态信号分离研究[J]. 现代交通技术, 2019, 16(3): 25-30.

[48] 范文健, 毛万鑫, 吴疆. 车辆加速度信号的 EMD 和 IIR 滤波联合降噪方法[J]. 振动与

冲击，2021，40(20)：307-312.

[49] 马宏伟，张大伟，曹现刚，等. 基于 EMD 的振动信号去噪方法研究[J]. 振动与冲击，2016，35(22)：38-40.

[50] 张玉兰. 光纤布拉格光栅传感信号波长检测技术研究[D]. 重庆：重庆邮电大学，2016.

[51] 陈适之. 基于长标距 FBG 的中小跨桥梁损伤识别与评估研究[D]. 南京：东南大学，2019.

[52] 吴必涛. 基于分布式长标距应变传感的桥梁动态性能监测和损伤识别方法研究[D]. 南京：东南大学，2016.

[53] 郭晴，叶会英. 基于奇异值分解的自混合干涉信号降噪方法[J]. 现代电子技术，2019，42(9)：26-30.

[54] 雷达，钟诗胜. 基于奇异值分解和经验模态分解的航空发动机健康信号降噪[J]. 吉林大学学报(工学版)，2013，43(3)：764-770.

[55] YANG C Q, YANG D, HE Y, et al. Moving Load Identification of Small and Medium-Sized Bridges Based on Distributed Optical Fiber Sensing[J]. International Journal of Structural Stability andDynamics, 2015, 16(4): 1640021.

[56] DAN D, GE L, YAN X. Identification of moving loads based on the information fusion of weigh-in-motion system and multiple camera machine vision[J]. Measurement, 2019, 144: 155-166.

[57] PINKAEW T, ASNACHINDA P. Experimental study on the identification of dynamic axle loads of moving vehicles from the bending moments of bridges[J]. Engineering Structures, 2007, 29(9): 2282-2293.

[58] 韩万水，李彦伟，乔磊，等. 基于车-桥耦合振动理论的移动荷载识别[J]. 中国公路学报，2013，26(1)：74-86.

[59] 王宁波，任伟新，李苗. 基于影响线的桥梁移动荷载识别[J]. 振动与冲击，2013，32(3)：129-133.

[60] 王宁波，任伟新，万华平. 基于动应变的桥梁动态称重及其优化算法[J]. 振动与冲击，2013，32(4)：116-120.

[61] 钱长照，陈昌萍. 利用弯矩影响线的移动荷载识别方法[J]. 动力学与控制学报，2016，14(2)：182-185.

[62] 邹谭. 基于桥梁结构响应的车辆荷载识别方法研究[D]. 重庆：重庆交通大学，2019.

[63] FITZGERALD P C, SEVILLANO E, OBRIEN E J, et al. Bridge weigh-in-motion using a moving force identification algorithm[J]. Procedia Engineering, 2017, 199: 2955-2960.

[64] CHEN Z, CHAN T H T, NGUYEN A, et al. Identification of vehicle axle loads from bridge responses using preconditioned least square QR-factorization algorithm[J]. Mechanical Systems and Signal Processing, 2019, 128: 479-496.

[65] WANG Y, QU W-L. Moving train loads identification on a continuous steel truss girder by using dynamic displacement influence line method[J]. International Journal of Steel

Structures, 2011, 11(2): 109-115.

[66] LI J, YAN J, ZHU J, et al. K-BP neural network-based strain field inversion and load identification for CFRP[J]. Measurement, 2022, 187: 110227.

[67] YANG H, JIANG J, CHEN G, et al. Dynamic load identification based on deep convolution neural network [J]. Mechanical Systems and Signal Processing, 2023, 185: 109757.

[68] 李忠献, 陈锋, 王波. 基于 BP 神经网络的桥上移动荷载分阶段识别方法[J]. 工程力学, 2008, (9): 85-92.

[69] 杨慧, 李奉阁, 闫维明, 等. 基于 ANN 和动应变的梁桥移动荷载识别及试验[J]. 振动测试与诊断, 2018, 38(2): 305-13, 419.

[70] 陶兴旺, 孙宗光, 陈一飞. 基于监测响应的斜拉桥车重车速识别[J]. 公路交通科技, 2019, 36(12): 87-93.

[71] 赵煜, 李冉冉, 周勇军, 等. 基于 BP 神经网络的桥梁移动荷载识别精度[J]. 科学技术与工程, 2021, 21(15): 6446-6453.

[72] WU B, WU G, YANG C, et al. Damage identification method for continuous girder bridges based on spatially-distributed long-gauge strain sensing under moving loads [J]. Mechanicalsystems and signal processing, 2018, 104(MAY1): 415-435.

[73] LU H, GAO Z, WU B, et al. Dynamic and quasi-static signal separation method for bridges under moving loads based on long-gauge FBG strain monitoring [J]. Journal of Low Frequency Noise Vibration and Active Control, 2019.

[74] LU ZHANG, GANG WU, HUILE LI, SHIZHI CHEN. Synchronous Identification of Damage and Vehicle Load on Simply Supported Bridges Based on Long-Gauge Fiber Bragg Grating Sensors [J]. Journalof Performance of Constructed Facilities, 2020, 34(1).

[75] B. TORRES GÓRRIZ, RINAUDO P, P. A. Calderón García. Comparison between point and long-gage FBG-based strain sensors during a railway bridge load test[J]. Strain, 2017, 53(4): e1.

[76] SHEN S, LV H, MA S L. Damage Detection and Evaluation for an In-Service Shield Tunnel Based on the Monitored Increment of Neutral Axis Depth Using Long-Gauge Fiber Bragg GratingSensors [J]. Sensors, 2019, 19(8): 1840.

[77] 郭余根. 基于长标距分布式布拉格光纤光栅(FBG)传感的地铁基坑施工监测[J]. 城市轨道交通研究, 2013, 16(7): 26-29, 34.

[78] TANG Y, WU Z, YANG C. A new type of smart basalt fiber-reinforced polymerbarsas both reinforcements and sensors for civil engineering application [J]. Smart Materials & Structures, 2010, 19(11): 115001.

[79] TANG Y, WU Z, YANG C. A model-free damage identification method for flexural structures using dynamic measurements from distributed long-gage macro-strain sensors [J]. Journal of IntelligentMaterial Systems & Structures, 2013, 25 (13): 1614-1630.

[80] NARIMAN FOUAD, MOHAMED ASAIFELDEEN, HUANG HUANG, et al. Corrosion monitoring of flexural reinforced concrete members under service loads using distributed long-gauge carbon fiber sensors[J]. 2018, 17(2): 379-394.

[81] MCSHERRY D. Strategic induction of decision trees[J]. Knowledge Based Systems. 1999, 12(5): 269-275.

[82] FREUND Y, MASON L. The alternating decision tree learning algorithm[C]. Slovenia: The 16th Int'l Conf on Machine Learning, 1999, 99, 124-133.

[83] BREIMAN L. Random Forest[J]. Machine Learning, 2001, 45(1): 25-32.

[84] 赵小雄. 基于随机森林算法和贝叶斯动态模型的桥梁损伤识别方法研究[D]. 兰州: 兰州大学, 2021.

[85] 郑胜洁, 徐余明, 胡祖翰等. 基于随机森林的城市轨道交通桥梁故障预测模型[J]. 北京交通大学学报, 2022, 46(5).

[86] FARAHNAZ SOLEIMANI. Analytical seismic performance and sensitivity evaluation of bridges based on random decision forest framework [J]. Structures, 2021, 32(2021): 329-341.

[87] HONGJIN LIU, CHAO CHEN B, ZHIQIAN GUO et al. Overall grouting compactness detection of bridge prestressed bellows based on RF feature selection and the GA-SVM model [J]. Construction and Building Materials, 2021, 301(2021).

[88] CHEN Q, CHAN Y W, WORDEN K. Structural fault diagnosis and isolation using neural networks based on response-only data[J]. Computers & Structures, 2003, 81(22): 2165-2172.

[89] 邓露, 何维, 俞扬, 王维. 公路车-桥耦合振动的理论和应用研究进展[J]. 中国公路学报, 2018, 31(7): 38-54.

[90] 赵煜, 李冉冉, 周勇军等. 基于 BP 神经网络的桥梁移动荷载识别精度[J]. 科学技术与工程, 2021, 21(15): 6446-6453.

[91] 李忠献, 陈锋, 王波. 基于 BP 神经网络的桥上移动荷载分阶段识别方法[J]. 工程力学, 2008(9): 85-92.

[92] 陶兴旺, 孙宗光, 陈一飞. 基于监测响应的斜拉桥车重车速识别[J]. 公路交通科技, 2019, 36(12): 87-93.

[93] CORTES C, VAPNIK V. Support-vector networks [J]. MachineLearning, 1995, 20(3): 273-297.

[94] 邢文静. 基于支持向量机的桥梁损伤识别方法研究[D]. 石家庄: 石家庄铁道大学, 2021.

[95] 冼旭东. 基于粒子群优化支持向量机的桥梁损伤判定研究[D]. 南宁: 广西大学, 2020.

[96] LIULIJUN, MI JIANAN, ZHANG YIXIAO, LEI YING. Damage detection of bridge structures under unknown seismic excitations using support vector machine based on transmissibility function and wavelet packet energy[J]. SMART STRUCTURES AND SYSTEMS, 2021, 27(2): 257-266.

[97] LIU C, DEWOLF J T. Effect of Temperature on Modal Variability of a Curved Concrete Bridge under Ambient Loads [J]. Journal of Structural Engineering, 2007, 133(12): 1742-1751.

[98] ALVANDI A, CREMONA C. Assessment of vibration-based damage identification techniques [J]. Journal of Sound & Vibration, 2006, 292(1-2): 179-202.

[99] LI Y Y. Hypersensitivity of strain-based indicators for structural damage identification: A review [J]. Mechanical Systems & Signal Processing, 2010, 24(3): 653-664.

[100] 黄磊. 基于分布式长标距 FBG 传感的高耸结构健康监测研究[D]. 南京: 东南大学. 2012.

[101] 汤继新, 王群敏, 陈文华, 等. 光纤光栅传感和光电成像技术在地铁深基坑中的应用[J]. 隧道建设(中英文), 2019, 39(S1): 361-368.

[102] JIAN ZHANG, YONGDING TIAN, CAIQIAN YANG, et al. Vibration and Deformation Monitoring of a Long-Span Rigid-Frame Bridge with Distributed Long-Gauge Sensors. 2016.

[103] 贾振安, 乔学光, 傅海威. 光纤光栅温度灵敏度系数研究[J]. 光电子・激光, 2003(5): 453-456.

[104] 李阔, 周振安. 一种灵敏度系数可调的光纤光栅温度传感器[J]. 大地测量与地球动力学, 2009, 29(1): 144-147.

[105] 丁旭东, 张钰民, 夏嘉斌, 等. 金属化封装光纤光栅传感器超低温特性研究[J]. 激光与红外, 2017, 47(6): 773-777.

[106] 张自嘉, 施文康, 高侃, 方祖捷. 热光系数与长周期光纤光栅的温度灵敏度研究[J]. 光学技术, 2004(5): 525-528.

[107] 朱鸿鹄, 周谷宇, 齐贺, 等. 光纤光栅应变计在结构健康监测中的温度效应研究[J]. 应用基础与工程科学学报, 2020, 28(6): 1420-1432.

[108] AN Y, WANG X, QU Z, et al. Stable temperature calibration method of fiber Bragg grating based on radial basis function neural network[J]. Optical Engineering, 2019, 58(9): 1-.

[109] 任亮, 李宏男, 胡志强, 等. 一种增敏型光纤光栅应变传感器的开发及应用[J]. 光电子. 激光, 2008(11): 1437-1441.

[110] HILL K O, MELTZ G. Fiber Bragg grating technology fundamentals and overview[J]. Journal of Lightwave Technology, 1997, 15(8): 1263-1276.

[111] 李红民. 光纤光栅传感器拓展应用研究[D]. 天津: 南开大学, 2006.

[112] 吴朝霞, 吴飞. 光纤光栅传感原理及应用[M]. 北京: 国防工业出版社, 2011.

[113] 张自嘉. 光纤光栅理论基础与传感技术[M]. 北京: 科学出版社, 2009.

[114] 刘铁根, 江俊峰等. 分立式光纤传感技术与系统[M]. 北京: 电子工业出版社, 2012.

[115] 贾振安, 乔学光, 傅海威. 光纤光栅温度灵敏度系数研究[J]. 光电子・激光, 2003(5): 453-456.

[116] 孙丽. 光纤光栅传感应用问题深度解析[M]. 北京: 科学出版社, 2011.

[117] ANG J, LIHCH, HERSZBERG I, et al. Tensile fatigue properties of fibre Bragg grating optical fibre sensors[J]. International Journal of Fatigue, 2010, 32(4): 762-768.

[118] YASHIRO S, OKABE T. Estimation of fatigue damage in holed composite laminates using an embedded FBG sensor[J]. Composites Part A: Applied Science Manufacturing, 2011, 42(12): 1962-1969.

[119] STUTZ S, CUGNONI J, BOTSIS J J C S, et al. Studies of mode I delamination in monotonic and train cyclic loading using FBG wavelength multiplexing and numerical analysis[J], 2011, 71(4): 443-449.

[120] 王高锋. 高墩高速铁路桥梁安全监测与列车走行性分析[D]. 南京: 东南大学, 2021.

[121] 雷晓燕. 铁路轨道结构数值分析方法 [M]. 北京: 中国铁道出版社, 1998.

[122] 雷晓燕. 轨道动力学模型与数值方法研究进展[J]. 华东交通大学学报, 2011, 28(3): 11-12.

[123] 利远翔, 雷晓燕, 张斌. 高速列车—无砟轨道—桥梁耦合系统振动特性分析[J]. 华东交通大学学报, 2010, 27(3): 14-20, 6.

[124] 卿启湘. 高速铁路无碴轨道—软岩路基系统动力特性研究[D]. 长沙: 中南大学, 2005.

[125] 巩琛. 高速铁路轨道—路基系统动力响应及影响参数的三维有限元分析[D]. 长春: 吉林大学, 2009.

[126] CHENG Z, ZHANG N, SUN Q, et al. Research on Simplified Calculation Method of Coupled Vibration of Vehicle-Bridge System[J]. Shock and Vibration, 2021, 2021: 9929470.

[127] 徐振淇. 高速铁路梁拱组合特大桥车桥耦合振动分析[D]. 郑州: 郑州大学, 2020.

[128] 罗文俊. 基于有限元-统计能量混合法的无砟轨道结构动力特性研究 [M]. 成都: 西南交通大学出版社, 2017.

[129] 陈果, 翟婉明. 铁路轨道不平顺随机过程的数值模拟[J]. 西南交通大学学报, 1999, (2): 13-17.

[130] 吴必涛. 基于分布式长标距应变传感的桥梁动态性能监测和损伤识别方法研究[D]. 南京: 东南大学, 2016.

[131] 徐升桥. 高速铁路常用跨度桥梁技术[J]. 桥梁建设, 2011(2): 62-65.

[132] 刘勇, 戴公连, 康崇杰. 中国高速铁路简支梁综述[J]. 铁道科学与工程学报, 2015, 12(2): 242-249.

[133] OTAKE S, NAKAMURA H, IWABUKI H, et al. Study on Localization of Low-Frequency Noise Induced by Road Traffic Vibration in Steel Plate Girder Bridges and Countermeasures of Bridge Vibration Focused on the Second Vertical Vibration Mode[J]. INTER-NOISE and NOISE-CON Congress and Conference Proceedings, 2019, 259(7): 2266-2277.

[134] WU B, LIN Z, LIANG Y, et al. An effective prediction method for bridge long-gauge strain under moving trainloads with experimental verification[J]. Mechanical Systems and Signal Processing, 2023, 186: 109855.

[135] 陈帅, 黄念, 李建乐, 等. 基于分布式光纤传感信号的结构损伤识别主成分分析方法[J]. 实验力学, 2022, 37(6): 838-846.

[136] 王田天, 王钦民, 阳劲松, 等. 基于光纤布拉格光栅的孔边疲劳裂纹监测研究[J]. 中南

大学学报(自然科学版)，2022，53(5)：1614-1625.

[137] 丁朋，黄俊斌，顾宏灿，等. 采用双方波信号和B-样条小波解调弱反射光纤布拉格光栅[J]. 光子学报，2020，49(3)：49-56.

[138] 黄刚，潘李克，何成章，等. 基于S-G和CEEMDAN技术的光纤光栅传感信号降噪方法研究[J]. 电测与仪表，2022，23：1-8.

[139] 韩超，胡宾鑫，朱峰，等. 基于小波降噪的光纤布拉格光栅波长高精度解调算法[J]. 激光与光电子学进展，2022，59(5)：132-138.

[140] 刘琨，李鑫，江俊峰，等. 基于全相位滤波技术的FBG降噪解调算法[J]. 光子学报，2018，47(5)：130-135.

[141] WU B，WU G，YANG C. Parametric study of a rapid bridge assessment method using distributed macro-strain influence envelope line[J]. Mechanical Systems and Signal Processing，2019，120：642-663.

[142] 吴必涛，林泽方，曾远来，等. 纤维封装长标距应变传感器的温度灵敏系数实验研究[J]. 激光与光电子学进展，2022，59(1)：142-149.

[143] 石安平，周吕，王成，等. 结合EMD与小波阈值去噪的GB-RAR桥梁监测信号去噪[J]. 测绘通报，2022(S2)：227-232，40.

[144] 孔玲军. MATLAB小波分析超级学习手册[M]. 北京：人民邮电出版社，2014.

[145] 史洁玉. MATLAB信号处理超级学习手册[M]. 北京：人民邮电出版社，2014.

[146] 张波，李健君. 基于Hankel矩阵与奇异值分解(SVD)的滤波方法以及在飞机颤振试验数据预处理中的应用[J]. 振动与冲击，2009，28(2)：162-166，208.

[147] 王杰华，夏海燕，孙万捷，等. 基于EMD和SVD的光电容积脉搏波信号去噪方法[J]. 现代电子技术，2018，41(4)：65-69，74.

[148] LI Z X，DAI W X. Local Mean Decomposition Combined with SVD and Application in Telemetry Vibration Signal Processing[J]. Applied Mechanics and Materials，2013，2560(347-350).

[149] 刘光耀，刘习军，张素侠，温立平. 基于小波分析和变异系数的简支梁桥损伤识别[J]. 应用力学学报，2020，37(5)：1915-1922，2313-2314.

[150] 闫宇智，战家旺，张楠，夏禾，李明，胡所亭. 基于小波相关性的简支梁桥损伤评估方法[J]. 振动与冲击，2018，37(12)：67-74.

[151] 陈彦江，钱亚运，李洪泉，何浩祥，闫维明. 基于阻尼特性的RC简支梁桥损伤识别分析及试验研究[J]. 振动与冲击，2017，36(13)：208-213，257.

[152] 安永辉，欧进萍. 简支梁桥损伤程度识别的模拟和试验[J]. 振动、测试与诊断，2013，33(1)：60-65，165.

[153] OJIO T，YAMADA K. Bridge weigh-in-motion systems using stringers of plate girder bridges[C]. Pre-Preceedings of the Third International Conference on Weigh-In-Motion，2002：208-209.

[154] 陈适之. 基于长标距FBG的中小跨桥梁损伤识别与评估研究[D]. 南京：东南大学，2019.

[155] 张璐. 基于长标距应变传感器的桥梁损伤与荷载同步识别方法研究[D]. 南京：东南大学，2017.

[156] WANG S, LI J, LUO H, et al. Damage identification in underground tunnel structures with wavelet based residual force vector[J]. Engineering Structures, 2019, 178(JAN. 1): 506-520.

[157] YANG W, DENG E, SHI C, et al. Lining Fatigue Test and Influence Zoning of Tridimensional Cross-Tunnel under High-Speed Train Loads[J]. Applied ences, 2020, 10(16): 5694.

[158] 王卫东. 随机车流作用下考虑横向联系损伤的装配式空心板桥可靠度研究[D]. 西安：长安大学，2021.

[159] 许文达. 基于蒙特卡洛—有限元法的边坡可靠度分析及树根桩整治水下边坡研究[D]. 福州：福州大学，2003.

[160] QIAN S, CHEN D. Joint Time-Frequency Analysis: methods and applications[J]. 1998.

[161] LIN J, DOU C, LIU Y. Multifractal detrended fluctuation analysis based on optimized empirical mode decomposition for complex signal analysis[J]. Nonlinear Dynamics, 2021(9).

[162] PAKRASHI V, BASU B, A. O'Connor. Structural damage detection and calibration using a wavelet-kurtosis technique[J]. Engineering Structures, 2007, 29(9): 2097-2108.

[163] 李红延，周云龙，田峰，等. 一种新的小波自适应阈值函数振动信号去噪算法[J]. 仪器仪表学报，2015，36(10)：2200-2206.

[164] 樊高瞻，周俊，朱昆莉. 基于改进形态-小波阈值降噪的轴承复合故障声学诊断[J]. 振动与冲击，2020，39(12)：221-226，288.

[165] 孟宗，马钊，刘东，李晶. 基于小波半软阈值消噪的盲源分离方法[J]. 中国机械工程，2016，27(3)：337-342.

[166] 杨正益，刘博文，任山，衡柟男. 一种改进的形态-小波阈值降噪方法[J]. 计算机科学，2018，45(5)：300-302，316.

[167] 常成. 人工智能技术及应用[M]. 西安：西安电子科学技术大学出版社，2021.

[168] 李扬海，鲍卫刚，郭修武，等. 公路桥梁结构可靠度与概率极限状态设计[M]. 北京：人民交通出版社，1997.

[169] 许睿靖. 波形钢腹板组合梁桥可靠度研究[D]. 石家庄：石家庄铁道大学，2021.

[170] 林祖才. 基于分布式宏应变的桥梁状况及列车运行参数监测研究[D]. 南昌：华东交通大学，2023.

[171] 雷晓燕. 轨道动力学模型与数值方法研究进展[J]. 华东交通大学学报，2011，28(3)：1-12.

[172] 谢建新，宿彦京，薛德祯，等. 机器学习在材料研发中的应用[J]. 金属学报，2021，57(11).

[173] 张丽艳. 基于机器学习的医疗影像处理方法的研究[D]. 天津：天津理工大学，2022.

[174] 肖文琴. 基于 BP 神经网络的电信诈骗识别研究[D]. 武汉：华中师范大学，2022.

[175] 倪继平. 基于机器学习的无人驾驶技术研究[J]. 计算机与网络，2018，44(6).

[176] 高大文，王鹏，蔡臻超. 人工神经网络中隐含层节点与训练次数的优化[J]. 哈尔滨工业大学学报，2003，35(2)：207-209.

[177] 方磊. 基于随机森林算法下高速列车引起的环境振动预测方法研究[D]. 北京：北京交通大学，2020.

[178] 吴大宏，赵人达. 基于神经网络的混凝土桥梁荷载识别方法研究[J]. 中国铁道科学，2002(1).

[179] OJIO，YAMADA K. Bridge weigh-in-motion systems using stringers of plate girder bridges [C]. Pre-Preceedings of the Third International Conference on Weigh-In-Motion，2002，209-208.

[180] 吴必涛. 基于分布式长标距应变传感的桥梁动态性能监测和损伤识别方法研究[D]. 南京：东南大学，2016.

[181] 赵煜，李冉冉，周勇军，田瑞欣. 基于 BP 神经网络的桥梁移动荷载识别精度[J]. 科学技术与工程，2021，21(15).

[182] 侯世栋. 大跨度预应力混凝土梁桥挠度控制研究[D]. 合肥：合肥工业大学，2008.

[183] 柳红霞. 共轭梁法在梁变形计算中的运用[J]. 长沙大学学报，2002(2).

[184] 周瑜健. 桥梁预应力 CFRP 板加固方法及其分布式预应力损失评估[D]. 南昌：华东交通大学，2021.

[185] QIAN S，CHEN D. Joint time-frequency analysis：methods and applications [M]. Prentice-Hall，DTR，NJ. 1996.

[186] 贾永峰，曾金，黎春源，宋庆辉，高志成. 基于宏应变监测的桥梁动静态信号分离研究[J]. 现代交通技术，2019，16(3).

[187] 刘涛，李爱群，丁幼亮. 小波分析在结构损伤识别中的应用[J]. 地震工程与工程振动，2008(2).

[188] 庞晓青. 桥梁检测中的信号处理及模态分析[D]. 武汉：武汉理工大学，2007.